# Peter Schreier

## Melodien eines Lebens

Eine Bildbiografie von Jürgen Helfricht

Verlag der Kunst

Umschlagabbildungen
Vorderseite: Foto von Hans-Joachim Mierschel
Rückseite: Foto oben von Siegfried Lauterwasser, Foto unten von Holm Röhner

Bibliografische Information der Deutschen Nationalbibliothek

Die Deutsche Nationalbibliothek verzeichnet diese Publikation in der Deutschen Nationalbibliografie;
detaillierte bibliografische Daten sind im Internet über http://dnb.d-nb.de abrufbar.

© 2008 by Verlag der Kunst Dresden Ingwert Paulsen jr., Husum

Gesamtherstellung: Husum Druck- und Verlagsgesellschaft
Postfach 1480, D-25804 Husum – www. verlagsgruppe.de

ISBN 978-3-86530-109-3

# Vorwort

Leichter Wind macht die Äquatorsonne am Mittag noch erträglich, bewegt die Palmwedel und die ergrauten Haare des berühmten Mannes. Nahe zischt die Brandung, brechen sich Atlantikwellen am Ufer der malerischen Insel Sal westlich Afrikas. Auf der Terrasse des weiß getünchten Ferienhauses sitzt der gut erholte Mann, der in keinem Lexikon fehlt, der auf über 200 Schallplatten und CDs verewigt ist, den die Welt der klassischen Musik in ihrem Olymp aufnahm. Tausende Kilometer von der deutschen Heimat entfernt spricht Kammersänger Peter Schreier über Eltern, Kindheit, den Kreuzchor, seine Dresden-Meißener Heimat, Glücksfälle, Erfolge, Rückschläge und Kompromisse einer Ausnahme-Karriere, seine Frau und Familie, Freunde und Kollegen, die Gesundheit, ja, was er alles plant. So offen wie noch nie erzählt er über sich und sein Schicksal, lässt dabei manch früher notierte Episode in gänzlich anderem Licht erscheinen. Mir offenbart sich in neuen Farben ein Leben, das seit Kindheitstagen für die Musik bestimmt ist, sich in ihrem Takt entwickeln konnte und schon in Jugendjahren zu Ruhm führte. Faszinierend, wie schnell ihn die Flügel des Erfolgs in alle Metropolen seiner Kunst trugen: ans Teatro Colón in Buenos Aires, an die Metropolitan Opera New York und die Mailänder Scala, nach München, Hamburg, London, Budapest, Warschau, Moskau, nach Salzburg und Wien.

In der Abgeschiedenheit der Kapverdischen Inseln, die kein Anrufer stört, lausche ich der sonoren Stimme des Welt-Tenors und Dirigenten. Manchmal summt er zur Verdeutlichung des Gesagten eine Melodie, und eines Tages ist er so gut aufgelegt, dass er aus vollem Halse zu singen beginnt. Wir fahren zum Hochseeangeln, besteigen einen Vulkankrater, spazieren immer wieder am Strand entlang, betrachten alte Fotos. Der Professor weicht kaum einer Frage aus. Das für Biografen seltene Glück: hinterfragen dürfen, was in Archiven zwischen Florenz und Berlin, in Büchern, in Zeitungen und Filmmitschnitten, auf Theaterzetteln der größten Opern- und Konzerthäuser und in der Erinnerung von Zeitzeugen bewahrt ist. Dabei formt sich das Bild eines außergewöhnlich intelligenten und disziplinierten Sängers und Dirigenten, der es sich heute auch mal leistet, Angebote aus Südamerika oder Asien abzulehnen, eines Mannes, welcher überzeugt, weil sich Ernst und Besessenheit mit Wissen und Können paaren – aber auch des Menschen Peter Schreier, dem Star-Allüren weitgehend fremd blieben, dem christlicher Glaube und Mäzenatentum wichtig sind, dessen Heimatverbundenheit und Natürlichkeit, ja dessen Sehnsucht nach Ruhe und Freude an der Natur berühren.

Dr. Jürgen Helfricht

# Sächsische Ahnen und ein Familiengeheimnis

Unter dem Staub von Jahrhunderten ruhen in den vergilbten Tauf- und Sterberegistern der evangelisch-lutherischen Kirchgemeinden des Erzgebirges die wenigen Daten, welche uns von Peter Schreiers väterlichen Vorfahren überliefert sind. Sie beweisen, dass man seine Ahnen zu den Ursachsen zählen kann. Und sie zeigen die enge Verbundenheit der Familie mit dem Silbererzbergbau, jenem Wirtschaftszweig, der für das kleine Land so entscheidend war und den Herzögen und Fürsten aus dem Hause Wettin seit dem Mittelalter Reichtum und Macht bescherte. Als Vater Max zwischen 1936 und 1938 für den „Ariernachweis" bei Pfarrämtern Auskünfte über seine Vorfahren einholen musste, durchleuchtete er die Geschichte der Sippe bis zu den Urururgroßeltern im 18. Jahrhundert. Erstmals taucht der Familienname Schreier mit Urururgroßvater Johann Heinrich Schreier in Waschleithe aus dem Dunkel der Geschichte auf. Dessen Sohn Christian Friedrich, ein Wirtschaftsbesitzer, wurde

1810 ebenfalls in dem kleinen Ort geboren und vermählte sich 1841 mit Christiane Caroline Melzer aus Grünhain, Tochter eines Schuhmachermeisters. In Thalheim fand er z. B. die 1788 geborene Ururgroßmutter Maria Rosina Keller, die 1821 den 1793 getauften Handarbeiter Johann Daniel Martin ehelichte. Ururgroßvater Carl Friedrich Hofmann aus alter Bergmannsfamilie, 1791 in Berbisdorf geboren, führte 1820 Bergmannstochter Christiane Sophia Morgenstern aus Brand zum Altar. Auch in Elterlein, Dittersdorf bei Lößnitz, Geyer, Kühnhaide, Niederwürschnitz, Wegefarth oder Zwönitz existieren familiäre Wurzeln. Neben Bergbau und Schuhmacherei ging man verschiedenen Berufen nach: Gärtner, Maurer, Posamentiermeister, Schieferdecker, Strumpfwürker, Webmeister, Zeug-, Lein- und Wollenweber …

Viele Familienmitglieder starben im fünften oder sechsten Lebensjahrzehnt. Doch manche, wie der 80-jährige Steinkohlebergarbeiter Heinrich Adolf Steier oder der 82-jährig verstorbene Witwer und Auszügler Christian Friedrich Schreier, erreichten ein für damalige Verhältnisse gesegnetes Alter.

Erster nachweisbarer Musikant in der Familie ist Paul Bruno Schreier aus Stollberg. Der Schuhmacher arbeitete, um die Familie ernähren und kleiden zu können, sein ganzes Leben lang sehr hart. Doch wenn er abends Schusterhammer, Zwickzange, Querahle und Leimtopf aus der Hand legte, griff er zum Flügelhorn. Als Autodidakt brachte er es zu solcher Perfektion, dass er das Instrument sogar in der Stadtkapelle blasen durfte. Er hatte zwei Söhne, von denen der jüngere an Epilepsie erkrankte und seinem Leiden durch Eisenbahnsuizid ein Ende setzte. Der ältere Sohn war Peter Schreiers Vater Max. Dem wollten die Eltern unbedingt zum Sprung aus dem engen Milieu der kleinen Erzgebirgsstadt verhelfen. Sie opferten ihre mühsam gesparten Groschen, um einen Geigenlehrer zu bezahlen, und ermöglichten ihm den Besuch des Stollberger Gymnasiums. Max dankte es ihnen durch ausgezeichnete Noten und außergewöhnlichen Fleiß.

*Max, der Vater von Peter Schreier, als Mitglied einer Naumburger Musikergruppe. Auf dem um 1927 entstandenen Foto steht er ganz rechts, hält seine Geige.*

Das Heranführen an die Musik fiel bei ihm auf fruchtbaren Boden. Als er Aufnahme im Lehrerseminar Naumburg fand, studierte er als Hauptfach Musik. Mütterlicherseits stammt die Familie des Tenors aus Thüringen, wo sie westlich des Kyffhäusers in Oberspier bei Sondershausen über viele Generationen ansässig war. Peter Schreiers Mutter Helene Treuse wurde hier geboren. Und bereits ihr 62-jährig an Nervenfieber verstorbener Ururgroßvater Christian Günther Treuse, ein Handarbeiter, erblickte 1769 in dem Dorf das Licht der Welt. Die Treuses waren Landarbeiter und Dienstknechte, bewohnten als „Hüttner" Häuschen mit kleinen Gärten. Mutter Helene umgab bis zu ihrem Tod ein Geheimnis, das sich erst mit den jüngsten Nachforschungen für dieses Buch Schritt für Schritt lüftete. Während ihre vier jüngeren Geschwister alle den Familiennamen des Vaters, Bremer, trugen, hieß sie weiter Treuse. Denn sie war seine Stieftochter. „Mutter", erinnert sich Peter Schreier, „hat über ihren leiblichen Vater nie gesprochen. Wenn wir nachfragten, wimmelte sie das Gespräch immer ab." Der Grund: ihre uneheliche Geburt. Sie entstammte der Liaison mit dem preußischen Offizier Karl Emil Donner. Womöglich wurde die im Leben noch unerfahrene Mutter Auguste Treuse, die als 16-Jährige in Sondershausen eine Stellung als Dienstmädchen hatte, im Sommer 1903 von dem damals 33-Jährigen vergewaltigt. Bis heute hält sich unter Helenes hochbetagten Halbschwestern das hartnäckige Gerücht, in ihren Adern wäre „blaues Blut" geflossen, was sich jedoch nicht bestätigte. Die Spurensuche nach Peter Schreiers mütterlichem Großvater führt zum 3. Thüringischen Infanterie-Regiment Nr. 71 der Königlich Preußischen Armee, welches damals in Erfurt und Sondershausen stationiert war. In der Rangliste von 1892 ist erstmals „Seconde Lieutenant" Donner aufgeführt, den man 1899 zum Leutnant und 1901 zum Oberleutnant beförderte. 1906 schied dieser als Halbinvalide aus dem aktiven Truppendienst aus und wurde dem 2. Aufgebot der Infanterie des Landwehrbezirks Halle a. S. zugeordnet, wo 1908 sein „außerplanmäßiger Abgang" verzeichnet ist. Er stammte aus Klein-Wölkau westlich von Delitzsch bei Kertitz. Am 29. November 1869 wurde hier dem Pachtinhaber des örtlichen Rittergutes Gustav Adolph Donner und seiner Frau Antonie Selma,

*Helene Schreier mit ihrer Mutter Auguste sowie den Halbgeschwistern Rudi, Elli, Eva und Inge 1966 (von links).*

geb. Müller, als viertes Kind Karl Emil geboren. Paten waren Rentier Friedrich Eduard Donner aus Delitzsch und Stadtgutsbesitzer Viktor Donner aus Eilenburg. Das Gut Klein-Wölkau mit zuletzt 147 Hektar Land, 11 Pferden, 81 Rindern und 29 Schweinen befand sich von 1860 bis 1927 in Familienbesitz. Nachkommen dieser Donners, die von ihrer Ahnengemeinschaft mit Peter Schreier bisher keinen blassen Schimmer hatten, sind bis heute in der Umgebung sesshaft.

*Max Schreier (auf dem Geländer sitzend) inmitten von Kommilitonen des Lehrerseminars während der Studienzeit in Naumburg.*

# Kindertage in Constappel

Am 29. Juli 1935, 18.45 Uhr, erblickte Peter Schreier in Meißen das Licht der Welt. Helene Schreier hatte das Krankenhaus auf dem Domprobstberg ausgewählt, weil die Geburtsstation und vor allem der damals dort praktizierende Gynäkologe einen ausgezeichneten Ruf genossen. Den Ort seiner Geburt hat Schreier nie vergessen, ein Leben lang zieht es ihn immer wieder nach Meißen. Hier durchstreift er mit seiner Frau Renate die romantischen Gassen, trinkt im Romantikrestaurant „Vincenz Richter" einen Schoppen Riesling oder Meißener Schieler, lugt beim „Fummel"-Bäcker durchs Schaufenster oder blickt vom Burgberg auf die neu gedeckten Dächer rund um das Renaissance-Rathaus am Markt. Viel konnte er nach 1990 für die Rettung alter Baudenkmale in der über 1000 Jahre alten Elbestadt mit Albrechtsburg, Dom und der ältesten europäischen Porzellanmanufaktur tun. Die Stadt dankte es ihm mit der Verleihung der Ehrenbürgerwürde.

Das Kinderbett des kleinen Peter stand jedoch in Gauernitz, einem Dorf am linken Elbufer zwischen Dresden und Meißen, welches sich nach Süden in kurze Täler verzweigt. 1312 ist erstmals ein Herrschaftssitz am Ort erwähnt. Der morbide Charme einer dreiflügeligen Schlossanlage im Neorenaissancestil erinnert den Durchreisenden noch an die zwischen 1819 und 1945 hier residierenden Fürsten von Schönburg-Waldenburg. Wie alte Einwohner bis heute betonen, wohnte Familie Schreier allerdings in Constappel. Dieses Dorf zu beiden Seiten des Flüsschens Wilde Sau bildete einst die Grenze zwischen den Slawengauen Nisani und Daleminze, besaß auf der südlichen Anhöhe seit dem 12. Jahrhundert eine Wallfahrtskirche und im Tal

*Volksschullehrer Max Schreier und Ehefrau Helene mit der Gauernitzer Klasse 1933. Das Mädchen mit Zöpfen (2. Reihe links) ist Elisabeth Schurig, Schreiers treue Haushälterin.*

8

*Das Schulhaus in Gauernitz-Constappel (nahe Meißen) mit Dachreiter. Unten waren die Klassenräume, im 1. Stockwerk links wohnte Familie Schreier.*

seit dem Mittelalter zwei Mühlen. Dem Kirchdorf gliederte man 1923 Gauernitz an – 1928 wurde der Name Gauernitz für die vereinigten Dörfer amtlich. Mittlerweile gehört alles zur Großgemeinde Klipphausen.

Nach Gauernitz-Constappel, das damals rund 800 Seelen zählte, kam Vater Max Schreier um 1930 als Kirchschullehrer. Vorher hatte er Anstellungen in Chemnitz, wo er seine Frau kennenlernte, sowie in der Nähe von Nossen. Zu den Lehrerpflichten gehörte die Unterrichtung aller Klassen der Gemeinde in vielen Fächern und das Amt des Kantors. Selbst im benachbarten Weistropp waren noch Schüler zu betreuen. Erst bewohnte er ein Zimmer im Grundstück An der Wilden Sau 6. Als seine Ehefrau nachkam – beide vermählten sich am 31. November 1931 in Gauernitz – zogen sie in die Hausnummer 4. Schließlich erhielt Lehrer Schreier die Dienstwohnung in der Schule am Höllenberg. Im alten Schulhaus mit Dachreiter-Türmchen befanden sich im Erdgeschoss die Klassenräume. Das erste Stockwerk beherbergte rechts die Direktoren-Wohnung, links jene der Familie Schreier. Wie damals üblich, war Max Schreier im NS-Lehrerbund organisiert. Am 1. Mai 1933 wurde er mit der

Mitgliedsnummer 2 383 608 in die NSDAP aufgenommen.

Der Familienlegende nach erhielt Sohn Peter die früheste „Musikstunde" bereits am 40. Tag seines jungen Lebens. Dabei wurde der Säugling bäuchlings auf den Blüthner-Flügel gelegt und soll sich sofort geregt haben, als der Vater die ersten Töne anschlug. Bis ins hohe Alter verkündete dieser stolz: „Da wusste ich, aus ihm würde ein Musiker werden!" Und in seiner manchmal etwas militärisch anmutenden Ausdrucksweise bezeichnete er diesen Spaß auch als „gesangliche Grundausbildung". Die Begabung erahnten die Eltern auch bei späteren Gelegenheiten: Zum Beispiel tanzte der Sohn 1937 zum Klavierspiel, reagierte schon genau auf die Tempi-Wechsel. Mutter beobachtete eines Tages, dass ihr Filius aufmerksam am Zaun stand und mitsummte, wenn Vater mit dem Kirchenchor Begräbnislieder einübte.

Der Zweijährige erlebte am 11. Dezember mit Hans Christian Andersens „Die Schneekönigin" sein erstes Bühnenmärchen im Albert-Theater in der Dresdner Neustadt. Unterm Weihnachtsbaum sang er einige Tage später schon sehr schön tonrein „Händigein" („Häns-

war eine Kindheit nahe dem bäuerlichen Leben, ganz dicht am Pulsschlag der Natur – zwischen prächtigen Obstalleen, der hunderte Jahre alten Linde am Pfarrhaus, Ententeich und Mühle. Quasi mit der Muttermilch sog er die Liebe zur Tier- und Pflanzenwelt, den Duft der Jahreszeiten, die zauberhaften Töne von Dorf, Feld, Wiesen, Wald und Fluss auf. Der Gesang der Nachtigall, das Quaken der Frösche oder Zirpen der Grillen an lauen Sommerabenden waren ihm genauso vertraut wie das Bellen der Hunde, das Hufgetrappel der Pferde und Peitschenknallen, das Klappern von Mühlrad und Wäschemangel, das Murmeln der Bäche, das Donnergrollen bei Unwettern oder das Rascheln im Herbstlaub. Die linkselbischen Hügelketten und Schluchten mit Namen wie Schindergraben, Kühler Grund, Prinzbachtal und Saubachtal bildeten ein fast grenzenloses Terrain voller Abenteuer, wo sich Höhlen erkunden, Buden aus Weidenruten und Reisig oder kleine Brücken bauen ließen, wo man im Wasser tobte, beide Schreier-Jungen mit Freunden „Räuber und Gendarm" spielten. Auf Pferdewagen fuhren sie zu den Feldern, halfen beim Kartoffelsammeln und Ährenlesen, bestaunten die gewaltig stampfende, schwere Dreschmaschine. Es war eine Zeit, die die Fantasie anregte, die Sinne für das urwüchsige Leben, die Schönheiten unter Gottes Himmel

chen klein") , „Kuckuck, Kuckuck" und „Ein Schneider fing 'ne Maus". Im Januar 1938 notierte Max Schreier dann: „Peter singt O Tannenbaum, o Purzelbaum, die Treppe rauf und runter." Kein Wunder: Schreiers waren eine sehr musikalische Familie, Hausmusik wurde über alles gepflegt. Regelmäßig war Gotthard Zimmermann, der befreundete Coswiger Kantorenkollege von der Peter-Pauls-Kirche, abends zu Gast. Zusammen mit einem Weistropper Cellisten machte das Trio Kammermusik. Und da das Kinderschlafzimmer, 1938 war Bruder Bernhard als viertes Familienmitglied hinzugekommen, gleich neben dem Musikzimmer lag, kamen die Knaben oft in den Genuss einer Nachtmusik.

Wenn in der Dunkelheit die Dielen knarrten und das Gebälk ächzte, schien es, als ob sich der Geist eines früheren Bewohners durchs Schulhaus bewegte. 1808 wurde hier, woran bis heute eine arg verwitterte Tafel über der Haustür erinnert, Komponist Carl Ferdinand Adam geboren. Der Kreuzschüler, Gründer des „Dresdner Liederkranzes" und spätere Leisniger Kantor schrieb Kantaten und kleine Oratorien. Sein Stück für fünf Gesangsstimmen „Abend wird es wieder, über Wald und Feld säuselt Frieden nieder …" galt als ein Lieblingslied der Männergesangsvereine, machte als typisch deutsche Tondichtung Furore. Bis zum Ersten Weltkrieg sang man es sogar in Australien.

Sah Peter morgens aus dem Fenster, schaute er auf die alte Schäferei gegenüber und die großen Gärten. Es

*Zwei brave Buben: Peter (links)
mit dem drei Jahre jüngeren
Bruder Bernhard.*

schärfte. Wenn der Tenor Peter Schreier später Schuberts Liederzyklen „Die schöne Müllerin" und „Winterreise" sang, konnte er auch von seinen Kindheitserlebnissen rund um Schiebockmühle und Neudeckmühle zehren, von dem Füllhorn faszinierender Eindrücke, die seine Vorstellungskraft entscheidend beeinflussten.

Besonders enge familiäre Verbindungen gab es zu Müller Arno Theile. Dieser betrieb am Saubach unterhalb des Kirchhügels die Wassermühle. Vater Schreier erteilte der sehr musikalischen Theile-Tochter Dora, sie sang auch bei ihm im Kirchenchor, private Gesangsstunden. Die befreundeten Familien luden sich oft ein. Noch im hohen Lebensalter von 91 Jahren schwärmt „Dorchen" Theile von dem Knaben: „Der Peter war ein ganz aufgeweckter Bursche, liebte Mutters feuchten Streuselkuchen und die Fettbemmchen über alles. Gern schlich er ums alte Wehr und das Mühlrad, doch noch lieber um unsere gut gefüllte Speisekammer, wo das Butterfass und der Käse lagerten, frisch geräucherte Würste und Speckseiten

hingen, die Kompott- und Honiggläser oder die Mostflaschen in Reih und Glied standen."

An seine frühen Tage hat sich Schreier auch selbst viele Erinnerungen bewahrt: „Für uns Kinder war es ein besonders aufregendes Erlebnis, wenn in einem kalten Winter die Elbe zufror. Sonst erreichte man die nahe gelegene Stadt Coswig, wohin man zum Einkaufen oder zum Arzt ging, mit einer Fähre namens ‚Zeitgeist'. Bei strengem Frost kam der ‚Zeitgeist' zwischen den Eisschollen aber nicht mehr voran, der Fährbetrieb musste eingestellt werden. Dann überquerten wir – gegen eine Gebühr von wenigen Pfennigen – den zugefrorenen Fluss auf einem markierten Pfad zu Fuß. Nicht minder eindrucksvoll war die alljährliche Frühjahrsflut. Dann reichte das Hochwasser zuweilen bis an die Dresden und Leipzig verbindende Fernverkehrsstraße 6 heran, legte die Fähre direkt neben den Fahrzeugen an."

Es war in Constappel ein einfaches, unbeschwertes Leben, die Eltern sehr sparsame Leute. Ihre Sprösslinge erzogen sie zu häuslichem Fleiß. So galt es als selbst-

*Ein Müllerbursche mit Plan-wagen vor dem Gebäude der Wassermühle von Arno Theile am Constappeler Saubach.*

*Rechts: Die Brüder Schreier beim Spiel mit ihrem geliebten hölzernen Schimmel auf vier Rädern.*

*Unten: Der Große und der Klei-ne auf Wanderschaft durch Constappel am 24. März 1940.*

verständlich, dass die Söhne Mutter im Garten halfen, das Wasser von der Schwengelpumpe auf dem Hof hoch in die Wohnung trugen: „Zum Baden heizten wir den eingemauerten Kessel im Waschhaus an. Dane-ben stand eine Zinkbadewanne, in die warmes Wasser geschöpft wurde. Zuerst gingen wir Kinder hinein. Da-mit ja nicht zu viel Wasser verloren ging, haben sich die Eltern nach uns im Kinderbadewasser gereinigt." Willkommene Abwechslung bedeuteten die Besuche bei befreundeten Bauernfamilien: „Vater", so Peter Schreier, „war als geselliger und gelehrter Mann, der viele Musikinstrumente beherrschte, bei den Landwir-ten gern gesehen. Ob Ostern, Pfingsten, Erntedank, Weihnachten, Kindtaufe, Konfirmation oder Hoch-zeit – zu allen Feiern lud man uns ein. Und natürlich wurden da viele leckere Dinge von Herd und Backofen aufgetischt. Vater setzte sich immer ans Klavier, unter-hielt die Gesellschaft. Das war bei den Bauern die Attraktion. Ich machte bei so einem Besuch sogar mal in die Hosen, bekam dann von einer Bauerntochter das Kleid angezogen." Gute Beziehungen unterhielten Schreiers auch zum Rittergut vis-à-vis dem Schloss, das Carl Gliemann und Ehefrau Emmy mit 270 Hektar Ackerland und Wald 1924 von Prinz Karl Leopold von Schönburg-Waldenburg gepachtet hatten: „Dort grub sich mir ein furchtbares Erlebnis ins Gedächtnis ein. Vom Toilettenhäuschen beobachtete ich, wie ein Schwein geschlachtet wurde. Man band dem im To-deskampf quiekenden Tier ein Seil ums Bein. Dann schlug der grobschlächtige Knecht unbarmherzig mit

einem Hammer auf den Schädel, immer wieder, bis es tot zusammenbrach." Mit den Gliemann-Kindern Carla, Ruth, Christian und Jörg wurde herumgetollt. Peter Schreier: „Der Älteste kam sogar mit dem Pferd zur Schule geritten und wurde einmal von Tieffliegern beschossen. Gott sei Dank trafen sie nur zwei Kühe." Der II. Weltkrieg brachte gravierende Veränderungen im Familienleben mit sich. Vater war im Feld, Helene Schreier oblagen allein Erziehung und Versorgung der Buben. Max Schreier, der bereits in den Sommern 1937 und 1938 je zwei Monate an Ergänzungsausbildungen und militärischen Übungen teilnehmen musste, wurde am 27. August 1939 als Gefreiter der Wehrmacht ein-gezogen. Schnell zum Unteroffizier befördert, diente er u. a. als Militärmusiker beim Regimentsstab des Artille-rieregiments 294, gehörte zu der in Naumburg statio-nierten leichten Artillerie-Ersatzabteilung 14: „In der Naumburger Garnison haben wir Vater besucht. Er war dort der Militärkapelle zu Pferde zugeteilt, blies wohl die Trompete." Wachtmeister Schreier erhielt zum Füh-rer-Geburtstag am 20. April 1943 das Kriegsverdienst-kreuz 2. Klasse mit Schwertern. Nach Besuch der Hee-res-Unteroffiziersschule für Artillerie Amberg versetzte man Max Schreier 1944 in die hochgeheimen Artille-rieabteilungen 953 bzw. zuletzt 962. Diese von Holland aus operierenden Spezialeinheiten waren für die Ver-wendung von V-Waffen vorgesehen. Zu ihrem Waffen-arsenal gehörte die als Wunderwaffe von Hitler geprie-sene Fernrakete A4, die auch als „V2" bekannt wurde. Heute weiß man, dass die 14 Meter lange Flüssig-keitsrakete, die Überschallgeschwindigkeit und zuletzt 340 Kilometer Reichweite erzielte, für den Kriegsver-lauf nutzlos war.

# Für Kantor Schreier eine Frage der Ehre

Beim Fronturlaub in Gauernitz und in Briefen an seine Frau hatte Max Schreier klare Anweisungen gegeben: Peter wird im Kreuzchor vorgestellt! Eigentlich galt es damals bei Kantoren und Pfarrern Sachsens als selbstverständlich, ihre Söhne entweder im Dresdner Kreuzchor oder im Leipziger Thomanerchor unterzubringen.

Um 1206 für Messknaben und Chorsänger gegründet und damit eine der weltweit ältesten Musikinstitutionen, war der Kreuzchor immer aufs Engste mit der sächsischen Residenz- und Landeshauptstadt Dresden verknüpft. Kirche und damit auch der Chor leiten ihren Namen von einem Splitter des Kreuzes Jesu Christi ab, der 1234 in das Gotteshaus gelangte und wie alle hier aufbewahrten Reliquien nach der Reformation auf rätselhafte Weise verschwand. Doch der Kreuzchor bestand als evangelisch-lutherischer Knaben- und Männerchor fort. Glanz- und Elendszeiten wechselten sich ab. Genies wie Heinrich Schütz oder Richard Wagner komponierten für die Sängergemeinschaft, die alle Kirchenbrände und Kriegszeiten überstand. Zum 25. evangelischen Kreuzkantor war 1930 Rudolf Mauersberger berufen worden, unter welchem der Chor 1935 die erste Interkontinentalreise in die USA bestritt und das Prädikat „weltberühmt" erlangte.

Wie viele Kollegen hatte Max Schreier höchste Achtung vor Mauersbergers Wirken und keinerlei Bedenken, ihm den Sohn anzuvertrauen. Es war für ihn geradezu eine Frage der Ehre. Sang doch der Sohn des befreundeten Coswiger Kantors schon längst im Kreuzchor. Klaus Zimmermann, fünf Jahre älter als Peter, kam auf Chorreisen mittlerweile in Europa herum. Für einen Schreier konnte es keine bessere Ausbildung und Lebensschule geben. Dabei hatte der Vater wohl auch die engen Verhältnisse in Gauernitz im Auge, wo der eigene Sohn seit 1941 die Volksschule besuchte. Die Akten belegen jeden Unterrichtstag, den der Bub versäumte, und weisen auch nach, dass Peter Schreier erstmals am 24. Juni 1936 „Mit Erfolg

*Die 1866 eingeweihte Kreuzschule am Georgsplatz mit dem Denkmal des Kreuzschülers, Dichters und Freiheitskämpfers Theodor Körner, gemalt von Pedro Schmiegelow.*

geimpft" wurde. „Führung" und „Haltung" sind stets mit „gut" und „sehr gut" bewertet. Am Ende der Volksschulzeit bestätigt ihm der Klassenlehrer 1945 eine sehr gute Leistung in Musik, gute Zensuren in Deutsch und Heimatkunde, befriedigende in Rechnen und Raumlehre sowie Schrift und bemerkt „spricht haltungsbewusst und ausgeglichen".

Peter Schreier hatte eigentlich schon seit zwei Jahren von seiner unbeschwerten Kindheit Abschied genommen, übernahm Pflichten und bewältigte ein erstaunliches nebenschulisches Pensum. Alles begann mit einer Fahrt nach Dresden. Peter Schreier erinnert sich: „Eines Tages fuhr Mutter mit mir los. In der alten Kreuzschule am Georgsplatz war im obersten Stock der Gesangssaal. Und davor eine weiß lackierte Bank. Da wartete ich sehr aufgeregt. Zum Vorsingen hatte ich ‚Wem Gott will rechte Gunst erweisen' ausgesucht. Nach wenigen Worten sagte Professor Mauersberger väterlich ‚gut, gut, gut'. Er schlug noch einige Töne am Flügel an, prüfte mein Gehör – dann war ich, gerade acht Jahre alt, in die Vorbereitungsklasse aufgenommen. Von diesem Tage an bekam mein Leben einen völlig neuen Rhythmus. Zweimal wöchentlich fuhr ich mit dem Omnibus nach Dresden. Weil es kein Benzin mehr gab, betrieb man die Busse in den letzten Kriegsjahren mit Holzgas. Das wurde in einem riesigen Verbrennungskessel erzeugt, der außen am Fahrzeug montiert war. Mutter gab mir immer eine Alu-Brotbüchse in Nierenform mit. Darin zwei Stullen, auf denen zwar selten Butter, dafür selbst gemachte Marmelade aus Früchten des eigenen Gartens war. Vom Postplatz lief ich über die Wilsdruffer Straße mit ihren vielen Läden Richtung Frauenkirche. Gegenüber dem jetzigen Hotel Hilton stand an der Töpferstraße 4 ein großes altes Eckhaus. Ich erinnere mich noch genau an die Metallgeländer mit den schönen Holzknäufen im Treppenhaus. Dort wohnte im 5. Stock hinter einer Tür mit hoher Klinke Frau Katharina Lange-Frohberg. Ihr Mann war Konzertmeister in der Staatskapelle. Sie gab mir im hohen Musikzimmer, in dem gleich zwei Flügel standen, Gesangsunterricht. Zwei Jahre lang eignete ich mir bei ihr musikalische Grundkenntnisse an, lernte, vom Blatt zu singen, Intervalle zu treffen und zu bestimmen, wurde mit Notendiktaten gefüttert. Zur Wohnung gehörte ein herrlicher Dachgarten

*Rudolf Mauersberger mit Kruzianern während der Schwedenreise 1955. Er gilt als einer der wichtigsten Kirchenmusiker des 20. Jahrhunderts.*

mit üppigen Pflanzen – so etwas Schönes, wie ein kleines Paradies!"

In der Vorbereitungsklasse traf Schreier Junior viele Gleichgesinnte. Darunter Klaus Prezewowsky – seinen besten Freund über all die Chorjahre. Dessen Vater leitete die Kantorei der Auferstehungskirche Dresden-Plauen.

Klavierunterricht erteilte Kantor Gotthard Zimmermann. Um zu ihm zu gelangen, lief Peter vom Constappeler Schulhaus bis zur Elbfähre den Berg hinunter, setzte über zum Coswiger Elbufer und eilte dann weit über einen Kilometer bis zur Wohnung Schillerstraße 81.

1944 sang der künftige Kruzianer bereits im Cantus Firmus bei der Matthäuspassion in der Frauenkirche mit: „Wir standen unter der Kuppel, über uns die prächtigen Gemälde. An der Silbermannorgel der unvergessene Hanns Ander-Donath." Der Kreuzchor ging damals jeden Sonntag und zu den Vespern in eine andere Kirche. Man hatte das Heizmaterial rationiert, konnte immer nur ein Gotteshaus warm halten. Gern denkt Peter Schreier an die konzertante „Zauberflöte" mit der Staatskapelle im Gewerbehaus zurück, in der er den 2. Knaben sang, und an die letzte Aufführung von Mozarts zauberhafter Oper in Sempers berühmtem Opernhaus mit Arno Schellenberg als Papageno.

Zur Oper hatte Helene Schreier einen heißen Draht. Ihre Magdeburger Schulfreundin, die Sängerin Margarethe Düren, war mit dem Heldenbariton Josef Herrmann vermählt. Den hatte Karl Böhm an die Staatsoper geholt. Herrmanns wohnten auf der Liebigstraße am Nürnberger Ei, eine vornehme Villen-Gegend, der zahlreiche Gesandtschaften ein besonderes Gepräge verliehen. Im sogenannten Schweizer Viertel hinter dem Hauptbahnhof lebte die ausländische Prominenz. Darunter viele vermögende Russen, die bereits 1874 die Russisch-Orthodoxe Kirche zum Hl. Simeon vom wunderbaren Berge mit den zwölf Zwiebelkuppeln errichten ließen. Beeindruckend war aber auch die Ev.-Luth. Zionskirche mit dem 50 Meter hohen, mit ornamentiertem Kupfer und riesigem Goldkreuz geschmücktem Turm.

Peter Schreier: „Onkel Jupp verfügte über eigene Dienstboten, bewohnte mit seiner häufig sehr hysterischen Frau und dem großen weißen Hund namens Treu die riesige Suite in der Beletage einer Villa. Mich

wunderte, dass mein Nennonkel mittags noch seinen Morgenmantel trug. Doch später als Sänger, der erst zu mitternächtlicher Stunde nach Hause kommt, habe ich diese lockere Kleiderordnung selbst sehr schätzen gelernt. Mutter durfte die abgelegten, kaum benutzten Kleidungsstücke der Herrschaft mitnehmen. Daraus nähte sie uns auf ihrer Nähmaschine mit Fußwippe von ‚Seidel & Naumann' die schönsten Jacken und Hosen. Bei Herrmanns lernte ich neben Schellenberg auch den lyrischen Tenor Willy Treffner kennen. Meist entschädigte uns ein köstliches Mahl für die lange Reise und die manchmal etwas kratzenden, frisch gestärkten Hemden. In Dresden aß ich mich richtig satt. Denn bei Herrmanns gab es mindestens drei Gänge, sogar Dessert."

Hinsichtlich der Verpflegung fielen die Besuche bei der Erzgebirgs-Verwandtschaft des Vaters eher karg aus. „Im Haus der Stollberger Großeltern, das noch heute steht", schmunzelt Schreier, „wurde äußerst sparsam gewirtschaftet. Sie hoben sogar jeden kleinen Kanten Brot in einem Blechkasten auf. So etwas kannte ich nicht einmal von unserer einfachen Küche im Elbtal." Viel beliebter waren da die Ausflüge zu Mutters Schwestern, die ein interessanteres Zuhause und deren Männer Autos hatten. „Onkel Hans Freund besaß ein wirklich großes Auto, und bevor wir durch den Thüringer Wald fuhren, kochte Tante Elli einen großen Topf Erbsen. Herrlich, wie wir da um die Wette furzten und der Onkel eine extra Pause zum Durchlüften einlegen musste."

*Im Gebäude des Kreuzgymnasiums, das bis 1945 auch das Alumnat des Kreuzchores beherbergte, sang Peter Schreier 1943 bei Rudolf Mauersberger vor.*

# Blutrotes Feuerglühen über Elbflorenz

Ab Sommer 1944 wurden die Nachrichten immer düsterer. Oft erschienen schwarz umrandete Namen ehemaliger Kruzianer auf den Programmblättern der Kreuzchorvespern – die Gefallenenmeldungen. Man hörte in Gauernitz, dass auch an der Kreuzschule das Notabitur abgelegt wurde. Die 16-Jährigen mussten danach sofort zum Arbeitsdienst oder an die Front. Dreimal wechselten deshalb innerhalb eines Jahres die Chorpräfekten. Im März 1945 waren für die Schüler der Vorbereitungsklasse jene wichtigen Prüfungen angesetzt, die letztlich über die Aufnahme in den Kreuzchor entscheiden. Auch Peter Schreier fieberte diesem Tag entgegen. Doch es sollte ganz anders kommen. An einem milden Abend voll bläulicher Dämmerung hatten die Kruzianer im Februar 1945 ihre letzte Vesper mit Dietrich Buxtehudes „Missa brevis" in der Sophienkirche gesungen. Der Chor stand unmittelbar vor der Evakuierung in die Bautzener Gegend. Doch dazu kam es nicht mehr. Vier Tage später nahm das Grauen seinen Lauf. Die barocke Perle Europas ging unter, 25 000 Menschen starben, erstickten, verbrannten im schrecklichen Inferno englischer und amerikanischer Bomber, das am 13. und 14. Februar über die einzigartige Kulturmetropole an der Elbe hereinbrach.

Selbst in Gauernitz hatte das Sirenengeheul die Menschen in die Keller getrieben. Später stieg Peter mit seinem jüngeren Bruder Bernhard auf den Schulboden. Vom kleinen Türmchen auf dem Dach beobachteten sie bereits das gespenstische Vorspiel des Flächenbombardements: „Zuerst sahen wir, wie die Markierungsbomber Leuchtkugelpyramiden abwarfen. In einiger Entfernung, in Cotta, gab es große Mineralöllager. Die riesigen Tanks waren von den Bomben getroffen worden, und wir sahen trotz der beträchtlichen Distanz hohe Flammen aus den Ölbehältern schlagen. Schwarze Rauchwolken schossen zum Himmel empor. Vor allem das blutrote Feuerglühen über Elbflorenz hat sich mir für immer im Gedächtnis eingegraben."

Doch was sich in der Flammenhölle von Dresden, dem Hexenkessel von Ohnmacht, Zerstörung, qualvollstem Leid und tausendfachem Tod wirklich abspielte, überstieg jede kindliche Fantasie. Nach einigen Stunden erschienen erste Freunde und Bekannte, die aus der brennenden Ruinenwüste flüchten konnten: der total ausgebombte Onkel Josef Herrmann mit Tante Margarethe. Ebenso ein von Ruß geschwärzter Arno Schellenberg. Dem berühmten Sänger hatte Funkenflug Haar und Kleidung versengt: „Mit seinen Angehörigen, denen das Entsetzen in den Augen geschrieben stand, schob er einen zweirädrigen Karren, wie ein Gemüsehändler, vor sich her. Darauf hatten sie ihre wenigen Habseligkeiten verstaut, die sie neben dem nackten Leben retten konnten."

Auch Kantor Zimmermanns Sohn fand mit zwei Kruzianern, zu denen Ruprecht von Bardeleben zählte, einen Fluchtweg. Von Stadt Metz aus schlugen sie sich nach Coswig durch – Gott sei Dank! Aber elf jungen Sängern der Klassen 1 bis 4 war dieses Glück nicht vergönnt.

Inmitten der 15 Quadratkilometer großen Trümmerfläche stiegen noch tagelang Rauchschwaden aus den schwarzen Mauerresten der altehrwürdigen Kreuzkirche am Altmarkt auf. Von der Kreuzschule mit Alumnat am Georgsplatz standen nur noch einige neogotische Bögen. Wer genau hinsah, erkannte zwischen Trümmern in einer oberen Etage ohne Wände Betten des Schlafsaals. Dort waren unter den Eisengestellen noch Drähte gespannt – Antennen der Detektoren, mit welchen die Knaben heimlich Sender London gehört hatten.

Der verzweifelte Kreuzkantor Rudolf Mauersberger, selbst verletzt und zu Fuß im heimatlichen Mauersberg gelandet, teilte seine Eindrücke einer Cousine mit. Aus dem erschütternden Brief sollen hier nur wenige Zeilen zitiert werden: „Ich selbst bin wie durch ein Wunder der Hölle entronnen … Ich war nach dem 1. Angriff, der mir die Wohnung geraubt hatte (nur einige Sachen auf die Straße gerettet, von denen später noch ein Teil verbrannt ist), auf dem Weg zum Alumnat. Dabei überraschte mich (2 Stunden nach dem ersten Angr.) der 2. fürchterliche Angriff. Ich warf mich auf die Straße und musste eine dreiviertel Stunde liegen, einige 100 m vor der Kreuzschule auf der sogenannten Bürgerwiese, wo eine Sprengbombe nach der anderen niederging. Es steht auch kein Haus mehr dort, ja nicht einmal ein Baum steht noch. Nur Baumstümpfe siehst Du da. Dabei sind von unseren Jungens 7 Alumnen ums Leben gekommen, von den Kurrendanern steht die Zahl noch nicht fest. Bis jetzt 3–4. Es ist zu entsetzl. Später habe ich mit einem Ol-

bernhauer Lastauto die Notenreste aus dem Keller der zusammengestürzten Kreuzschule geholt."

Dann kamen eines Tages die Russen übers Feld nach Gauernitz: „Ein Offizier stürmte zu uns in die Wohnung, sah den Flügel und spielte. Als er mich heranwinkte, fing ich an zu weinen. Mutter hat mich auf ihren Schoß gesetzt und beruhigt. Es war eine makabre Situation. In der Nachbarwohnung wurde gerade die Lehrerfrau vergewaltigt."

Erst Monate und Jahre später hörte Peter die Erlebnisberichte seiner Kameraden, die nach und nach schockierende Details vom grausamen Tod der Sängerkna-

*Von der altehrwürdigen Schule ließen Bomben und Flammen 1945 nur diese brandgeschwärzte Ruine übrig.*

*Blick in die zerstörte Aula der Kreuzschule. Aus Dresdens Trümmerwüste reckt sich im Hintergrund der 98 Meter hohe Rathausturm in die Höhe.*

*Das Inferno von Dresden am 13./14. Februar 1945. Selbst Augenzeuge des Untergangs der Stadt schuf Kunstmaler Otto Griebel dieses Gemälde.*

ben mitteilten. Fast alle haben ein Leben lang Mühe, diese furchtbaren Eindrücke zu verarbeiten. Auch Hans Jürgen Wächtler, Kantorensohn aus Kreischa, Augenzeuge des Geschehens vom 13. und 14. Februar, zwei Jahre älter als Peter Schreier und vor ihm Chorpräfekt, vertraute dem Gauernitzer in verschwiegener Stunde manches an und sagt noch heute: „Vom Angriff weiß ich fast zu viel. Es gibt Nächte, da wache ich deshalb nachts mit Albträumen auf. Viele blieben im vermeintlich sicheren öffentlichen Luftschutzkeller der Schule, ahnten nicht, dass dort der schleichende Tod durch Kohlenmonoxid-Vergiftung umging. Wir sind mit einigen raus aus der Schule, haben unsere Mäntel ins Wasserfass getaucht, rannten immer weiter ins Dunkel, rannten um unser Leben. Othmar Weinert aus Riesa, dessen Radebeuler Großvater uns den abgefah-

renen Notenwagen repariert hatte, musste dringend austreten. Er tippelte in das unterirdische Pissoir am Altmarkt – und kam nie wieder. Nach kurzer Zeit spürten wir nur die sagenhafte Hitze, die dort von unten hochkroch, liefen geschockt weiter. Im Großen Garten ist der aus Kirschau bei Bautzen stammende Hanns-Jörg Franz aus der 3b ganz schwer umgekommen. Am Mittwochmorgen trieb uns die Neugier in die Stadt. Ich wollte meinen Koffer holen. Überall Leichen! Plötzlich sah ich Siegfried Berndt aus der 4b vor mir. Er lag wie schlafend mit rosigem Gesicht am Körnerdenkmal vor der Schule. Doch es war der ewige Schlaf – eine Luftmine hatte ihm die Lunge zerfetzt. Im Kreuzgang lag der kleine Helfried Bobe aus Wilschdorf bei Klotzsche, Schüler der 1a, ebenfalls mit zerfetzter Lunge. Der Vater von Siegfried kam dann mit dem Fahrrad aus Kreischa zur Schule. Hier setzte er seinen toten Jungen in einen Wäschekorb, schnallte ihn sich mit Riemen auf den Rücken und nahm ihn in die heimatliche Erde auf den Friedhof mit."

Die Musikwelt hat jahrzehntelang gerätselt, warum Peter Schreier die Evangelistenpartie in Bachs „Matthäus-Passion" so überzeugend wie kaum ein anderer vor ihm gestalten konnte: so voller Tiefe, entfesselter Leidenschaft, so naturalistisch, so glaubhaft, mit ganzem Körper und einer Flut von Emotionen. Wenn er sang: „Und von der sechsten Stunde an ward eine Finsternis über das ganze Land, bis zur neunten Stunde. Und um die neunte Stunde schrie Jesus laut, und sprach: Mein Gott, mein Gott, warum hast du mich verlassen!", spürte der Saal das bedrohlich Unheimliche. Dann entlud sich das Entsetzen von Jesus am Kreuze in einem echten Schmerzensschrei, im Ausdruck schicksalhafter Geschlagenheit. Gleichzeitig in wahrhafter Klage und Anklage. Schaudern und ein eisiger Wind ließ Zuhörer frösteln, wenn Schreier das Wort „Finsternis" sang. Er bot es so, als ob schwefelgelber Dunst die Ahnung eines heranbrechenden Unheils verbreitete. Die Zuhörer waren quasi gefesselt von einer dritten Dimension, welche nicht mehr nur allein mit „ausdrucksgerecht, einfühlsam und expressiv" zu erklären ist. So realistisch-plastisch konnte nur einer singen, der selbst am Rande der Apokalypse stand, der persönliches Erleben und Augenzeugenberichte vom Untergang Dresdens wie kein anderer in seiner künstlerischen Seele verinnerlicht hat.

# Erster Sängerknabe im Notquartier

Als wieder Grün zwischen den brandgeschwärzten Ruinen von Dresden spross, erwachte auch der Kreuzchor zu neuem Leben. Es war u. a. dem ersten Nachkriegsbürgermeister Rudolf Friedrichs, einem ehemaligen Kreuzschüler, zu verdanken, dass die jahrhundertealte Institution mit den überlebenden Sängern unter Kantor Rudolf Mauersberger weiterarbeiten durfte. Im Frühsommer 1945 lag bei Familie Schreier ein Schreiben von Inspektor Paul Dittrich im Briefkasten. In diesem wurde mitgeteilt, dass der Chor auf Weisung der sowjetischen Militäradministration am 1. Juli seine Arbeit aufnehmen werde. Weil Schule und Alumnat zerstört waren, vorerst im Interimsquartier Kantstraße, den Kellerräumen der Oberschule Dresden-Süd. Interesse vorausgesetzt, sollte man sich an diesem Tage mit dem noch vorhandenen Notenmaterial einfinden. Für die Schüler der Vorbereitungsklasse würde es keine Aufnahmeprüfung geben. Die Alumnen – also die im Alumnat wohnenden Jungen – wurden gebeten, zwei Anzüge, Unterwäsche, zwei Schlafdecken, Bettwäsche und Essbesteck mitzubringen. Zum Verständnis sei hinzugefügt, dass es noch die Kurrendaner gibt. Das sind jene Knaben, die zu Hause – also meist in Dresden – wohnen.

Am 1. Juli lief Helene Schreier, schwer bepackt, mit ihrem Jungen über Niederwartha nach Cossebaude. Nach anderthalbstündigem Fußmarsch ging es per Bus weiter. „Meine Ankunft", schmunzelt Peter Schreier, „fand Erwähnung in den Annalen des Chores. Denn ich war an diesem Tag der Erste im Alumnat und verbrachte die Nacht allein im Schlafsaal. Das war natürlich eine Qual und ging nicht ohne Tränen ab." Mutter Schreier hatte große Sorge, dass der etwas schüchterne und noch sehr verträumte Junge dies gut überstehe, und dem Internatsinspektor gleich ans Herz gelegt, sich besonders um Peter zu kümmern.

Doch nach und nach trafen die anderen Jungen ein. Unter den netten Kameraden legte sich die Schüchternheit, und bald war auch sein Heimweh überwun-

*Professor Rudolf Mauersberger mit Sängerknaben. Ganz rechts singt Peter Schreier.*

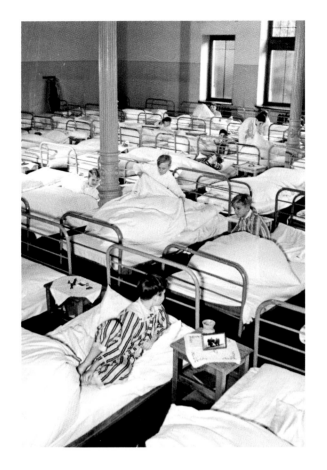

*Blick in den großen, mit Stahlrohrbetten und hölzernen Nachttischen spartanisch eingerichteten Schlafsaal der Alumnen in der Eisenacher Straße um 1948.*

Peter Schreier sieht noch alles lebendig vor sich: „Mit einem Elektrokocher wärmten wir uns Suppen auf. Etwas übel riechende Schwaden durchzogen den Keller, wenn Wolfgang Bitterlich seinen Käse kochte. Die mit Salz und Kümmel gewürzte ‚Köstlichkeit' kam zwar im Winter gut an, geriet jedoch im Sommer zur Qual. Weil die Heizspirale immer kaputt ging, wurde sie geflickt und von Mal zu Mal kürzer, bis letztlich mit der Kocherei Schluss war."

Das Zusammenleben der Chorgemeinschaft aus sämtlichen Altersgruppen bereitete ihm keine Schwierigkeiten, an die Pflichten gewöhnte sich Neuling Schreier schnell: „Ich musste mein Bett selbst aufschütteln, die Schuhe putzen, die Kleidung in Ordnung halten – darauf wurde in der Großfamilie penibel geachtet. Ältere Schüler beaufsichtigten die jüngeren, kontrollierten Hausaufgaben, achteten auf das Innenleben der Schränke und die Sauberkeit der Fingernägel."

Alten Gauernitzern ist noch in lebhafter Erinnerung, wie sich Frau Schreier in den Nachkriegsjahren häufig aufs Rad schwang. Links und rechts ein Paket am Lenker, hinten einen Obstkorb. So sauste sie ins Alumnat. Oft lief sie auch zu Fuß den weiten Weg von Gauernitz bis zur „Constantia", dem jetzigen „Theater Junge Generation". Denn die Straßenbahn war nur streckenweise in Betrieb. In den schlechten Zeiten brachte sie häufig Obst, Gemüse und was ihr Bauern überließen in den Chor. „Mutti, komm rasch rein, bringe mir dies und das" – solche Anrufe ihres Großen waren ständig zu erwarten. „Und wenn ich dann hinkam", erzählte sie gern, „wartete Peter nicht etwa mit offenen Armen auf Mama, sondern spielte auf dem Schulhof Fußball."

In den Wochen des Sommers 1945 dachte an Schulunterricht noch niemand. Der begann offiziell erst im Oktober. Dafür gab es täglich intensive Chor- und Einzelproben, ergänzten im Schreiben geübte Schüler das am 13. Februar vernichtete Notenmaterial. Zu diesen „Schriftkundigen" gehörte Peter allerdings nicht. Er half lieber in der Küche. Rudolf Mauersberger hat die Zeit für eigene Kompositionen genutzt. Kruzianer machten sich auch bei der Enttrümmerung der Kreuzkirche nützlich, räumten mit Schubkarren Schutt aus dem Inneren. Dabei glich jeder Gang zur Kirchruine einer Gebirgswanderung, bei der man kaum eine Menschenseele sah. Am 4. August 1945 liefen sie durch

den: „Es gab Zeiten, da bin ich gar nicht mehr gern nach Hause gefahren. Denn in dieser neuen Welt fühlte ich mich richtig wohl, auch wenn sie primitiv und etwas ungastlich war." Man kann sich kaum vorstellen, wie die Choristen damals lebten: In den Heizungsgängen hausten noch Flüchtlinge, Ratten liefen die Rohre entlang. Die Fenster der Kellerräume waren aus Luftschutzgründen mit Ziegeln vermauert. Im Schlafsaal gab es nur Doppelstockbetten. „Wer da unter einem Bettnässer lag, hatte nachts manches auszuhalten. Wir mussten auf die Minute exakt aufstehen, um uns den Wasserhahn zu teilen. Im Winter gefror die Tinte im Fass, waren die Bettgestelle früh mit Raureif überzogen. Es war so kalt, dass mit Schlafanzug und Bademantel geschlafen wurde." Verzweifelt versuchten die frierenden Kinder, per Laubsäge das Schulparkett zu zersägen – als Heizmaterial. Da zerstörte die Hitze des Eichenparketts den Ofen im Keller.

die schrecklich zerstörte Stadt gemeinsam zur Kreuzkirche. Vorbei an Trümmerhaufen, fensterlosen Fassaden. Und dann standen rund 3000 Dresdner in dem ausgebrannten Gotteshaus, lauschten dem Knabengesang. Vor allem ein Trauerhymnus voll mystischer Kraft, den Mauersberger, basierend auf Texten aus den Klageliedern Jeremias, schuf, ließ die Seelen der Zuhörer erbeben, Tränen rinnen: „Wie liegt die Stadt so wüst, die voll Volks war. Alle Tore stehen öde. Wie liegen die Steine des Heiligtums vorn auf allen Gassen verstreut …"

In Kürze gelang es dem Kantor, wieder den brillanten Chor mit dem spezifischen Klang zu formen, fanden Vespern und Konzerte statt. Auf offenem Lkw, im D-Zug oder zu Fuß war man unterwegs zu winters meist schlecht oder überhaupt nicht geheizten Auftrittsorten – Mauersbergers „Musica sacra auf Rädern"! Einfach unglaublich, was der Chor ohne eigenes Gotteshaus – die Kreuzkirche stand erst ab 13. Februar 1955

wieder zur Verfügung – in jenen entbehrungsreichen Jahren vollbrachte. Neben geistlichen Liedern wurden auch viele weltliche Konzerte gegeben, ja wegen der Besatzer sogar russische Volksweisen gesungen. Jede Woche ging es raus, kreuz und quer übers Land, an manchen Tagen drei Veranstaltungen hintereinander: in die Christuskirche Bischofswerda, den „Hamburger Hof" in Meißen, die Stadtkirche in Dippoldiswalde, den „Tivolisaal" in Olbernhau, die „Goldene Krone" in Bautzen, den Meißener und Freiberger Dom, die Pirnaer Marienkirche, die „Kelterei Donath" im Lockwitzgrund und das Lokal „Donaths Neue Welt" in Alttolkewitz, die „Constantia" in Cotta, das „Lindenschlösschen" in Wilsdruff, die Kirchen in Glashütte, Ziegenhain, Großhain, Borna bei Oschatz und Burkau, das „Volkshaus" in Zittau, die Lutherkirche in Radebeul und natürlich in fast alle nicht zerstörten Dresdner Kirchen. Dazu kamen Verpflichtungen bei Trauerfeiern auf Friedhöfen, Geburtstagssingen beim

*Altsolist Peter Schreier als junger Kruzianer mit der damals üblichen Schülermütze.*

*Gottesdienst mit dem Kreuzchor am 4. August 1945 in der von Bomben zerstörten und mühsam enttrümmerten Kreuzkirche.*

*Kruzianer Peter in feschen Lederhosen während der Chorferien im August 1950 mit Mama Helene an der Elbe.*

Dresdner Oberbürgermeister, die musikalische Begleitung eines Vortrags von Bischof Otto Dibelius, Betriebskonzerte, Kurpark-Konzerte auf dem Dresdner Weißen Hirsch, die Gründungsfeier einer Berufsschule, der Auftritt bei der Feierstunde zur Vorbereitung auf das Arbeiterstudium, Kulturabende für Mitglieder der Landesregierung ...

Dabei wurde der kinderlose, zeitlebens unverheiratete Mann aus dem Erzgebirge für viele Jungen, deren Väter im Krieg geblieben waren oder als vermisst galten, so etwas wie ein Ersatzvater. Auch ein wenig für Peter. Denn Vater Max Schreier ereilte zum Kriegsende das Unglück, in Gefangenschaft zu geraten. Peter Schreier: „Die Wehrmacht kapitulierte, Vater war auf dem Marsch nach Gauernitz und bereits zu Hause avisiert, da schnappten ihn bei Freiwalde nahe Berlin die Rus-

sen. Er kam in einen Sammeltransport, der im Lager von Kujbyschew am Wolgaknie, das heute Samara heißt, landete. Dort hatte Vater, der keinen Nagel in die Wand zu schlagen vermochte, riesiges Glück. Nachdem er unter den Gefangenen einen Instrumentenbauer fand, der sie ausrüstete, rief er eine Blaskapelle ins Leben. Als Nichtraucher konnte er seine Machorka-Ration gegen Brot tauschen und litt deshalb nur selten Hunger. Später erteilte er sogar Kindern russischer Offiziere Musikunterricht. Nachdem wir seine Gefangenennummer bekamen, schickte ihm Mutter Zeitungsberichte meiner Auftritte. Die gaben ihm zusätzlich Kraft, er zeigte sie im Lager herum. Wenn ich später in Westdeutschland gastierte, sprachen mich immer wieder Leute an, die sagten, dass sie meinen Namen schon seit ihrer russischen Gefangenschaft kannten."

# Mauersbergers Ausnahme-Kruzianer

Den Start der Sängerkarriere, die für Peter Schreier bereits als Zehnjähriger im Kreuzchor begann, begleitete eine glückliche Fügung. Wenn man an Schutzengel glaubt, griffen sie hier helfend in sein Leben ein. Es gehört überhaupt zum Phänomen Schreier, dass sich für ihn entscheidende Fälle von Glück in besonderem Maße häuften. Wo sich andere ein Leben lang umsonst mühten, ebneten ihm nicht planbare Umstände den Weg an die Spitze seiner Kunst.

Anfang 1946 stellte man bei Peter plötzlich Stimmbandknötchen fest. In der Vorbereitungsklasse war er in die Stimmlage eines Sopran 1 – den höchsten Sopran – eingestuft worden. Das stellte sich später, aber noch rechtzeitig, als fataler Irrtum heraus. Peter war gerade ein halbes Jahr im Chor – da traten nach einer schweren Erkältung ungeahnte Schwierigkeiten auf. Die Stimme klang heiser, er konnte die Töne nicht mehr richtig halten. Mauersberger erkannte beizeiten die Misere, die durch Verdickungen an den Stimmbändern hervorgerufen wird, ließ ihn pausieren und von einem Therapeuten behandeln. Peter Schreier: „Dieser erfahrene Mann, übrigens ein ehemaliger Englischlehrer der Kreuzschule, Dr. Klunger, stellte fest, dass meine Stimme eindeutig zum Alt tendierte. Durch stimmtechnisches Training, Summübungen und viele weitere therapeutische Tricks gelang es ihm, meine Stimme ohne riskante Operation vollständig zu kurieren."

Ab Frühjahr sang Peter als Altist. Mauersberger hielt strenge Zucht in seinem Chor, hatte für jede Stimmlage Rang- bzw. Leistungslisten eingeführt, die ständig aktualisiert wurden. Bei Krankheit fiel man, ruck, zuck!, auf den letzten Platz zurück. Vom letzten Platz im Alt rückte der Gauernitzer schnell bis zum Stimmführer auf, von dort zum Alt-Solisten, der aus dem Chor, der Menge der 75 „Namenlosen", heraustreten durfte, der extra Beifall fand, dessen Name in Programmen und auf Plakaten, auch in Zeitungskritiken gedruckt zu lesen war. Kaum ein Erfahrungsjahr war nötig – da hatte sich der junge Sänger an die solistische Aufgabe gewöhnt.

*Als Altsolist im Freiberger Dom. Aus der Zeit beim Kreuzchor stammt Schreiers Herzensbeziehung zur musikalischen Welt Bachs und zum Oratoriengesang überhaupt.*

*Peter Schreier (rechts) mit seinem besten Freund Klaus Prezewowsky 1946 auf dem Balkon einer Wohnung an der Dresdner Martin-Luther-Straße.*

*Jedes Jahr zur Adventszeit lud der 25. Kreuzkantor Rudolf Mauersberger Kruzianer in seine erzgebirgisch eingerichtete Wohnung in Loschwitz ein.*

Schreier wird bestimmt einmal ein großer Sänger.' Da Peter Schreier immer äußerst selbstständig war und das, was er singen wollte, mit dem Präfekten schon vorbereitete, kümmerte sich Professor Mauersberger gar nicht mehr direkt darum. Einmal standen auf dem Programm in einem Adventskonzert zwei Cornelius-Weihnachtslieder. Mauersberger fragte nur im Konzert auf der Chorempore: ‚Die Lieder hast du doch geübt?' Ein ganz unschuldiger Jungenblick: ‚Nein.' Mauersberger: ‚Ja, was machen wir denn da?' Da sagte Peter: ‚Ach, ich singe sie vom Blatt.' Und er sang sie so schön vom Blatt …"

Sein Repertoire reichte von den „Kleinen geistlichen Konzerten" von Heinrich Schütz über Bachs Schemelli-Lieder bis zu den bereits genannten Weihnachtsliedern von Peter Cornelius.

Mauersberger war von Schreiers Stimme so fasziniert, dass er einige seiner Kompositionen extra für dessen Stimme entwarf: „Die Bitte", das „Nocturno", das traumhaft schöne „Vaterunser" aus der „Geistli-

„Knabensolostimme Kruzianer Peter Schreier (Alt)", oft auch alternierend mit dem zwei Jahre jüngeren Sopran Tilo Hiemann, stand gleich unter Kreuzkantor Professor Rudolf Mauersberger auf den wenigen Programmen, die sich aus jener Zeit erhalten haben. So von einer Kulturveranstaltung der CDU-Ortsgruppe Heidenau, vom Passionsgottesdienst in der Kreuzkirche Wilkau-Hasslau, der III. Kulturveranstaltung der FDJ-Betriebsgruppe des Stadtkrankenhauses Johannstadt, einem Reformationskonzert in der Martin-Luther-Kirche, dem Volksliederkonzert der Landesregierung Sachsen oder einem Weihnachtsliederabend in der Himmelfahrtskirche Dresden-Leuben.

Erna Hedwig Hoffmann, die 1948 ihren Dienst als Sekretärin bei Mauersberger antrat, erklärte bei den Recherchen für einen Fernsehbeitrag Mitte der 1980er-Jahre: „Peter Schreier besaß diese schöne Altstimme, die er über fünf Jahre hinweg beibehalten hat. Er war unerhört musikalisch, brauchte eigentlich kaum Proben, sang das meiste vom Blatt und es bestand zwischen Professor Mauersberger und Peter Schreier, so klein er auch war, ein beinahe kollegiales Verhältnis. Mauersberger hatte hohe Achtung vor diesem begabten Dorfjungen. Da er selbst vom Lande kam, konnte er ihn gut verstehen und er sagte oft: ‚Aus dem

chen Chormusik", das „De profundis" aus dem „Dresdner Requiem", mehrere Volksliedbearbeitungen. Kaum ein Urlaub, in dem Kantor Mauersberger nicht ein neues Werk für Altsolo und Chorbegleitung schuf. Die Stimme des Alt-Solisten brachte ein neues Klangideal in den Chor, ja, sie veränderte den Chorklang. Dass ein Knabe den Kreuzchor so dominierte, hatte es nie vorher und seitdem auch nicht mehr gegeben.

Jürgen Hunger, der wegen seiner Lederhose damals „Seppl" genannt wurde, schwärmt bis heute: „Diese leicht gebrochene Altstimme war märchenhaft. Peter war der Knabensolist schlechthin und ich bekomme immer noch eine Gänsehaut, wenn ich an diese Stimme denke. Wir wussten, dass er mindestens eine Klasse besser als wir war. Doch wir haben ihn alle sehr gemocht. Auch weil er keinerlei Star-Allüren hatte, nie überheblich oder hochnäsig war."

Mauersberger nahm seinen Staraltisten mit zu Repräsentations-Terminen. Peter Schreier: „Nach einer Vesper in der Martin-Luther-Kirche wurden Klaus Prezewowsky und ich zu einem Fabrikanten in die hochherrschaftliche Wohnung eingeladen. Dort konnten wir mit der riesigen Märklin-Eisenbahn spielen, wurden auf dem Balkon fotografiert." Auch in Mauersbergers Haus Sierksstraße 6 am Loschwitzer Elbhang nahe der Bergstation der Schwebeseilbahn, das der Kantor nach 1945 bezogen hatte, weilte Schreier: „Es war mit grünbezogenen Birnbaummöbeln und einem breit geschwungenen, klöppelspitzenverzierten Sofa eingerichtet. Überall standen erzgebirgische Pyramiden, Engel, Bergleute, Räuchermänner. Dort fiel mir erstmals sein Geiz auf. Er besaß eine ganze Truhe voll Schokolade, auf den Reisen wurden wir ja reich beschenkt. Doch er rückte keine dieser Tafeln raus, höchstens mal ein kleines Stück. Viel beeindruckender war, was ich nach einer Plattenaufnahme in der Blasewitzer Heilig-Geist-Kirche, wir nahmen mit Hans Otto das ‚Es ist vollbracht' und das ‚Agnus Dei' auf, erlebte. Da musste ich auf dem Gepäckträger seines Fahrrads Platz nehmen, und er bugsierte mich über den Schillerplatz zum Hotel Demnitz, wo wir zusammen Sekt getrunken haben. Mich schickte er danach zurück ins Alumnat, das ja Februar 1947 ins ehemalige Freimaurerinstitut an der Eisenacher Straße 21 in Dresden-Striesen kam und bis heute da geblieben ist.

Mauersberger stieg dann in die Schwebebahn ein, die ihn hoch nach Hause brachte und wo er meistens noch den Musikkritiker und Publizisten Gottfried Schmiedel traf. Der hat später meine erste Lebensbeschreibung verfasst. Den kannte er natürlich gut und da wurde zusammen geklönt."

Es sind Fotografien überliefert, wo Peter damals am Flügel allein mit Knaben Lieder einstudierte oder auf Reisen, die den Kreuzchor auch nach Westdeutschland oder Skandinavien führten, den Chor vor dem Bahnhof bei einem Ständchen dirigierte. Zur glanzvoll inszenierten Christmette am 1. Weihnachtsfeiertag 1950, morgens 6.30 Uhr in der Heilig-Geist-Kirche, bei der die Alumnen die Geschichte um Christi Geburt in Kostüm spielen, sang er die schauspielerisch nicht sehr anspruchsvolle Rolle der Maria.

Im Bach-Jahr 1950 hatte Mauersberger sogar den Versuch gewagt, die solistischen Partien der Johannes-Passion und der h-Moll-Messe mit Kruzianer-Stimmen, natürlich auch mit Schreier, zu besetzen. Selbst wenn der Knabe den tiefen Sinn der lateinischen Worte noch gar nicht erfassen konnte, faszinierte neben natürlicher, unbewusster Anmut der Stimme und kindlichem Ernst die Textdeutlichkeit seines Gesangs. Der Rundfunk zeichnete damals vieles auf und

*Gute Stimmung auf Reisen: hier im Bus mit der Ehefrau von Alumnatsinspektor Zetzsche kurz vor Köln 1950. Links vorn sitzt Peter Schreier.*

kalienhandlungen für Langspiel-Schallplatten mit dem Kreuzchor und namentlich seinem herausragenden Solisten Peter Schreier warben.

Zu jener Zeit besuchte Kunstmaler Paul Oberhoff den Kreuzchor. Der Musikliebhaber spielte selbst Klavier und hinterließ neben Landschaftsstudien und Stillleben zahlreiche elegant wirkende Porträts von Sängern und Musikern. Hans Jürgen Wächtler: „Oberhoff suchte sich die Jungs raus. Als Motiv kam natürlich Peter Schreier in Frage. Ich war damals Stimmführer, stand in der Nähe und wurde als Peters Klavierbegleiter gemalt. Viele Jahre später besuchte ich den alten Maler dann im Atelier und bekam das Gemälde." Seit Jahren hat es einen Ehrenplatz im Landhaus von Peter Schreier, dem Hans Jürgen Wächtler das Doppelporträt zum 60. Geburtstag überließ. Das Bild wurde sogar zum Grundstock einer kleinen Sammlung von Oberhoff-Gemälden, die Schreier der Maler-Witwe abkaufte. Auch der bekannte Dresdner Künstler Wilhelm Rudolph porträtierte Schreier als Altisten. Leider ließ sich der Verbleib dieses Werkes bislang nicht aufklären.

*Paul Oberhoff malte Altsolist Peter Schreier, der von Kruzianer Hans Jürgen Wächtler am Flügel begleitet wird.*

später hat man diese frühen Tonkonserven des Ausnahme-Sängers auf der Schallplatte „Vom Knabenalt des Kreuzchores zum lyrischen Tenor" veröffentlicht. Für Kruzianer Schreier waren die Fahrten zum Rundfunk auf der Berliner Masurenallee auch deshalb ein Ereignis, weil es dort einen Paternoster gab, der mit kindlicher Freude benutzt wurde. Weitgehend unbekannt ist, dass schon Anfang der 1950er-Jahre Musi-

WEIHNACHTSLIEDER-ABEND

## Dresdner Kreuzchor

Leitung: Prof. Rudolf Mauersberger

Altsolist: Kruzianer Peter Schreier

An der Orgel: Georg Keller

Mittwoch, den 20. Dezember 1950, 19.30 Uhr,

Himmelfahrtskirche Dresden-Leuben

Techn. Durchführung: Konzertdirektion H. Boch. Nachf.

# Ahrenshooper Ostsee-Abenteuer

Einige Wochen seiner Chorferien verbrachte Peter Schreier über Jahre im Dorf Oberbobritzsch bei Freiberg. Kruzianern wurde in den an Kohlehydraten und Vitaminen armen Nachkriegsjahren ein Aufenthalt auf dem Lande vermittelt. Aus den gastfreundlichen Sommertagen bei der Bauernfamilie Hubricht erwuchs eine so herzliche Beziehung, dass er jedes Jahr mit seinem Bruder eingeladen war. „Wir lebten wie die Kinder der Familie", denkt Schreier gern an diese Zeit zurück, „standen zeitig auf, halfen beim Ausmisten des Kuhstalls, schafften Milchkrüge fort und brachten den Männern das zweite Frühstück aufs Feld. Abends wurde oft etwas musiziert. Später, bereits ein bekannter Sänger, bin ich mehrfach im Kulturhaus des benachbarten Niederbobritzsch aufgetreten. Der Sender Dresden hatte mich zum sogenannten Konzertwinter auf dem Lande gebeten, Liederabende zu geben. Auch das Fernsehen der DDR zeichnete eine Veranstaltung auf. Mehrmals musizierte ich dort zusammen mit der Capella Fidicina aus Leipzig, die auf historischen Instrumenten spielte, vom unvergessenen Hans Grüß geleitet. Meinen Ferieneltern, die natürlich zu den Konzertbesuchern gehörten, konnte ich so etwas verspätet auf besondere Weise danken. Immer war ich überrascht, wie aufgeschlossen die Menschen nach der anstrengenden Arbeit in die Konzerte kamen, wie sie die Musik erfreute und bereicherte. Sicher hat mein Name auch dazu beigetragen, die Menschen anzulocken und ihnen klassische Musik nahezubringen. Wir haben im Anschluss immer noch geplaudert, vor allem von meinen Reisen durch die Welt sollte ich erzählen. Einmal durfte ich sogar ihre neue Kegelbahn einweihen."

Ganz besondere Urlaubseindrücke brachte der Kruzianer jedoch von der Ostsee mit: „Wir hatten für den Chor einen Konzertmanager, der war etwas anders veranlagt. Es gab ja immer solche Typen, die sich an uns Jungs heranmachen wollten. Der lud mich und fünf andere, mein Freund Klaus war auch dabei, im Sommer 1951 nach Ahrenshoop auf den Darß ein.

Mauersberger erteilte die Genehmigung für die Reise, und wir genossen den malerisch zwischen Ostsee und Bodden gelegenen Ort mit den traditionell rohrgedeckten Häusern. Auf einem Foto sitze ich am Strand, bin mit Keksen voll bepackt. Eine für mich wahrlich nicht ganz untypische Situation. Wie kaum anders zu erwarten, ließ der Gastgeber uns eines Nachts zwischen den Buhnen nackt baden, vermutlich um uns besser sehen zu können. Plötzlich kam eine sehr große Welle, und ich wurde vom Ufer ins tiefe Wasser der Ostsee getragen. Bisher konnte ich nicht schwimmen. Doch da musste ich mich plötzlich mit aller Kraft über Wasser halten, um nicht zu ertrinken. Natürlich habe ich eine Menge salziges Wasser geschluckt – aber in dieser Nacht wurde ich zum Schwimmer!"

*Voll bepackt mit HO-Keksen lässt es sich Peter 1951 am Ostsee-Strand von Ahrenshoop auf dem Darß gut gehen.*

Mitte der 1960er-Jahre besuchte Peter Schreier mit seiner Familie hier noch mehrmals seinen Kruzianerfreund Hermann-Christian Polster. Dieser hatte sich nahe der Steilküste im gemieteten Nebengelass ein Feriendomizil geschaffen. Beinahe wäre das idyllische Fleckchen Erde an der Küste von Mecklenburg-Vorpommern mit seinen Steil- und Flachufern, Wiesen, Wäldern, Meer und Binnenwasser, das schon vor über 100 Jahren Landschaftsmaler zur Gründung der Ahrenshooper Malerkolonie inspirierte, eine zweite Hei-

mat Schreiers geworden: „Nach der Wende fragte mich der frühere Intendant der Deutschen Staatsoper, Hans Pischner, ob ich Interesse an seinem Ferienhaus Am Hohen Ufer in diesem Ostseebad haben würde. Viele Dresdner Professoren, Lehrer oder Ärzte kamen und kommen ja hierher, manche bauten sich Häuser. Ich hatte damals andere Pläne und einen zu vollen Terminkalender, lehnte ab."

Mit Mutter fuhren die Buben Schreier mehrmals an die Ostsee nach Koserow. Allerdings ohne den Vater,

*Fast wie in Bühnen-Pose: Der 17-Jährige beim Familienurlaub 1952 auf den Buhnen des Ostseebades Koserow/Insel Usedom.*

der 1949 mit einer schlimmen Malaria aus der Kriegsgefangenschaft zurückgekehrt war und diese innerhalb von zwei Jahren durch fast ausschließliche Ernährung mit Obst wegkurierte: „Den Familienurlaub musste immer Mutter allein organisieren. Vater war kein Urlaubsmensch. Ich kann mich nicht entsinnen, dass er je mit uns gereist wäre. Stattdessen nahm er mich am Klavier und Bruder Bernd an der Geige hart ran. Mein Bruder spielte, wenn Vater die Fieberschübe wieder ans Bett fesselten, in der 900 Jahre alten Kirche von Constappel sogar die tolle Orgel aus der Firma von Eberhard Friedrich Walcker."

In manchem Gottesdienst gab das Trio gleich drei, vier Stücke von Händel, Vivaldi oder Bach zum Besten. Die 1885 im neoromanischen Stil umgebaute evangelische Pfarrkirche von Gauernitz-Constappel mit 33 Meter hohem Turm erlebte durch die drei Schreiers zu jener Zeit hochgradig wertvolle Kirchenmusik. Wie oft mag Peter andächtig die Herrschaftsempore, Wappen und Grablege der Fürsten Schönburg bestaunt haben? Unter dem goldenen Sternenhimmel vor blauem Grund und den motivreichen Bleiglasfenstern aus der Offenbarung des Johannes träumte er von den biblischen Geschichten, faltete seine Kinderhände zum Gebet. Vor den Tafelbildern von Luther und Melanchthon wurde ihm die Reformationsgeschichte bewusst. An der alten Sandstein-Taufe mit den vier kleinen Skulpturen von Kindlein in Totenhemdchen von 1583 hatte man Peter Schreier in die Christengemeinschaft aufgenommen. Und zu Füßen des Altars mit dem aus der Schule Lucas Cranach d. J. stammenden Gemälde der Beweinung Christi wurde er konfirmiert, sang dabei eine wunderschöne Arie. Die Kirche steht im sogenannten oberen Friedhof. Und hier fand in einem Familienbegräbnis Emil Hermann Nacke, der erste Automobilbauer Sachsens, seine letzte Ruhestätte. Wer hier herumtollte, musste wie Peter in späteren Jahren eine besondere Liebe zu schnellen und schönen Autos entwickeln. Bis heute hängt Peter Schreier an seiner Taufkirche, deren Sanierung er im Jahre 2007 durch einen namhaften Betrag unterstützte.

# Der tragische Tod des Chorpräfekten

Mit 16 Jahren, also relativ spät, kam Peter Schreier in die Mutation. So bezeichnen Leute vom Fach den Stimmbruch bzw. Stimmwechsel, der die Knaben- in eine Männerstimme verwandelt. Das ging bei ihm sehr rasch, und auch sein kindlicher Traum, Tenor zu werden, erfüllte sich: „Es war schon in meiner Jugendzeit eine Traumvorstellung, der Evangelist in den Passionen, im Weihnachtsoratorium zu sein. Deshalb hatte ich mir damals ganz intensiv gewünscht – du musst Tenor werden! In der Mutation habe ich dann in dieser Richtung auch schon ein wenig probiert, indem ich z. B. hohes Falsett sang und versuchte, die Stimme oben zu halten. Ich glaube, ich habe damals sogar bewusst hoch gesprochen. Einfach um zu erzwingen, dass es einen Tenor ergibt."

Da die Stimme ihren „Altweibersommer" bekam, wie sich der Kantor auszudrücken beliebte, bestanden die Pflichten im Chor für ein Dreivierteljahr darin, dass Peter bei den Kreuzchorvespern und Konzerten Programme verkaufte sowie manche Besorgungen erledigte.

*Frühzeitig bekam der hochbegabte Junge Verantwortung übertragen: Peter begleitet Kruzianer am Flügel.*

Die Tanzstunden brachten es mit sich, dass man sich nicht mehr nur mit Kirchenmusik beschäftigte, sondern auch den Mädchen zuwandte. Findige Kruzianer hatten sich Nachschlüssel gefeilt, um am späten Abend noch ungesehen durch einen Hintereingang ins Alumnat zu gelangen. Dort wurde, wie viele Vorgänger auch, der junge Gauernitzer von dem hinter der Tür lauernden Alumnatsinspektor Arthur Gebauer erwischt. „Schreier, rück den Schlüssel raus!", hallt es ihm noch heute in den Ohren. Dieser umgängliche Mann gehörte wie Paul Zetzsche zu jenen promovierten Studienräten, die wegen ihrer Parteizugehörigkeit vor 1945 nicht mehr im Schuldienst tätig sein durften, nun dank Mauersbergers Fürsprache Funktionen bei der Betreuung des Chores innehatten und durch ihre joviale Art mit den Jungen gut klarkamen. In diese Zeit fiel auch ein martialischer Brauch, der nach den ungeschriebenen Chor-Gesetzen aus den weichlichen Knaben harte Männer machen sollte – das „Entmopsen"! Dafür mussten sich die „Möpse", die jungen Sängerknaben, auf einen Stuhl stellen und sechs Strophen „Verzage nicht, du Häuflein klein" auswendig singen. Danach bekam der „Mops" von jedem Oberen eine schallende Ohrfeige. Weil es immer auf die gleiche Stelle ging und manche mit besonderer Wucht oder einem dicken Siegelring am Finger zuschlugen, war es eine häufig schmerzhafte Angelegenheit, die auch mal ein blaues Auge hervorrufen konnte.

Überhaupt waren die Sitten manchmal rau, und der oft cholerische Kantor mit seinen pädagogischen Prinzipien auch nicht mehr ganz auf der Höhe der Zeit. Schnell rutschte ihm die Hand aus, oder ein Sänger wurde als „seniler Kerl" beschimpft. Fast als Verrat an der Gemeinschaft galt es, wenn jemand krank wurde. Peter Schreier: „So väterlich Mauersberger sein konnte – er war auch sehr streng, seine Richtersprüche hart. Die Dresdner haben ihn als liebenswürdigen alten Herrn, der mit den Kindern am Weihnachtsberg bastelte, oder als 40 Jahre lang amtierende Kantorenlegende, die alle Vorgänger überstrahlte, in Erinnerung. Unbekannter ist seine andere Seite. Eine Begebenheit aus der Nachkriegszeit ist da exemplarisch. Mitschüler hatten aus Blindgängern von Brandbomben im Großen Garten das brennbare Material herausgeklaubt und angezündet. Diese furchtbar schön umherzischenden Feuerschlangen bekam einer in die Hose und erlitt glücklicherweise nur leichte Verbrennungen. Da teilte Mauersberger die Delinquenten während seines öffentlichen Tribunals in Täter, Anstifter und Zuschauer ein. Drei Maulschellen für die Hauptschuldigen, zwei für die Anstifter, je eine für die Zuschauer. Wir hatten alle unheimlich Respekt vor Mauersberger. Selbst wenn man mit dem Rücken zu ihm stand, war sein Kommen immer am klappernden Schlüsselbund zu hören, und wir standen sofort stramm. Trotzdem haben wir unsere Streiche gemacht."

Seinen jüngsten Sohn nahm Vater Max Schreier allerdings nach nur einem Jahr wieder aus dem Chor heraus – aus stimmlichen Gründen. Bernhard Schreier: „Zu Hause bekam ich Klavier- und Geigenunterricht. Und im Kreuzchor war ich Knirps ja bestens bekannt. Rucksäcke voll Äpfel, Birnen und Pflaumen brachte ich hin. Zuerst aus dem Garten der Schule, wo Mutter nach 1945 als Lehrerin arbeitete. Als wir dann die Schulwohnung verlassen mussten und im Pfarrhaus unterkamen, aus dem dortigen Garten. Wenn ich mit Obst voll beladen in der Eisenacher Straße ankam, wurde ich von den Kruschern immer ganz herzlich empfangen. Irgendwann sagte Mauersberger zu Mutter: ,Was ist denn nun mit dem Kleinen? Wenn der bloß halb so gut wie Peter singt, ist er für uns immer noch zu gebrauchen.' Zur Aufnahmeprüfung musste ich kurz vom Blatt singen. Das war kinderleicht, hatte ich doch schon bei Hochzeiten auf dem Dorfe zahlreiche Solo-Verpflichtungen. Mauersberger war begeistert. Doch da es im Chor damals keine Stimmbildner gab, sich die Ausbildung auf Einzel- und Chorproben mit dem Kantor beschränkte, verausgabte ich mich immer zu sehr und wurde schnell heiser. Das hörte sich Vater nicht lange an und beendete meine Kreuzchor-Karriere."

Bei allem Schönen in der Gemeinschaft des Kreuzchores gab es auch tragische, schrecklich traurige und leidvolle Tage. An der Loschwitzer Elb-Bade-anstalt ertrank eines Tages der kleine Piccoli, die Frohnatur des Chores. Vorher erschütterte alle ein anderer Todesfall.

*Schulklasse von Peter Schreier (erste Reihe rechts) an der Kreuzschule um 1950.*

Peter Schreier: „Mauersbergers ausgesprochener Liebling war Chorpräfekt Siegfried Lösche. Der begabte, hochgewachsene, blonde Jüngling wollte Pianist oder Organist werden. Deshalb legte er auch auf seine Hände größten Wert. Plötzlich setzte bei ihm die Polio, die heute durch Impfungen fast völlig ausgemerzte Kinderlähmung, ein. Er konnte die linke Hand nicht mehr richtig bewegen, galt durch Depressionen auch in der Schule als gefährdet, und da machte man ihm ziemlich unpädagogisch klar, dass er an seinen erträumten Beruf nicht mehr zu denken brauche. Für ihn war angesichts der fortschreitenden Lähmung die Zukunft so perspektivlos, dass er sich das Leben nahm. Er holte sich aus dem Chemiezimmer Zyankali und hat es an einem Abend geschluckt. Nachts gegen 23 Uhr, als wir alle schliefen, fing er im großen Schlafsaal inmitten von 40 Kruzianern entsetzlich an zu schreien. Die Qualen müssen furchtbar gewesen sein. Ich lag im Saal daneben, hörte es auch. Doch leider kam für ihn jede Hilfe zu spät."

Mauersberger litt nach Lösches Tod sehr, ließ ihm am 3. Juni 1951 in der Kirche von Bischofswerda mit Musik aus seinem „Dresdner Requiem" eine bewegende Totenmesse singen. Auf Präfekt Lösche folgte Hans Jürgen Wächtler, und dann bekleidete Peter Schreier, der schon einige Jahre als Hilfspräfekt fungierte, zwei Jahre dieses höchste Sängeramt als musikalischer Stellvertreter des Kantors.

# Tenor, Präfekt und zweimal 11. Klasse

Die Eltern Schreier verfolgten nicht nur aufmerksam die Entwicklung ihres Sohnes und gaben alle ihnen möglichen Hilfestellungen – sie waren auch seine ersten Chronisten! In zwei dunkelblauen Kunstlederalben mit den Bezeichnungen „Altsolist, Tenorsolist und Chorpräfekt" sowie „Auf Reisen" sammelten sie Fotos, Postkarten, Grüße von Quartiereltern und Programmzettel der Jahre 1950 bis zum Abitur 1954, beschrifteten diese liebevoll. Sie zeigen den stolzen, den frierenden, den heiteren oder nachdenklichen Sohn u. a. mit Schülermütze, wartend vor Autobussen, in lustiger Kruzianer-Runde im Zugabteil, auf Hermann Görings Anklagebank in Nürnberg, in der Fränkischen Schweiz, zwischen den Extern-Steinen bei Detmold, bei der Gedenkveranstaltung für die Opfer des Grubenunglücks von Gelsenkirchen, während der Dampferfahrt nach Bad Schandau, in der Volksbühne Berlin, der Niedersachsenhalle Hannover, als Zaungast beim Handballspiel mit den Thomanern. Auch Fotos vom Grenzübergang bei Helmstedt, von Köln, Paris und Rouen, von Polen und Finnland oder von der Kongregationskirche in Luxemburg finden sich.

Blättert Peter Schreier in den Alben, tauchen längst vergessen geglaubte Momente aus Jugendtagen, seit Jahrzehnten im Unterbewusstsein verborgene Erinnerungen plötzlich wieder auf: „Mit der Absalon, einem großen Dampfschiff, sind wir im Frühjahr 1951 nach Schweden gefahren – meine letzte Reise als Altsolist. Als es durch die Inselwelt der Schären ging, hatte ich heftig mit der Seekrankheit zu kämpfen. Für die Rückreise gaben mir die Quartiereltern einen Rat: zeitig essen und zu Bett gehen – so habe ich schlafend die Schlingerbewegungen des Schiffes gut überstanden. In Stockholm war die Wachablösung vor dem Königsschloss die Attraktion. In der kleinen Stadt Växjö ließ versehentlich einer von uns auf dem Markt seinen Koffer stehen. Am nächsten Tag stand er noch genauso an der gleichen Stelle. Eine Episode möchte ich noch vom Dom zu Lund erzählen, wo wir ‚Wie liegt die Stadt so wüst' boten. Der Schluss des Werkes hört mit einem tiefen C auf. Horst Mutscher, der dem Kantor gern Contra gab und immer zu Späßen aufgelegt war, hatte sich da etwas Besonderes ausgedacht. Er nahm die C-Pfeife aus der Domorgel und als sie angeschlagen wurde, rülpste er kräftig. Mauersberger fuhr sofort erschrocken zusammen, und am nächsten Tag ließ er die Busse mitten im Wald anhalten. Auf einer Schneise hielt er uns eine mächtige Standpauke und schickte den armen Mutscher sofort mit dem Inspektor nach Dresden zurück."

Bei der großen Rumänien-Tournee 1952, der Chor reiste in einem Sonder-Schlafwagenzug mit Speisewagen durch die Karpaten, war Peter Schreier schon als Tenor dabei: „Auf der einen Seite sahen wir an der Eisenbahnstrecke mitunter sehr arme, zerlumpte Menschen. Wir hatten immer eine ‚Sicherheitsnadel' mit, so einen Mann, der auf uns aufpassen sollte. Dem war es gar nicht recht, dass wir das Elend fotografierten. Auf der anderen Seite gab es in Bukarest einen gigantischen Stalinpark. Solche Kontraste kannten wir aus Deutschland nicht. Zu unserer Ankunft in Bukarest kam dann sogar der deutsche Botschafter. Die ständigen ‚Borzek, Borzek'-Rufe klingen mir heute noch im Ohr. So hieß das Mineralwasser."

*Peter Schreier (erste Reihe rechts) mit seinen Klassenkameraden im Jahre 1951.*

Ein Wiedersehen mit alten Gauernitzer Freunden – der nach 1945 teilweise auf Rügen internierten und im Zuge der Bodenreform des Kreises Meißen verwiesenen Rittergutsfamilie Gliemann – gab es in Goslar. Christian Gliemann: „Wir nahmen Peter bei der Chorreise als Übernachtungsgast in unsere nach der Vertreibung beengte Wohnung auf. Einst besaß die Familie mehrere Rittergüter und Villen in Sachsen. Jetzt waren wir froh, bei den Großeltern mütterlicherseits Unterschlupf gefunden zu haben. Als Peter längst berühmt war, ist meine Mutter häufig zu seinen Konzerten bis nach Wien gereist."

Schreier half dem Kantor bereits fleißig, mit dem Chor neue Stücke einzustudieren. Von Heinrich Schütz bis zur Gegenwart wurde alles gesungen, was von Bedeutung war. Jeden Freitag gestaltete der Chor eine Vesper mit neuem Programm, bei der sich selten etwas wiederholte. Montags gab es dafür die Noten und zum Erarbeiten blieben genau vier Tage.

Es gab Zeiten, da widmete der hoffnungsvolle Jung-Tenor den chorischen Verpflichtungen und dem Fußballspiel in der Freizeit bedeutend mehr Aufmerksamkeit als seinen schulischen Aufgaben. Dabei gehörten neben Chemie, Mathematik, Deutsch, Physik, Biologie und all den anderen Fächern im altsprachlichen Zug der Kreuzschule auch noch acht Stunden Latein und sechs Stunden Griechisch zum wöchentlichen Pensum. Mit dem Abstand von Jahrzehnten gesteht

Schreier: „Um ehrlich zu sein, ich habe die Schule etwas arg vernachlässigt. Am Ende der 11. Klasse beriet sich Mauersberger deshalb mit den Lehrern und man empfahl mir die Wiederholung des Schuljahres. Ich habe das nie als Makel empfunden. Denn gleichzeitig setzte mich der Kantor zum Schuljahr 1952/53 als 1. Chorpräfekten ein. Das Amt hatte ich zwei Jahre inne. So habe ich den Lehrstoff noch einmal verdaut, konnte Schüler und Präfekt sein." Mauersberger war froh, dass sein Spitzenmann dem Chor auf diese Weise ein Jahr länger erhalten blieb. Und auch die Choristen, die dem kameradschaftlichen und mit 94 Kilo bei 1,80 Meter Körpergröße etwas molligen Peter – so ermittelte es am 26. November 1953 der Schularzt – längst den Spitznamen „Pudding" verpasst hatten, mögen es sehr begrüßt haben.

Der vom Kantor berufene 1. Chorpräfekt oder „praefectus primus" bekleidet das höchste Kruzianer-Amt, das in dem jahrhundertealten Chor mit seinen von Generation zu Generation überlieferten Riten, den hauseigenen Hierarchien und rätselhaften Titeln, die für Uneingeweihte undurchschaubar bleiben, zu erreichen war. Neben ihm gibt es noch den „praefectus secundus" und für die Obliegenheiten des Alumnats den

*Der 1. Chorpräfekt des Kreuzchores Peter Schreier leitet in Vertretung des Kantors 1953 eine Knabenchorprobe.*

*Kurz vor Abfahrt des Chores nach Schweden 1951: Als zweiter von links steht Peter an der Reling des Dampfers.*

„praefectus domus" bezeichneten Hauspräfekten. Zu den niedersten Ämtern gehört das des Kerzenknaben, der mit schwarzer Kutte, Pelerine und Kragen sonntags am Altar steht und die gelblich brennenden und oft tropfenden großen Kerzen halten muss. Kerzenknaben werden vom Chefkuttus und seinen Gehilfen eingewiesen und eingekleidet. Dieser ist auch für die Reinigung der sakralen Bekleidung verantwortlich und muss z. B. darauf achten, dass je nach Zeit des Kirchenjahres andersfarbige Kragen über die Kurrendemäntel gelegt werden. In der Notenbibliothek des Chores arbeiten die Ratser. Der erste Ratser trägt den ehrenvollen Titel „cantor famulus". Die bis ins Jahr 1655 zurückverfolgbaren Ratsdiskantisten verwalten die Noten, radieren sie aus, schreiben neue, tragen die schweren Notenkoffer zu den Konzerten und auch bei Reisen. Sängerisch besonders begabte Jungen werden zu Stimmführern ernannt, stehen an erster Position der acht Stimmgruppen Sopran I, Sopran II, Alt I, Alt II, Tenor I, Tenor II, Bass I und Bass II, tragen für diese Verantwortung und halten Verbindung zum Kantor. Auf die Sitten beim Essen und Trinken – an einem Tisch sitzen immer Schüler verschiedener Altersgruppen und vor den gemeinsamen Mahlzeiten wird gebetet, gesungen – achten Tischoberste.

Der 1. Chorpräfekt war nicht nur musikalischer Stellvertreter Mauersbergers. Die besondere Vertrauensstellung brachte es mit sich, dass man dem Kantor auch die Leibwäsche zusammenlegen oder für ihn im Garten Johannisbeeren pflücken durfte. Sie mussten mit besonders viel Zucker angereichert werden. Als Mauersberger für Monate erkrankte – seit dem 13./14. Februar 1945 litt er mehrmals jährlich unter extremer Heiserkeit – erledigte Peter alle Proben und Aufführungen.

Zu Schreiers Zeit gab es schon die ersten ungeplanten Abgänge, die den Kreuzchor bis zum Ende der DDR begleiten sollten. Meist gingen Kruzianer bei Westreisen „verloren". 1953 machte ein wichtiger Mann, der inzwischen zum Hauspräfekten aufgestiegene Jürgen Hunger, den Anfang. Er kam mit dem neuen Alumnatsleiter nicht klar, der ein getreuer Gefolgsmann der Regierungspartei SED war, flüchtete 1953 über Westberlin und holte dann in Hamburg sein Abitur nach. Er wurde Neurologe, Professor und Chefarzt einer Uniklinik.

Viel verdankt Schreier Mitschülern wie Klaus Prezewowsky, welcher mit ihm Differential- und Integralrechnung paukte. Auch die Lehrer drückten – ganz anders als in der Kreuzschule von heute – beim Abi ein Auge zu: „Sie nahmen auf unsere gute Arbeit im Chor Rücksicht. Besonders mein Mathelehrer war bestrebt, dass ich durchkomme, gab mir am Vortag Tipps, worauf ich mich bei der Vorbereitung auf die mündliche Prüfung konzentrieren sollte. Bei mir war ja der Weg zur Musik vorgezeichnet, da spielte eine Mathe- oder Physiknote keine so große Rolle. Doch den Kruzianern, die Medizin studieren oder Rechtsanwälte werden wollten, hätte ein zweitklassiges Abitur sehr geschadet. Noch heute quälen mich zwei Sorten von Albträumen. Dass ich beim Mathe-Abitur durchfalle oder dass ich auf der Bühne stehe und nicht weiter weiß. Wenn ich dann schweißgebadet aufwache, fällt mir ein Stein vom Herzen. Denn Gott sei Dank sind diese Zeiten vorbei!"

Als Schüler der Klasse 12c verfasste Peter Schreier am 4. April 1954 die „Darstellung meiner Entwicklung". Darin gab er u. a. Auskunft, seit 1949 der Freien Deutschen Jugend und dem Kulturbund zur demokratischen Erneuerung Deutschlands anzugehören, und notierte zu seinem Berufswunsch recht diplomatisch: „In mir wurde zuerst der Wunsch wach, einmal einen Beruf auf pädagogischem Gebiet zu ergreifen. Da aber meine stimmliche Begabung überdurchschnittlich ist und der Hang zur Musik doch größer ist, habe ich mich für Gesang entschieden."

Auf dem Abiturzeugnis stand in Musik natürlich die Note 1, in Chemie und allen anderen Fächern gab es die Noten 2 und 3. In der schriftlichen Beurteilung vermerkte der Klassenleiter: „Peter Schreier ist ein anständiger, höflicher und zurückhaltender Mensch, dessen Wesen und Haltung bestimmt sind durch seine Liebe zur Musik; sein Urteil ist daher gefühlsmäßig gelenkt … Schreier ist aufrecht und zuverlässig, er verhielt sich stets einwandfrei und bewies als Chorpräfekt Pflichtgefühl, erzieherische Fähigkeiten und außergewöhnliche musikalische Begabung. Damit fand er bei seinen Klassenkameraden volle Autorität, die er oft im positiven Sinne zur Geltung brachte. Das Studium der Musikwissenschaften wird befürwortet." Zum Studium an einer Hochschule sollte es allerdings nicht so schnell kommen.

# In seiner Begabung eine Abnormität

Er hatte die Zulassung zum Musikstudium in der Tasche, sich aber noch nirgendwo beworben. Denn lange vor dem Abitur unterbreitete Mauersberger, der sich unter keinen Umständen von ihm trennen wollte, Schreier einen Vorschlag: „Der bereits 65-jährige Mauersberger sah wohl in mir den geeigneten Nachfolger. Meine Ausbildung sollte deshalb vor allem praktisch erfolgen. Er bot mir die Stimmbildnerstelle im Kreuzchor an. Mit dem kleinen Gehalt sollte ich das Privatstudium bei einem Gesangslehrer finanzieren. Auch da hatte er vorgesorgt, empfahl mir seinen Studienfreund Fritz Polster in Leipzig. Dessen Sohn Hermann-Christian war auch Kruzianer, wurde ein ausgezeichneter Bassist und hat später mit mir mehrere Platten besungen. Sicher war ich damals sehr blauäugig und davon überzeugt, dass ein Privatstudium das Beste für mich sei."

Wozu brauchte er auch Klavierunterricht, Musiktheorie, Musikgeschichte, Harmonielehre, Ästhetik, dramatischen Unterricht, Italienisch, Gehörbildung oder all die anderen Fächer, die eine solide Hochschulausbildung bietet? Zudem lockten den jungen Tenor bereits erste Erlöse als Oratoriensänger in Kantoreien der Umgebung bis nach Thüringen. Mauersberger fädelte alles recht geschickt ein, kümmerte sich mit Empfehlungsschreiben sogar um das Wohnungsproblem der vierköpfigen Familie Schreier. Dazu muss man Folgendes wissen: Als Max Schreier 1949 aus der Kriegsgefangenschaft zurückkehrte, war er als einstiges NSDAP-Mitglied vom Schuldienst ausgeschlossen. Peters Bruder Bernhard erinnert sich: „Vater war sehr konsequent. Als man ihm nahelegte, dass er nach dem Eintritt in die SED wieder als Lehrer arbeiten dürfte, sagte er nur ,Einmal Partei, nie wieder Partei.'" Selbst die eigentlich harmlose DSF – so war die Abkürzung der „Gesellschaft für Deutsch-Sowjetische Freundschaft" – lehnte er mit folgender Begründung kategorisch ab: „Vergessen Sie nicht, dass ich vier Jahre lang in russischer Gefangenschaft war!"

Bereits 1947 hatte die Familie die Wohnung im Schulhaus verlassen müssen. Zeitweilig fand sie Unterschlupf im Pfarrhaus hinter der Kirche. Peter Schreier: „Wir hausten in zwei Zimmerchen links im Erdgeschoss. Es war dort so feucht, dass ich mir den Scharlach holte. Dabei hatte ich ja noch Glück, schlief fast immer im Alumnat. Aber mein Bruder musste dies mit Mutter erdulden. Die Kirche ließ uns damals ziemlich im Stich, den Pfarrern schien das relativ egal zu sein. Dann kriegten wir das kleine Häuschen nebenan. Dort hatten wir zwar etwas mehr Wohnraum, aber alles war total am Boden. Ein besserer Hühnerstall mit defekten Fenstern, Türen und Wänden. Als Vater aus der Gefangenschaft kam, erschrak er, wie wir hausten. Das bisschen Kantorenamt konnte ihn auch nicht ernähren. Da ging er nach Radebeul in die Stadtpfeife. So nannte man damals die Musikschule, an der er unterrichtete. Am Wochenende machte er Tanzmusik in der Kapelle von Josef Ihm. Auch als Korrepetitor arbeitete er von zu Hause aus. Lange Jahre zum Beispiel mit der Staatsopern-Altistin Gertrude Naumburg, die eigentlich Trutchen Schulze hieß, aus Naumburg stammte und Vater kennenlernte, als er dort zu Kriegsbeginn die Militärkapelle leitete. Zeitweilig war

**KANTOREI ESCHWEGE**

**Geistliche Abendmusik**

am Sonnabend, den 3. September 1955
um 20 Uhr in der Kreuzkirche

**Peter Schreier, Dresden**

(Solist im Dresdner Kreuzchor)

singt geistliche Lieder, Arien und Solokantaten

von Joh. Seb. Bach, H. Schütz, G. F. Händel, D. Buxtehude und Hugo Distler

weitere Mitwirkende: Else Breitenborn, Orgel
Louis Weitzmann-Muscat, Violine
Wilfried Götting, Violine

Eintritt frei                                        Programm -.50 DM

Vorverkauf bei Otto Vollprecht, Eschwege, Stad 21

*Bereits Mitte der 1950er-Jahre war Peter Schreiers Name häufig auf Plakaten zu lesen.*

er auch beim Kreuzchor Musiklehrer. Allein der tägliche lange Weg von Gauernitz nach Striesen und zurück verdross ihm die Stelle."

Alle Bemühungen um eine Unterkunft in Dresden waren im Sande verlaufen. Der Nationalpreisträger, Musikprofessor und Kantor Mauersberger konnte also mit seinem Empfehlungsschreiben an die Behörden gleich zwei Fliegen mit einer Klappe schlagen, als er am 6. Mai 1954 formulierte: „Sollte die Familie Schreier bis zum Herbst dieses Jahres noch immer in Dresden keine Wohnung gefunden haben, würde uns nunmehr nicht nur Herr Schreier als Klavier- und Theorielehrer weiterhin fehlen, sondern auch der für die Chorarbeit besonders fruchtbare Plan, den bisherigen Chorpräfekten Peter Schreier als Stimmbildner weiter bei uns zu beschäftigen, unmöglich werden. Aus diesem Grunde und in Anbetracht dessen, dass der Name Peter Schreier durch die ganz besonders wertvollen Sololeistungen dieses jungen Menschen tatsächlich weit über Deutschland hinaus ein Begriff

geworden ist und er damit dem kulturellen Ruf der DDR in jeder Weise gedient hat und besonderer Förderung wert ist, möchte ich eine vordringliche Regelung der Wohnungsangelegenheiten für die Familie Schreier wärmstens befürworten. Welch einzigartige Leistung dieser Kreuzchorsänger, der in seiner Begabung tatsächlich eine Abnormität darstellt, vollbracht hat, beweist allein schon die im Auftrag der Deutschen Bachgesellschaft 1950 hergestellte Schallplatte, die nur Soloarien von Peter Schreier enthält."

Mit solchem Rückenwind fanden Schreiers auf der Dr.-Conert-Straße in der Dresdner Neustadt, die heute Theresienstraße heißt, ihre erste Bleibe in der Stadt. Später zog die Familie in das alte Bürgerhaus Stresemannplatz 2, mietete im fünften Stock eine Wohnung.

Als Stimmbildner, Privatstudent bei Fritz Polster und freischaffender Tenor machte Peter Schreier im Herbst 1954 die große Nordlandreise des Kreuzchores mit. Am 17. Oktober erfolgte bei Windstärke 8 die stürmi-

*In diesem Seitengebäude des Pfarrhauses von Constappel (damals ohne Außentreppe und Anbauten) wohnte Familie Schreier nach 1945.*

*Max Schreier (2. v. l.) verdiente sich in der Kapelle von Josef Ihm nach Entlassung aus der Kriegsgefangenschaft etwas hinzu.*

sche Überfahrt von Saßnitz nach Trelleborg. Dann ging die Fahrt in zwei Omnibussen über Malmö, Helsingborg 400 Kilometer an der Westküste entlang nach Göteborg, wo der Chor das erste Konzert auf schwedischem Boden gab. „Das Wetter war prächtig", so Schreier, „und der Empfang aufs Neue so herzlich, wie wir ihn schon 1951 erleben durften." Viereinhalb Wochen lang bestritten die Kruzianer 25 Auslandskonzerte, die alle zu musikalischen Feierstunden wurden. Die riesigen Dome in Skara, Uppsala, Lund und Stockholm waren überfüllt. Drei Konzerte gaben sie in der finnischen Hauptstadt Helsinki. Und auch in Dänemark überboten sich die Zeitungsberichte in Superlativen. Auf Wunsch schob man sogar ein weltliches Sonderkonzert in Stockholm ein.

In der Heimat feierte der junge Tenor ebenfalls Erfolge: „Peter Schreier, Dresden, Tenor" – so stand es z. B. am 19. Dezember 1954 auf dem Programm zum „Weihnachtsoratorium" in der Taborkirche Leipzig, zur „Johannes-Passion" am 7. April 1955 in der Stadtpfarrkirche Sulzbach oder zur „Geistlichen Abendmu-

sik" in der Kreuzkirche zu Eschwege. Die Kritik lobte seine „schlanke, elastische Stimme", „voll schmiegsamer Weichheit bei männlichem Timbre."

Daran hatte der renommierte Gesangslehrer Polster in Leipzig entscheidenden Anteil. Denn er baute die Stimme mit großer Umsicht vorsichtig auf. Schreier: „Er ließ zuerst ganz einfach Summ-Übungen machen, um die Resonanz zu fördern. Damit ich meine Stimme unter Kontrolle bekomme, nicht ‚verbrülle', damit sich keine falschen Stimmansätze einschleichen. Das waren ganz simple Mittel – mit geschlossenem Munde zu summen, den Resonanz-Ansatzpunkt zu suchen, langsam aufzumachen, dann die Möglichkeit, die Vokale in einem einzigen, der einem besonders liegt – bei mir war es das A –, zu verschmelzen, sozusagen den indifferenten Vokal herauszubilden. Man macht das, indem man durch eine leichte Verformung des Mundes, der Lippen, von ‚a' ausgehend, die anderen Vokale einbezieht. Also etwa ‚a-e-i-o-u' singt, so, dass alles ineinander klingt. Dabei darf sich der Resonanz-Ansatzpunkt nicht verändern."

# Bittere Enttäuschung und heilsame Krise

Auch das Jahr 1956 begann erfreulich. Niemand ahnte, dass ein Unheil seinen Lauf nahm. Der Zwanzigjährige erhielt das Angebot, erstmals den Evangelisten in Bachs „Matthäuspassion" zu singen – am Mittwoch, dem 21. März, im Rahmen der Domkonzerte des St.-Petri-Domes zu Bremen, begleitet vom Hamburger Kammerorchester und dem Bremer Domchor. Geleitet von Mauersbergers Studienfreund, dem Bremer Musikdirektor und Domorganisten Richard Liesche. Peter Schreier weiß heute, dass er seine Kräfte damals überschätzte: „Die langjährige Vertrautheit mit der Matthäuspassion gab mir eine trügerische Sicherheit. Das Werk hatte ich zehn Jahre lang im Knabenchor vor Ostern jeweils zwei- bis dreimal gesungen. Als Präfekt dirigierte ich den Cantus firmus im Eingangs-

*Porträtfoto aus dem Jahre 1956*

chor. Beim Einstudieren mit Vater in Dresden und Polster in Leipzig klappte es sehr gut, und das Debüt in Bremen verlief durchaus zufriedenstellend."

Nun sollte er eine Woche später die Partie unter Mauersbergers Leitung singen: Gründonnerstag und Karfreitag in der riesigen Kreuzkirche mit ihren 3300 Sitzplätzen, die mit Stehplätzen sogar 5000 Menschen fasst. Der Triumph, den sich Mauersberger mit seiner größten Tenor-Entdeckung erhoffte, endete bereits bei der Gründonnerstags-Passion im Fiasko. Die siebenstündigen Proben über Mittag bewältigte der Tenor noch glänzend. Doch am Abend waren dann schon im ersten Teil deutliche Ermüdungserscheinungen beim Evangelisten zu hören: „Meine junge Stimme war überfordert, vor allem hatte ich die Situation psychisch nicht im Griff. Als ich in der übervollen Kirche stand, bekam ich einen Schrecken. Mit einem Schlag wurde mir die Verantwortung klar und die Vermessenheit, mich an diese Partie zu wagen, bewusst. Düstere Gedanken lähmten mich, ich forcierte gewaltig und hatte schon zur Pause das Gefühl, ich kann nicht mehr. Der Angst folgte eine innere Beklemmung, die mir den Hals zuschnürte. Völlig überanstrengte Stimmbänder versagten ihre Dienste. Sie schlossen nicht und es ließ sich kein vernünftiger Ton bilden. So konnte ich im zweiten Teil auf einmal wirklich nicht mehr singen, flüsterte nur noch. Nie vergesse ich Mauersbergers vernichtende Blicke."

Der Kantor, der selbst nie professionell gesungen hatte, war über alle Maßen schockiert.

Bis im hohen Alter ihr Gedächtnis versagte, schmerzten Helene Schreier diese bangen Stunden. Oft erzählte sie, wie der Sohn am frühen Morgen des Karfreitag an ihr Bett kam: „Mutti, Mutti, ich bin so heiser, was machen wir bloß?" Dann fuhr sie in ihrer Verzweiflung mit ihm den ganzen Vormittag von Arzt zu Arzt. Mauersberger riet: „Du lässt dir eine Silberspritze geben – dann geht's weiter!" Doch selbst der Hals-Nasen-Ohren-Experte am Krankenhaus Dresden-Friedrichstadt wusste nicht, was eine Silberspritze sein sollte. Er besah sich nur den Kehlkopf und behielt den Sänger in der Klinik.

Erst 52 Jahre später erfuhr Peter Schreier, dass mit „Silberspritze" ein Kehlkopföl gemeint war, welches man auf die Stimmbänder verteilt. Dieses ließ sich Mauersberger selbst geben, wenn seine in der Inferno-Nacht geschädigten Stimmbänder zu versagen drohten.

Vater Schreier hatte damals die unerfreuliche Aufgabe, den Sohn anderthalb Stunden vor Konzertbeginn beim Kreuzkantor zu entschuldigen. Der fand in der Kürze der Zeit keinen adäquaten Ersatz, sodass auch die zweite „Matthäuspassion" pannenvoll endete.

In dieser Ausnahmesituation zeigte sich Schreier besonders, welch ein miserabler Pädagoge Mauersberger war: „Er bekam sofort seine cholerischen Anfälle, ließ andere wissen, wie maßlos ich ihn enttäuscht hätte. Zwölf Jahre lang war ich fast jeden Tag mit ihm zusammen gewesen. Jetzt sprach er kein Wort mehr mit mir. Ich wurde zur unerwünschten Person erklärt, hatte aus seinem Gesichtsfeld zu verschwinden. Die Funkstille dauerte Jahre. Vermutlich machte er sich keinerlei Gedanken über die wahren Ursachen meines Versagens, die in einer von ihm mitverschuldeten Überforderung lagen. Letztlich schob er die Misere sogar noch meinen Eltern in die Schuhe. Diese hätten sich keine Mühe gegeben, mich von Gründonnerstag auf Karfreitag wieder gesund zu machen."

Eine geradezu groteske Situation. Auch Hans Böhm, der Chefkritiker der Tageszeitung „Union" und spätere Mitbegründer der Dresdner Musikfestspiele, schlug sich, ohne die Umstände zu hinterfragen, auf Mauersbergers Seite: „Er goss weiteres Öl ins Feuer, behauptete, meine Eltern trügen an allem die Hauptschuld. Sie hätten mich in dieses Abenteuer gestürzt." In den Kreisen der Dresdner Musikfreunde sprach sich das Scheitern des jungen Mannes schnell herum. Man rätselte, ob nun überhaupt noch ein brauchbarer Sänger aus ihm werden könne.

Die Situation stellte das Leben des Tenors tatsächlich völlig auf den Kopf. 14 Tage lang war er wie am Boden zerstört. Doch dann wurde seine Sicht klar, und er sah die positiven Seiten der Entwicklung: Mussten nicht alle Pläne mit der engen Bindung an Mauersberger und den Kreuzchor in einer Sackgasse enden? Welche Garantien gab es, jemals hier Kantor zu werden? Woll-

te er das überhaupt? War Fritz Polster, der zweifellos gute Pädagoge mit Spezialisierung auf Konzertsänger, bei dessen Übungen beinahe geflüstert wurde und alles auf einen ästhetisch schönen Klang ausgerichtet war, der richtige Lehrer für ihn?

Just in diesen Tagen wollte sich Bruder Bernhard, der mit ihm das schmale Schlafstübchen in der elterlichen Wohnung teilte, zur Aufnahmeprüfung für die Trompeterklasse an der Dresdner Musikhochschule „Carl Ma-

*Die 1955 neu geweihte Dresdner Kreuzkirche ohne Orgel (erst 1963 eingebaut).*

Am nächsten Tag musste Bernhard Schreier erleben, dass zwar im Prinzip alle künftigen Studenten gleich, sein Bruder aber etwas Besonderes war: „Wir fuhren zusammen zur Aufnahmeprüfung in die Hochschule an der Mendelssohnallee. Ich hatte einen Wiesel, so einen Motorroller, nahm Peter als Sozius mit. Wie ungerecht die Welt doch ist. Ich kleiner Musiker musste alle Strapazen der Aufnahmeprüfung über mich ergehen lassen. Peter wurde nach kurzem Vorsingen sofort mit offenen Armen genommen. Als er sang, bildete sich an der Tür zum großen Saal sogar eine Traube von Studenten. Er war eben schon jemand. Doch ich hatte wegen meiner zahlreichen Engagements, u. a. im Café Prag, wo ich oft mit dem legendären Komiker Eberhard Chors zusammentraf, wesentlich mehr Geld als er. Da war es mir ein besonderes Vergnügen, ihn zum Essen einzuladen."

*Interessante Sicht vom Spiegel des Organisten aus: das Innere der heutigen Kreuzkirche am Dresdner Altmarkt.*

ria von Weber" anmelden. Bernhard Schreier: „Mein Faible für die Trompete verdanke ich Peter. Ich war immer der Streitsüchtigere, der Konsequentere, Peter viel eher zu Kompromissen bereit. 16 Jahre alt, hatte ich großen Krach mit Vater, der mich im Geigenspiel unterrichtete und eines Tages sagte: ‚Entweder du übst jetzt jeden Tag sechs Stunden oder du wirst nur Mittelmaß!' Da war ich konsequent, habe schlagartig mit der Geige aufgehört. Wie es der Zufall wollte, gab mir Bruderherz später eine Jazztrompete, die er auf Reisen geschenkt bekam. Und da ich ja längst Noten lesen, Klavier und Geige spielen konnte, machte ich schnell Fortschritte, blies sogar in Tanzkapellen. Als ich Peter eines Morgens sagte, dass ich mich zum Studium anmelde, meinte er: ‚Erkundige dich doch mal, wie es da mit dem Gesangsstudium aussieht.' Ich irrte durch die Schule und fand schließlich die richtige Abteilung. Die Sekretärin musterte einen misstrauisch, ließ mich schließlich zu Professor Winkler vor und ich betete herunter, was mir Peter aufgetragen hatte: ‚Ich soll Sie fragen, von meinem Bruder aus, wie es mit einem Gesangsstudium aussieht?' Gelangweilt fragte dieser: ‚Singt er denn schon?' Ich antwortete: ‚Na ja, es ist Peter Schreier.' Da sprang Winkler wie elektrisiert auf, wurde ganz freundlich und sagte: ‚Selbstverständlich kann er hier studieren, er soll sich sofort melden!'"

*Seit 1792 zeigt die Kreuzkirche, deren frühester Vorgängerbau schon um 1200 am gleichen Ort stand, diese spätbarocke Architektur.*

# Gesangsstudent – doch wenig ausgelastet

Von April bis zum Studienbeginn Ende September 1956 blieb noch ein knappes halbes Jahr Zeit, die nicht nutzlos verstreichen sollte: „Ein Kruzianerfreund sagte mir, dass bei Herbert Kegel im Leipziger Rundfunkchor ein Tenor wegen schwerer Tbc ausgefallen war. Und ich hatte Glück, der Chefdirigent verpflichtete mich. Unter den Profis lernte ich unheimlich viel. Die Ausbildung im Kreuzchor ist ja ziemlich einseitig, vor allem auf Knabenstimmen, auf sakrale Klangkultur ausgerichtet. Jetzt erlebte ich eine völlig neue Gemeinschaft und das bis ins Detail ausgefeilte Musizieren. Kegel war ein fanatischer Perfektionist, er forderte seine Sänger bis zum Letzten heraus, quasi bis zum Gehtnichtmehr. Manchmal fielen die Frauen reihenweise in Ohnmacht. Hier habe ich erfahren, was knochenharte Chorarbeit bedeutet." Und völlig neue Literatur wie die „Bilder aus der Mátra-Gegend" von Zoltán Kodály oder die „Gesänge aus dem Kerker" von Luigi Dallapiccola lernte er kennen. Selbst als Student half Schreier mitunter noch im Leipziger Rundfunkchor aus, und bis Herbert Kegel freiwillig aus dem Leben schied, entstand mit ihm am Pult manch gemeinsame Platte. Eine von Kegels Frauen, die italienische Sopranistin Celestina Casapietra, war übrigens jahrzehntelang Schreiers Kollegin an der Berliner Staatsoper.

Das Studium mag dem Kruzianer, der seit dem 10. Lebensjahr Musik machte, perfekt vom Blatt singen und Klavier spielen konnte, manchmal wie eine Badekur vorgekommen sein.

Denn er hatte seinen Kommilitonen eine Menge voraus. Besondere Fürsorge ließ ihm Gesangsprofessor Herbert Winkler – ein lyrischer Bariton, der sich ganz dem Schuldienst verschrieben hatte – zuteil werden. Dieser widmete Schreier nicht nur die obligatorischen zwei Wochenstunden, sondern unterrichtete den Tenor, der schnell alle Mitstudenten in den Schatten stellte, fast täglich – selbst an Sonntagen – noch in seinem Wachwitzer Haus am Elbhang. Langsam baute er die Stimme auf, sodass sie wuchs, modulations- und vor allem strapazierfähiger wurde.

Wichtig war der operndramatische Unterricht bei Erhard Fischer, in welchem der mit gestalterischem Talent nicht gerade überragend gesegnete Kruzianer als Bühnendarsteller fit gemacht wurde. Allerdings sollte die dramatische Ausformung von Opernrollen durch Schauspielerei nie zu seinen ausgesprochenen Stärken zählen. „Jedoch war mir sehr willkommen", so Peter Schreier, „dass wir uns als Studenten am Arbeitertheater des Sachsenwerkes Niedersedlitz, das über Orchester und Chor verfügte, ausprobieren durften und die Solopartien des ‚Abu Hassan' von Carl Maria von Weber szenisch einstudierten."

Nach einem Jahr Studium hatte er schon einige Fächer abgeschlossen: „Ich war trotz solistischer Aufgaben, die ich im Rahmen der Konzert- und Gastspieldirektions-‚Muggen' unternahm, nicht ausgelastet. Kapellmeisterschüler meines Jahrganges brauchten im Unterricht jemanden, der singt, während sie dirigierten, sagten: ‚Komm doch mal rüber'. Ihr Lehrer ließ mich dann auch den Stab schwenken, und so studierte ich neben Gesang noch Chorleitung und Dirigieren. Eigentlich nie mit der Absicht, aufs Podest zu steigen. Vielmehr wollte ich mir etwas sinnvoll die Zeit an der Hochschule vertreiben. Ich war mir ja immer sicher, mit meiner Stimme eine ganz bestimmte Stufe zu erreichen." Zwei Jahre lang belegte er so das Fach Dirigieren bei Ernst Hintze, dem langjährigen Chordirektor der Dresdner Staatsoper. Mit einem ehemaligen Kruzianer, der das Fach Dirigieren und nebenbei Gesang studierte, verband ihn bald eine schöpferische Beziehung: Reinhard Tschache! Beide erarbeiteten mit geradezu schallplattenreifer Akribie Programme mit Liedern z. B. von Prokofjew, Ravel, Debussy, Reger. Bei manchem späteren Liederabend in Tokio, Rom oder New York dachte Schreier dankbar an diese so fruchtbaren Jahre zurück.

Sein Staatsexamen in Chorerziehung hat er bei Martin Flämig gemacht: „Als Theoretiker an der Hochschule war er brillant. Etwas enttäuscht war ich, wie

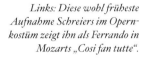

Links: Diese wohl früheste
Aufnahme Schreiers im Opern-
kostüm zeigt ihn als Ferrando in
Mozarts „Cosi fan tutte".

Rechts: Liebespaar: Peter
Schreier und Renate Kupsch im
Garten der Schwiegermutter
auf der Dresdner Dorotheenstraße. Im Sommer 1957
heirateten beide.

er in der Praxis, im Amt des Kreuzkantors, Schwie-rigkeiten hatte. Wie konnte der von mir so geschätz-te Hochschullehrer ohne letztes Engagement den Chor dirigieren und dabei Beifall erheischend um sich blicken?"

Schon im Studium riskierte der hoffnungsvolle Tenor manche Lippe: „Einmal kam eine Delegation aus dem Hochschulministerium und man fragte, warum ich nie das Abzeichen der FDJ trage. Da habe ich geantwor-tet, dass ich ja auch nicht ständig mit dem Abzeichen der Jungen Gemeinde herumlaufe! Die Genossen gin-gen sprachlos ihrer Wege."

Es war eine fast sorglose, eine für ihn überaus glückli-che Zeit, voller Spaß, Humor und jeder Menge Albern-heiten. Zu verschiedenen Anlässen wie dem „Interna-tionalen Frauentag" am 8. März wurden die Musikstu-denten in Kulturhäuser geschickt. Peter Schreier lacht: „Bei einer solchen Frauentagsveranstaltung im ‚Keg-lerheim' am Käthe-Kollwitz-Ufer mussten wir am An-fang was Politisches singen. Ich glaube ‚Für den Frie-den der Welt steht die Menschheit auf Wacht' von Dmitri Schostakowitsch. Ein Kommilitone konnte sich

den Text nicht merken, kam nie über den ersten Satz hinaus. Nachdem er zweimal vergeblich ansetzte, summte er nur noch die Melodie mit la, la, la. Wir ha-ben uns hinter der Bühne köstlich amüsiert und den Frauen dann mit leichter Kost aus ‚Waffenschmied' und ‚Wildschütz' noch eine schöne Feierstunde berei-tet. Manchmal fuhr ich auch für ein paar Mark bis nach Cottbus, um Bach-Kantaten zu singen. Denn zum Honorar gab's noch Rotkraut, Klöße und Roula-den."

Daneben sog er auf, was die Musikstadt Dresden und das Umland boten: Staatskapelle, Philharmonie, die Jazzkonzerte der Dresdner Tanzsinfoniker, natürlich die Konzerte und Vespern des Kreuzchores und die Auftritte der Kapellknaben der katholischen Hofkirche. Auch in die Staatsoperette ging er und selbstver-ständlich in die Oper.

Peter Schreier besuchte bereits als Kruzianer im Schauspielhaus, das bis zur Wiedereröffnung der Semperoper Dresdens großes Musiktheater war, gern die Oper: Richard Wagners „Fliegenden Holländer", Carl Maria von Webers „Freischütz", Giacomo Puccinis „Madame Butterfly" oder „Tiefland" von Eugen d'Albert hat er dort gesehen: „Vor allem für die Maria Alexander habe ich damals ein bisschen geschwärmt. Doch auch an den rührigen Landesbühnen Sachsen in Radebeul interessierten mich die musikalischen Premieren. Da ich bekanntlich schwer nein sagen kann, habe ich Mitte der 1970er-Jahre dort mit Freude ein paar Mal als Ferrando gastiert."

Als Austauschstudent durfte er die Musikhochschule Bratislava besuchen, lernte die Slowakei und die Slowaken bei Weinproben und im Rheumabad Piešťany kennen.

Bei aller positiven Entwicklung war Peter Schreier nach zwei Jahren unglücklich. Denn er spürte, dass er bei seinem Gesangslehrer Winkler nicht mehr weiterkam. Seine Stimme war noch zu klein, um sich gegen ein großes Orchester durchsetzen zu können. Es fehlten Kraft und Volumen, jemand, der ihm beibrachte, wirklich alle Resonanzräume des Körpers effektiv zu nutzen. Manche Studenten fuhren heimlich bis nach Westberlin, um sich mit anderen Methoden, die neuere Erkenntnisse der Stimmphysiologie nutzten, vertraut zu machen. Schreier hörte sich natürlich auch um, experimentierte. Zeitweilig war er von der Methode „Minimalluft und Stütze" von Paul Bruns begeistert. Dann bekam er eines Tages den entscheidenden Tipp: „In der Straßenbahn traf ich Friedemann Loeltgen. Der ältere Kommilitone und Sohn des alten Dresdner Kammersängers Adolf Loeltgen empfahl mir den Kemter, sagte, ‚der kann dir die Stimme opernreif machen'."

Der nur 1,68 Meter große Buffo- und Charaktertenor Johannes Kemter, welcher sich auch als Oratoriensänger Meriten erworben hatte, war außerordentlich vielseitig, galt unter Kollegen als „Europas beste Knusperhexe" in Engelbert Humperdincks „Hänsel und Gretel". In Chemnitz geboren, gehörte er seit 1946 ununterbrochen als Mitglied des Sängerensembles der Staatsoper Dresden an. Bei Kemter, der wegen seiner geringen Körpergröße selbst geschickt letzte körperliche Resonanzreserven einzusetzen wusste, lernte der junge Tenor, wie man den Ton bis zum Zwerchfell durchzieht. Viele Jahre betreute er Schreier als Mentor, ja, der Welt-Star verdankt ihm wohl die entscheidenden Impulse seiner gesanglichen Weiterentwicklung.

Später wurde der „kleine" Kammersänger an der Musikhochschule Professor. Mehrere bekannte Solisten wie Jürgen Hartfiel, Klaus König, Siegfried Vogel oder Rolf Wollrad gehörten zu seinen Schülern.

Der Unterricht bei Kemter war allerdings illegal: „Denn uns Studenten verbot man, Externe zu konsultieren. Die Sache kam raus, weil mich ein Kritiker der ‚Sächsischen Zeitung' bei Rektor Karl Laux verpfiff. Ich wurde zu Laux bestellt, doch dieser war sehr einsichtig. Er machte mir dann das Angebot, mich schon nach drei Jahren mit dem Staatsexamen vom Studium verabschieden zu dürfen." Anlässlich des 10-jährigen Bestehens der DDR nahm er im Oktober 1959 sogar noch an einer Auszeichnungsreise nach dem Nahen Osten und Asien teil. Von Berlin über Prag, Zürich und Kairo ging es zuerst nach Indien: „Wir hatten verschiedene Auftritte, studierten nebenher Land und Leute. So lernte ich auch Ceylon – das heutige Sri Lanka –, den Irak und den weltgrößten Inselstaat Indonesien kennen. Wir sahen die alten Tempel auf Java, die heute zum Weltkulturerbe gehören und damals in einem beklagenswerten Zustand waren. Auf Bali fotografierte ich die nackten Insulanerinnen mit Körben auf dem Kopf und in Jakarta gab mir sogar der indonesische Präsident Achmed Sukarno die Hand."

*Peter Schreier gratuliert 1988 seinem Gesangslehrer Johannes Kemter zum 70. Geburtstag. Dieser trug viel dazu bei, dass aus ihm der „Welt bester lyrische Tenor" wurde.*

# Schwiegermutter spielt Schicksal

Mitten im Studium heiratete Peter Schreier seine Renate, die er schon als Schüler lieb gewonnen hatte. Allerdings war es eine Liebe mit einigen Hindernissen. Die Kruzianer unterrichtete man im früheren Freimaurer-Gymnasium Eisenacher Straße 21 in reinen Jungenklassen, was wegen der ständigen Konzertreisen und dem damit verbundenen Unterrichtsausfall komfortabel war. Doch einige Fächer wie Chemie, Physik und Sport absolvierten sie gemeinsam mit Mädchen in der Kreuzschule, die man nach dem Kriege im einstigen Wettin-Gymnasium am Wettiner Platz (heutige Hochschule für Musik) eingerichtet hatte. Ein- oder zweimal die Woche fuhren die Kruzianer in die Kreuzschule: „Dort haben wir natürlich große Augen ge-

*Kleine Rast am Wald auf der Fahrt zu einem Auftritt mit dem ersten Wartburg.*

macht, die Mädels angebaggert. Mein Renerle besuchte oft unsere Vespern in der Annenkirche, wartete am Turmausgang. Eines Abends fasste ich Mut und sprach sie an. Dann habe ich sie zur Straßenbahnhaltestelle am Postplatz begleitet. Es wurde eine gemeinsame Bahnfahrt und die Begleitung bis zur Haustür an der Dorotheenstraße 8 daraus. Mit überschäumendem Herz bin ich glücklich allein zurück ins Alumnat gelaufen. Auch zur Demonstration am 1. Mai sind wir gern hingegangen, weil wir gleich danach im Großen Garten verschwinden und den Mädchen näherkommen konnten. Allerdings waren wir zur Tanzstunde nicht zusammen. Da hatte ich die Tochter eines Sparkassenbeamten zur Partnerin, die mich jedoch nicht so interessierte. Zu einem Tanzabend, den wir später im ‚Goldenen Löwen' in Freital besuchten, kam Renerle mit einer Freundin. Als beide auf Toilette waren, öffnete ich ganz frech ihre Tasche und sah auf dem Personalausweis, dass wir am gleichen Tag geboren waren. Das war für mich ein Wink des Himmels. Die Vorhersehung hatte uns zusammengeführt!"

Renate, Tochter des Dresdner Lungenarztes Dr. med. Alfred Kupsch, der nur elf Wochen nach ihrer Geburt und tragischerweise auch noch an Lungenentzündung verstarb, war mit Mutter Maria Therese und Bruder Dieter im eigenen Haus an der Strehlener Kirche aufgewachsen. Renate Schreier: „Es klingt vielleicht etwas kitschig. Doch Peter fiel mir schon auf, als er Alt gesungen hat. Als 12-jähriger Backfisch hörte ich ihn im Volksempfänger und dachte mir, was hat der Junge nur für eine traumhaft schöne Stimme. Als wir dann zusammenkamen, war er nämlich im Stimmbruch, konnte zeitweilig gar nicht mehr singen."

In einer Schatulle hat sie 125 seiner Briefe sorgsam aufbewahrt. Ein verliebter, ein eifersüchtiger, ein neugieriger, ein lebensfroher und ausgesprochen selbstbewusster junger Mann voller Sehnsucht, der gern ins Kino und in die Oper geht, dem Chor immer den Vorrang vor der Schule gibt, Wein und gutes Essen liebt, im Westen gern Geschenke, Kleidung, Schuhe kauft,

teilt darin viel von seinem Tagesablauf, seinen Hoffnungen und Träumen, seiner Gedankenwelt mit. Die
Briefe während der Schulzeit waren wichtig, da sich
beide nur einmal in der Woche – meist freitags – treffen konnten. Als Postillion d'Amour vom Alumnat zur
Dorotheenstraße fungierte ein in ihrer Nähe wohnen-
der Kruzianer, der als Dresdner bei den Eltern schlief.
Regelmäßige Post erhielt Renate Kupsch auf kariertem
oder liniertem Papier aber nicht nur aus dem Alumnat.
Auch aus Gauernitz, aus dem Urlaub, aus der Jugend-
herberge und natürlich von den oft wochenlangen Reisen des Chores aus ganz Europa. So schreibt der noch
16-jährige Peter Schreier am 28. Mai 1952 aus Bukarest: „Liebes, liebes Renerle! Wenn ich nun so lange
von Dir weg bin, kommt mir erst richtig zum Bewusstsein, wie ich Dich lieb habe. Es ist furchtbar, dass Du
nicht bei mir bist. Wir haben viel Zeit und deshalb denke ich nur an Dich. Es gibt hier auch hübsche Mädchen, auch mit langen Haaren. Aber die gefallen mir
längst nicht so wie Du. Heute Nachmittag waren wir im
Stalinpark. Er ist herrlich angelegt. Mit einem großen
See. Wir bekamen 2 Motorboote und konnten mit dem
Chor eine schöne Rundfahrt machen. Anschließend
sind wir Riesenrad gefahren. Es wäre was für Dich gewesen …" Am 2. September des gleichen Jahres
sendet der vom Kantor Mauersberger neu ernannte
1. Chorpräfekt folgende Grüße: „Mein liebes Renerle!
2 Uhr war ich am Sonntagabend zu Hause. Es war sehr
schön bei Dir. Hoffentlich hast Du noch gut geschlafen.
Gestern ging es gleich gut los. Eine neue Hausord-
nung, wonach ich um 23 Uhr zu Hause sein müsste, ist
angeschafft worden. Nach ihr werde ich mich nur in
wenigen Punkten richten. Hier rettet mich mein Amt.
Die Praefektur wirkt sich schon in vollem Maße aus.
Gestern Nachmittag habe ich 3 Stunden Probe gehalten. Donnerstag muss ich in der Annenkirche zur
Schuleinführung dirigieren …"
Aus Frankenthal kommt am 25. Oktober 1952 sogar
schon ein vorweggenommener „Heiratsantrag": „Vor-
gestern habe ich mir … ein Paar Schuhe gekauft. Sie
gefallen mir sehr gut. Die Tosca-Creme habe ich
schon für Dich. Gute Zigaretten für unseren Abend bei
Evi haben wir versorgt. Hier fahren tolle Ami-Wagen
herum. Vielleicht bring ich's auch mal zu einem solchen Wagen. Würdest Du mich dann heiraten? Doch
bestimmt?!"

Als Renate im Spätsommer 1953 an der Fachschule
für Physiotherapie in Leipzig ihre Ausbildung zur
Krankengymnastin absolviert, hält die Verbindung
weiter, und Briefe wechseln zwischen Dresden und
Leipzig. Der Schüler der 12. Klasse teilt seiner Liebe
am 23. Februar 1954 stolz Folgendes mit: „… Am
Sonntag war ich zu Mittag bei einem Dozenten der

*Einer der vielen Liebesbriefe,*
*die Peter Schreier seiner Freun-*
*din aus Schultagen und späterer*
*Frau Renate schrieb.*

Musikhochschule eingeladen. Als wir uns so schön unterhielten, hörte ich auf einmal Peter Schreier im Rundfunk singen …" Und am 28. März schreibt er aus Wittenberg per Bleistift an „Du, mein geliebtes Kätzchen!", wie sein künftiger Lebensplan aussehen soll, den er soeben mit Kantor Rudolf Mauersberger und dem Leipziger Gesangslehrer Fritz Polster abge-

sprochen hatte: „Es ist jetzt nachts 2 Uhr. Gerade komme ich aus dem besten Restaurant am Ort zusammen mit meinem Chef. Zu unserem Konzert heute war Polster aus Leipzig gekommen. Nach dem Konzert haben wir mit ihm bis jetzt zusammengesessen. Es ist dabei klar besprochen worden, wie mein weiterer Weg aussieht. Ich bin weiter beim Chor als Stimmbildner beschäftigt, und von diesem Geld kann ich nebenbei bei Polster studieren. Ist das nicht herrlich? Ich bin überglücklich, dass das nun festgeworden ist. Dabei habe ich heute Abend den 1. Tenor des hiesigen Theaters kennengelernt. Er macht einen sehr jungen Eindruck. Seine Frau hat große Ähnlichkeit mit Dir. Deswegen musste ich so tüchtig an Dich denken. Weißt Du, mir ist so restlos klar geworden, dass Du das einzige Mädchen bist und bleibst, das ich so innig und tief lieben kann. Ich muss Dich für mein ganzes Leben haben. Nur Du vermagst mir das zu geben, was ich von einer Liebe erhoffe …"

Doch nach über einem Jahr begann eine Zeit der Trennung: „Renate trat ihre erste Arbeitsstelle in Greiz an und lernte dort einen jungen Arzt kennen. Der verrückte Hund hatte schon ein Auto, einen P70. Für ihn machte sie sogar die Fahrschule. Aber ihre Mutter, die meine offene Art sehr liebte, hatte für den Hallodri nichts übrig. Sie spielte Schicksal und organisierte, dass wir im nächsten Jahr bei der Händel-Oper ‚Ariodante' im Kleinen Haus zusammensaßen. Wir haben uns ausgesprochen und blieben von da an immer zusammen."

Im Frühsommer 1957 kündigte sich sogar Nachwuchs an. Renate Schreier: „Eigentlich wollte ich nicht heiraten, wurde dann jedoch ziemlich schnell schwanger. Unverheiratet mit Kind war ja damals für eine junge Frau ein großer Makel. Deshalb nahm sich mein Bruder Peter zur Seite, fragte: ‚Wie denkste dir das? Meine Schwester ist schwanger, was soll nun werden?' Da sagte Peter: ‚Da heiraten wir eben.'"

Neue Probleme türmten sich auf. Max und Helene Schreier waren strikt gegen die Hochzeit ihres Sohnes mit der Arzttochter. Renate Schreier: „Sie glaubten, ich würde Peters Karriere negativ beeinflussen. Zur Hochzeit am 6. Juli 1957 auf dem Standesamt, die ganz schlicht ohne weißes Kleid ablief, blieben sie demonstrativ fern. Nur mein Schwager Bernhard kam."

Mit Sohn Torsten, der im Januar des folgenden Jahres

*Kruzianer Wolfgang Ritschel in der Adventszeit 1965 bei Renate und Peter Schreier zu Besuch.*

geboren wurde, wohnten Schreiers in der Dorotheenstraße. Kirchlich vermählt wurde das Paar erst 1961 in der Christuskirche – als sich die Geburt von Sohn Ralf ankündigte. Die Namen der Söhne erinnern an den schwedischen Sänger Torsten Ralf, der von 1935 bis 1945 an der Staatsoper Dresden wirkte und den jungen Kruzianer faszinierte.

Renate Schreier: „Wir führten eine Studentenehe ohne große Reichtümer. Mal abends essen gehen – an so etwas war nicht zu denken. Dank Mutter, die uns die untere Etage ihres Hauses überließ, ständig da war, überall half, hatten wir eine gute Ausgangsposition. Ich bedauere sehr, dass wir Mutter nicht mehr unterstützen und alles zurückgeben konnten, als es uns gut ging. Da war sie schon gestorben. Das Verhältnis zu den Schwiegereltern, die Torsten und auch den Kleinen sehr mochten, normalisierte sich. Sie söhnten sich auch mit mir aus, als sie merkten, dass ich ihren Sohn nicht ausnehmen will, sondern wirklich lieb habe."

# Als Gefangener im Dresdner Rampenlicht

Nach Studium und Familiengründung hatte Schreier – wie so oft in seinem Leben – riesiges Glück, dass beim „Dresdner Opernstudio" ein Platz mit 350 Mark Anfangsgehalt frei wurde. Diese Institution war eine Nachwuchsstätte für junge Sänger, die hier behutsam mit kleinen Partien an große Ensembles und Opernrollen herangeführt werden sollten. Hätte er an

einem kleinen Haus mit großen Partien starten müssen, wo jedem Neuling von der Operette bis zum Heldentenor alles abverlangt wird, wäre die etwas zart besaitete Stimme vielleicht gestrandet. Doch hier konnte er die Grenzen seiner Kunst austesten, mimische Qualitäten verbessern, in Ruhe und unter fachkundiger Anleitung Erfahrungen sammeln. 1954 gegründet, wurde das Nachwuchsstudio der Staatsoper Dresden von Kammersänger Rudolf Dittrich geleitet. Diesen erfahrenen Praktiker engagierte einst der große Fritz Busch an die Staatsoper. Ob Karl Böhm, Karl Elmendorff, Joseph Keilberth oder die unvergessene Maria Cebotari – mit allen bedeutenden Solisten hatte Dittrich auf der Bühne gestanden. Zur ersten Bewährungsprobe wurde für den Eleven Schreier am 19. August 1959 der Erste Gefangene in Ludwig van Beethovens „Fidelio" im Großen Haus. Diese Partie, die somit am Anfang seiner 41 Jahre währenden Laufbahn als Operntenor stand, ist eine kleine Rolle, aber nicht ohne Tücken: „Der Erste Gefangene kommt geduckt mit dem Chor auf die Bühne und kann nichts weiter tun, als einen Satz singen. Mit dem muss er beeindrucken. Und natürlich ist der Staatsopernchor bei jedem neuen Gesicht besonders kritisch. ‚Zeig mal Kleiner, was du kannst', hört man da. Wer das übersteht, hat schon einen ziemlich großen Schritt gemacht."

Bernhard Schreier, der den älteren Bruder seit 1960 als Staatskapell-Trompeter aus dem Orchestergraben heraus hören konnte: „Seine Karriere war schon beim Gefangenen abzusehen. Wenn er die wenigen Worte sang, war eine unglaubliche Stimmung, da knisterte es, lauschten alle ganz gebannt …"

Weiter ging es mit dem Paolino in „Die heimliche Ehe" von Domenico Cimarosa, dem Jungen Sträfling in Leoš Janáčeks Oper „Aus einem Totenhause", dem Fischer Hein in der Uraufführung von Fidelio F. Finkes Märchenoper „Der Zauberfisch" oder dem Gaston in Giuseppe Verdis „La Traviata". Am 25. März 1960 stand er als Priester mit Theo Adam (Sprecher) erst-

mals zusammen bei einer „Zauberflöte" auf der Bühne. Und am 12. August 1960 gab Schreier mit 25 Jahren den Ferrando in Mozarts „Cosi fan tutte". Routinier
Arno Schellenberg sang dabei den Guglielmo. Der
63-jährige Helge Rosvaenge verkörperte in einer Aufführung den Florestan, als der junge Tenor den Jaquino in „Fidelio" sang. Das Opernstudio bot noch manch
interessante Aufgabe: den Edlen in Richard Wagners
„Lohengrin", den Nathanael in „Hoffmanns Erzählun-
gen" von Jacques Offenbach, den Jimmy Twitcher in
John Gays „Bettleroper" oder den Erminio in Joseph
Haydns „List und Liebe".

Kein Wunder, dass man das Talent fester an Dresden
band, Schreier ab der Spielzeit 1961/1962 für das Solistenensemble der Staatsoper verpflichtete. Den Bauer Sen in Jean Forests „Tai Yang erwacht", den Mikula
in Sergei Sergejewitsch Prokofjews „Semjon Kotko"
und den Marquis von Chateauneuf in Albert Lortzings
„Zar und Zimmermann" sang er bereits im festen Engagement. Bei der konzertanten „Elektra" von Richard
Strauss mit Christel Goltz in der Titelpartie war er der
Junge Diener.

Doch nicht nur Beifall bekam der neue Tenor am
Dresdner Opernhimmel zu hören: „Im Kleinen Haus
wurde ,Der brave Soldat Schwejk' von Robert Kurka
gespielt. Und Chefregisseur Erich Geiger besetzte
mich mit der Partie des Feldkuraten, der eine Parodie
auf die Geistlichkeit war. Ein empörter Zuschauer
schrieb mir darauf, wie ich ehemaliger Kruzianer, der
früher die Hände zum Vaterunser gefaltet und in-
brünstig geistliche Lieder gesungen hätte, jetzt als
betrunkener Militärpfarrer auf der Bühne stehen
könnte. Er zweifle an meiner christlichen Haltung,
hielt mich gar für einen Heuchler. Die harten und un-
gerechten Worte machten mich sehr betroffen. Und
ich setzte mich mit Rudolf Mauersberger, mit dem
ich mich längst wieder versöhnt hatte, in Verbindung.
Dieser schaute sich die Inszenierung an, war köstlich
amüsiert und zerstreute Gott sei Dank alle Zweifel,
die mich bewegten."

# Nach dem Mauerbau sind Sänger knapp

*Abendstimmung über dem berühmten Berliner Opernhaus Unter den Linden, das zu DDR-Zeiten Deutsche Staatsoper hieß. Peter Schreier gehörte hier 37 Jahre lang zum Ensemble.*

Für Peter Schreiers internationale Ausstrahlung war die Deutsche Staatsoper im Ostteil Berlins – eins der renommiertesten Häuser Deutschlands – von besonderer Bedeutung. Denn nur hier konnte die Welt auf seine außergewöhnliche Stimme aufmerksam werden.

Die Linden waren neu gepflanzt, und Anfang der 1960er-Jahre stand Knobelsdorffs klassizistischer Opernbau nahe der Domruine und knapp 1000 Meter hinter dem Brandenburger Tor da, als hätte er das für die Reichshauptstadt infernalische Kriegsende unversehrt überstanden. Mit den merkwürdig kleinen Eingangstüren, der schummrigen Vorhalle voll wunderlicher Stuckaturen, dem verwirrenden Treppauf, Treppab zwischen Garderobe und Parkett. Im Saal die riesige Orchesterwanne, die sich wie ein breiter Streifen Niemandsland zwischen Bühne und Zuschauerraum schiebt. Dafür mit neuer Decke, veränderten Seitenlogen und Mittelloge. „Fridericus Rex Apollini Et Musis" prangte einst, auch in der Republik, unter dem Dreiecksgiebel. Seit der Wiedereröffnung am 4. September 1955 glänzte dort in goldenen Buchstaben, auch wenn der Bau früher nie so geheißen hatte, „Deutsche Staatsoper." Berliner sprachen einst von der „Hof"-, dann von der „Linden"-Oper. Erich Kleiber, der ursprünglich den Wiederaufbau dieses Opernhauses entscheidend mitbestimmt hatte, blieb aus Protest gegen die heruntergerissene friderizianische Inschrift dem Haus Unter den Linden fern. Statt Kleiber traten Franz Konwitschny, dann Lovro von Matačić, dann Horst Stein ans Dirigentenpult. Mit Konwitschny, dem hervorragenden Dirigenten, erlebte die Staatskapelle bis zu seinem Tod sieben Jahre lang wundervolle Abende, aber auch heikle Situationen. Nicht ganz grundlos nannten ihn manche Musiker der von ihm geleiteten Orchester despektierlich statt Konwitschny „Korn-Whisky". Seitens ihrer Regisseure stand die Deutsche Staatsoper im Schatten der Komischen Oper, an welcher der epochemachende Walter Felsenstein inszenierte. Und natürlich haben es

Staatsopernhäuser so an sich, mehr auf Repräsentation als auf geistige Reputation bedacht zu sein. Sie pflegen dem Konventionellen den Vorrang vor dem Experimentellen einzuräumen. Das Berliner Haus machte da, sieht man von der forcierten Aufnahme der Werke zeitgenössischer ‚realistischer' Künstler ab, kaum eine Ausnahme. Doch der Wunsch einiger SED-Granden, die Oper in das Agitprop-Programm einzuspannen, blieb dem 300 Meter von Walter Ulbrichts Regierungssitz entfernten Haus erspart. Sogar Humperdincks Märchenoper „Hänsel und Gretel", die manch Funktionär wegen der Hexenverbrennung und dem damit angeblich reflektierten faschistischen Gedankengut für suspekt hielt, kam auf den Spielplan. Alles war hier in Berlin ein wenig weltstädtischer als sonst im real existierenden Sozialismus, und man konnte sich fast wie in Salzburg oder Wien fühlen. „Dass man in Ostberlin sitzt", so formulierte es damals die Süddeutsche Zeitung, „verrät allein das Publikum mit seiner Prominenz: Paul Dessau, Hilde Benjamin …" Letztere war damals DDR-Justizministerin. Der Volksmund hatte ihr den Beinamen „Rote Guillotine" gegeben, weil sie als Vorsitzende Richterin in einer Reihe politischer Schauprozesse für Todesurteile Mitverantwortung trug.

Da wurde am letzten Tag der Theaterferien das Ensemble von einem politischen Erdrutsch-Ereignis mit dramatischen Folgen für die weitere künstlerische Arbeit überrascht: der Mauerbau des 13. August 1961. Im Band „250 Jahre Opernhaus Unter den Linden" ist die Situation treffend umrissen: „Die Staatsoper war damals von ihrem Personalbestand her noch ein im wahrsten Sinne des Wortes gesamtdeutsches Institut. Der größte Teil des Solistenensembles, über die Hälfte des Chores sowie zahlreiche Tänzer, Musiker und Vorstände, insgesamt über zweihundert Mitarbeiter, wohnten in West-Berlin." Keinem konnte man verübeln, wenn er nun der Lindenoper Lebewohl sagte, den Vertrag löste.

Auch Gerhard Unger, der lyrische Tenor, kam abhanden. Mit ihm hatte der Berliner Rundfunk im Studio an der Nalepastraße für September eine „Cosi fan tutte"-Aufnahme geplant. „Durch Vermittlung von Theo Adam", verrät Schreier, „durfte ich seine Partie des Ferrando übernehmen. Ich kam so in Berlin ins Gerede."

In der Deutschen Staatsoper fehlte es nicht nur an Personal – durch Ausbleiben des Westberliner Stammpublikums herrschte selbst im Zuschauerraum mitunter gähnende Leere. Neue Besucherschichten galt es zu erobern. Den arg dezimierten Chor füllte man durch junge Sänger des Staatlichen Volkskunstensembles auf, ergänzte die Staatskapelle durch Musiker des Rundfunk-Sinfonie-Orchesters und machte das Ballett durch Eleven der Staatlichen Ballettschule tanzfähig. Aus DDR-Theatern, aber auch aus Blockstaaten, wurden Sänger ins Solistenensemble delegiert.

Für den 1. März 1962 bekam Peter Schreier die sein Leben verändernde Einladung. Selbstbewusst wie er war, konnte ihn selbst das arrogante Primadonnenlächeln, mit der die „Konstanze" jenes Abends den Provinz-Neuling begrüßte, nicht beirren. Augenzeugen waren hingerissen, wie er den Belmonte in Wolfgang Amadeus Mozarts „Die Entführung aus dem Serail" sang. Die schriftlichen Beurteilungen seines Auftritts, welche sich bis heute erhalten haben, sind des Lobes voll. „Er besitzt eine schön timbrierte und gut geführ-

te Stimme. Sein Gesang wirkt sehr ausgeglichen, wenn auch die Stimme noch nicht ganz ,durchgesungen' ist. Seine stimmlichen und hohen musikalischen Anlagen versprechen eine sehr hoffnungsvolle Entwicklung", notierte Dramaturg Günter Rimkus zum Gesang. Schreiers Erscheinung schätzte er als „mittelgroß, etwas füllig, wirkt zurzeit noch sehr jungenhaft" ein. Generalmusikdirektor Heinz Fricke schrieb: „Schöne, lyrische Stimme, ausgesprochener ,Mozart-Tenor', gutes Timbre, technisch gut durchgebildet – sehr entwicklungsfähig." Und Abendspielleiter Josef-Adolf Weindich urteilte zur darstellerischen Leistung bzw. zum Aussehen: „Geschickt und unaufdringlich – etwas steif" sowie „gut – etwas dicklich".

Noch in der Garderobe erhielt er das Angebot, weitere Vorstellungen zu singen. Dann folgte der Gastvertrag, und schon bald fragte die Intendanz, ob Schreier nicht ganz nach Berlin kommen wollte: „Zwei Seelen kämpften in meiner Brust. Der Provinzler wollte nicht gern von zu Hause weg. Aber als sie mir gleich im Vertrag zusicherten, dass mein Hauptwohnsitz in Dresden bestehen bleiben kann, ließ ich mich breitschlagen." Längst hatte er natürlich erkannt, dass Dresden die internationale Ausstrahlung fehlte. Zudem zahlte man in Berlin viel besser. Und nur hier bestand die Möglichkeit einer internationalen Karriere, wie sie der neun Jahre ältere Kruzianer und Dresdner Bassbariton Theo Adam längst vormachte. Dieser debütierte 1952 in Bayreuth, unterschrieb 1953 am Berliner Haus und sang schon ein Jahr später als Gast an der Städtischen Oper Frankfurt am Main und an der Wiener Staatsoper. Adam konnte dem aufstrebenden jungen Tenor sicher manch guten Hinweis geben.

Noch 31 Abende, davon 16 wieder als Belmonte, zehn als Don Ottavio in Mozarts „Don Giovanni", vier als Fenton in Otto Nicolais „Die lustigen Weiber von Windsor" und einen als Musikmeister Basilio in „Figaros Hochzeit" von Mozart, gastierte Schreier Unter den Linden. Dann sang er am 1. September 1963 schon als fest engagierter Tenor-Solist der Deutschen Staatsoper Berlin – und hielt ihr über 37 Jahre lang die Treue.

Am 7. Januar 1963 hatte auch die Ära des Intendanten Hans Pischner als Nachfolger Max Burghardts begonnen. Mit dem agilen SED-Taktiker, der es bis zum stellvertretenden Kulturminister gebracht hatte

*Dem Fenton in „Die lustigen Weiber von Windsor" von Otto Nicolai verlieh Peter Schreier in Berlin erstmals am 16. März 1963 seinen tenoralen Glanz.*

und gleichzeitig Renommee als international ausgewiesener Cembalist und Musikwissenschaftler besaß, gewannen die 1200 Staatsopernmitarbeiter einen kompetenten Chef, den auch die Stars im Ensemble als einen der Ihren akzeptierten und der im Gegensatz zu vielen Vertretern der Funktionärs-Kaste im Arbeiter- und Bauernstaat weltgewandt aufzutreten verstand.

Pischners Geniestreich der ersten Jahre: Er verpflichtete Otmar Suitner als 1. und geschäftsführenden Generalmusikdirektor ab der Spielzeit 1964/65. Dem gebürtigen Österreicher, der von 1960 an vier Jahre lang als Chef der Dresdner Staatskapelle wirkte, war der Zauber von Schreiers Stimme bereits vertraut. Natürlich hatte Dresden die herrliche Kapelle, hochgerühmt als „Aristokrat unter den europäischen Orchestern", die „Wunderharfe" mit vielhundertjähriger Tradition. Demgegenüber soll Suitner das Berliner Pendant mehrfach scherzhaft eine „Feuerwehrkapelle" genannt haben. Doch was nutzte einem aufstrebenden Tenor als Begleitmusik der Wohlklang an der Elbe, wenn Europas Intendanten und Regisseure, die internationalen Musikagenten und Plattenfirmen nur das Haus an Spree und Dahme wahrnahmen?

*Linke Seite: Schreier als Musikmeister Basilio in „Figaros Hochzeit" von Wolfgang Amadeus Mozart. Am 24. Juni 1963 gab er ihn erstmals Unter den Linden.*

# Berlins Staatsoper – die musikalische Heimat

Schreier, gerade 28 Jahre alt, sang als neu engagierter Tenor der Deutschen Staatsoper Berlin am 1. Oktober 1963 seine erste Premiere: „Die sieben Todsünden der Kleinbürger". Grita Krätke hatte das 1933 im Pariser Exil entstandene letzte Gemeinschaftswerk von Bertolt Brecht und Kurt Weill als Ballett mit A-cappella-Gesang inszeniert. Gisela May war als Anna I. und Peter Schreier als Primarius des Männergesangsquartetts besetzt, welches Annas Familie symbolisierte. Die Handlung dreht sich um eine junge Frau, welche für sieben Jahre in große Städte Amerikas geschickt wird, Geld für das kleine Eigenheim in Louisiana verdienen soll. Eine bittere Satire auf die kleinbürgerliche Doppelmoral im für Brecht typischen Sprechgesang wie „Da war ein Brief aus Philadelphia. Anna geht es gut, sie verdient jetzt endlich". Mit den „Todsünden" ging das Ensemble auf Reisen bis zur Mailänder Scala, nach Helsinki, Warschau …

Am Ende des Monats stand die Wiederaufnahme von Richard Wagners „Tristan und Isolde" mit Schreier als Junger Seemann auf dem Spielplan: „Für den Seemann gibt es ganz wenig zu singen. Trotzdem ist es nicht ungefährlich. Aber eine schöne Partie, bei der man sich weder umziehen noch schminken muss, weil man hinter der Bühne agiert."

Dann folgte bereits am 31. Dezember die Premiere als Gesangslehrer Alfred in „Die Fledermaus" von Johann Strauß. Heinz Rögner dirigierte, Theo Adam war als Frank, Sylvia Geszty als Adele, Martin Ritzmann als Eisenstein, Hella Jansen als Rosalinde, Harald Neukirch als Orlofsky, Kurt Rehm als Falke und der possenreiche Reiner Süß als Frosch besetzt. Beim opulenten Bühnenbild mit großer Treppe verschwand das Gefängnis in der Tiefe, und von oben schwebte der Ballsaal herein. Für den jungen Tenor eine erste Sternstunde: „Ich alternierte mit Helge Rosvaenge und durfte die Premiere vor ihm singen." Welch Triumph für den Dresdner! Rosvaenge, der große dänische Tenor deutscher Zunge, stand schon im 66. Jahr und galt als auslaufendes Modell. Doch das Publikum sah

in ihm die Sänger-Legende der Lindenoper, besonders im italienischen Fach, den direkten Nachfolger Richard Taubers. Seine unverwechselbare Stimme konnte man von unzähligen Platten hören.

Im Mai 1964 dann die Premiere von „Aufstieg und Untergang der Stadt Mahagonny" von Brecht und Weill – und wieder konnte sich der Sachse neue Facetten erschließen: „Ich sang den ‚Jack', der sich an einem Schweinskopf zu Tode frisst. Die lässige Art der Töne, das Auftreten mit Zylinder und Schiebermütze und die teilweise mir quasi auf den Leib geschriebenen Texte wie ‚Herr Schmidt, sie sind zu dick!' waren für mich als Kind der Kirchenmusik eine ganz neue, aber durchaus sympathische Erfahrung." Wenn sich Schreier in diese Zeit zurückversetzt, zwinkern seine Augen spitzbübisch: „Da konnte man auch manchen Unfug von den Älteren lernen. Es gab z. B. nur so einen leichten Brechtvorhang, der an der Leine auf- und zugezogen wurde. Wenn wir dann unseren Ganovensong beim Abgangsquartett hinter uns hatten und sich der Vorhang schloss, begannen meine Kollegen, der Erich Witte und der Kurt Rehm, in die Hände zu klatschen. Sie heizten damit selber den Applaus an und das Publikum folgte sofort. Ich dachte erst, die sind ja verrückt, unverschämt. Doch dann habe ich über ihre Gags herzlich gelacht – wir hatten eben unseren Spaß."

Zwei Monate später die nächste Premiere als Tanzmeister in „Ariadne auf Naxos" von Richard Strauss. Diese Inszenierung von Chefregisseur Erhard Fischer hat Schreier im Haus Unter den Linden nachweislich der Programmzettel nur drei Mal gesungen. Das ist im Vergleich zu 68 Abenden als Ferrando, 84 als Graf Almaviva, 101 Vorstellungen in drei verschiedenen Inszenierungen als Belmonte oder gar den 136 bejubelten Auftritten als Tamino (in zwei Inszenierungen) verschwindend wenig. Es sollte in den nächsten Jahrzehnten sogar vorkommen, dass Schreier lediglich die Premiere sang.

In 28 verschiedenen Opern konnte ihn das Berliner Publikum im Laufe der Zeit erleben.

*Als Ferrando in Mozarts „Cosi fan tutte", die am 20. Februar 1965 in italienischer Sprache im Apollo-Saal Premiere feierte.*

Ab Ende Oktober 1964 auch als Don Ottavio in Mozarts „Don Giovanni" – vielleicht eine seiner stärksten Partien, mit der er die Berliner bis zum Jahre 1987 insgesamt 51 Mal erfreute. „Er ist nicht einfach zu singen", so Schreier, „sehr instrumental. Doch hier konnte ich meine musikalische Intention sehr ausnutzen, auf der Skala von Forte bis zum absoluten Pianissimo. Dieser Ottavio hat sich dann wie ein roter Faden durch meine ganze Laufbahn gezogen, teilweise mit tollen Regisseuren wie Franco Zeffirelli in Wien." Der „Don Giovanni" war die Wiederaufnahme einer alten Inszenierung von Heinz Arnold und für Schreier die erste Begegnung mit einem Weltmann. Denn Arnold, der zu den ganz Großen der Opernregie gehörte, nach dem Kriege an der Dresdner Musikhochschule Lehrer von Joachim Herz und Erhard Fischer war und mittlerweile als Pensionär in München lebte, möbelte seine alte Inszenierung höchstpersönlich auf.

Die erste Premiere mit dem neuen Musik-Chef der Deutschen Staatsoper, Otmar Suitner, am Pult, erlebte Schreier im Februar 1965 in Mozarts „Cosi fan tutte" auf Italienisch im sogenannten Apollo-Saal. Knobelsdorffs Bau umschließt auch einen ehemaligen Foyerraum im ersten Stock, der wohl manche Redoute sah, ehe er 1842 zu einer klassizistischen Halle umgeformt wurde. Man nutzt ihn bis heute als kleinen, intimen und dennoch höchst repräsentativen Theaterraum. Ein vorhangloses Spielpodest, ein paar unauffällige Versatzstücke – durchsichtige Wände, ein Gitter, eine Rokoko-Putte – genügten Regisseur Alexander Winds, um ein überaus reizvolles, mozärtliches Spiel in Szene zu setzen. Sein hübschester Einfall: Fiordiligi trug ein blaues Kleid, ihr geliebter Guglielmo eine rote Uniform; Dorabella ein rosarotes Kleid, Ferrando jedoch eine blaue Litewka. Im frivolen Verwechslungsspiel fand plötzlich Farbe zu Farbe, Gleiches zu Gleichem. Neben den Ensemblemitgliedern Annelies Burmeister, Robert Lauhöfer, Sylvia Geszty und Theo Adam auf der Szene: Peter Schreier als Ferrando und Celestina Casapietra als Fiordiligi. Die junge Italienerin hatte gerade einen Preis im Gesangswettbewerb in Vercelli gewonnen, war Suitner aufgefallen: „Diese Inszenierung war wirklich gelungen und so maßgeschneidert für den Apollo-Saal, dass sie viele Jahre lief. Auch auf Reisen sind wir oft mit ihr gegangen. Suitner studierte diese ‚Cosi' damals sehr intensiv mit uns ein, legte jede kleinste Phase bis ins Detail fest. Etwas ungewöhnlich nur, dass man bei der offenen Bühne den ganzen Abend quasi im Stück saß. Wer abging, musste den Kopf einziehen und sich verkriechen."

Der folgende September sollte ihm gleich zwei Premieren bescheren: am 13. den Lasus in der Ruth-Berghaus-Inszenierung von Paul Dessaus „Die Verurteilung des Lukullus" und nur drei Tage später den Tamino in Mozarts „Die Zauberflöte". Wieder inszeniert von Erhard Fischer und musikalisch von Otmar Suitner geleitet. Letztere Partie gilt für Schreier so etwas wie ein Befreiungsschlag in der kleinen DDR. Plötzlich war er als Mozart-Tenor in aller Munde, fokussierten fortan Rezensenten ihr Interesse auf ihn. Natürlich hob man Theo Adam als würdevollen Sprecher und den Schauspieler und Sänger Horst Schulze als munteren Papageno hervor. Doch resümierte die „Neue Zeit": „Ein Tamino von der Qualität Peter Schreiers dürfte heute auf den Opernbühnen selten sein. Er lässt den idealistischen Schwung und die Entwicklung des jungen Prinzen spürbar werden und vermag seinen schönen Tenor in bestem Sinne mozartgerecht einzusetzen." Der Berliner Rundfunk sprach gar von „Peter Schreiers konkurrenzlos vorzüglichem Tamino".

Auch seine anderen Rollen fanden die Medien nun interessant: „Auf der Szene war Matador Peter Schreier

*Mit Generalmusikdirektor Otmar Suitner, der zur Spielzeit 1964/65 nach Berlin wechselte, arbeitete Peter Schreier Jahrzehnte zusammen.*

als Belmonte: mit schönstem Belcanto-Klang und einer klanglichen Noblesse sondersgleichen", entdeckte „Der Morgen" z. B. bei der „Mozart-Woche".

Nun ist jedes Opernhaus ein Jahrmarkt der Eitelkeiten und damit naturgemäß ein Hort der Intrigen. Natürlich löste die Besetzung herausragender Gesangspartien mit dem neuen Tenor die theaterüblichen Rivalitäten aus, fühlten sich altgediente Sänger verdrängt. Doch viele Kollegen konnte Schreier sicher durch die ihm eigene Professionalität überzeugen.

Hans Pischner hob in der 1986 erschienenen Autobiografie hervor, dass Peter Schreier wie Theo Adam in den zwanzig Jahren seiner Intendanz besondere Vorbilder waren: „Bezeichnend, dass sie ihre neuen Partien bereits immer schon vorher zu Hause studiert hatten und kaum eines Solorepetitors bedurften."

Für Schreier bot Berlin die ideale musikalische Heimat. Hier konnte er in Ruhe jene Partien erproben, die ihn in der Welt berühmt machen sollten. Intendant Pischner – selbst von der Musik kommend – war ein Partner, der viel Verständnis für Schreiers Ausflüge in andere Häuser aufbrachte, ihm schon nach kurzer Zeit größtmögliche Freiheiten verschaffte und sich auch schützend vor seinen Star stellte. Für Schreier war Berlin die gewohnte Umgebung, seine Sicherheit und natürlich auch finanzielle Absicherung: „Ich schätzte die Vorteile des Ensemble-Theaters, wo man mitunter nach zehn Jahren in einem Stück noch auf die nahezu gleiche Besetzung treffen konnte. Da brauchte man sich nicht ständig auf neue Leute, neue Regie-Ideen einzustellen. Demgegenüber passierte es in Wien, dass ich innerhalb einer Woche in ein und derselben Inszenierung dreimal in völlig neu zusammengewürfelten Solisten-Ensembles zu tun hatte, mit fremden Leuten agieren musste. Die dortige Intendanz meinte, das Publikum wolle immer neue Sänger sehen und hören. Offensichtlich gehen die Wiener häufiger als andere gezielt wegen bestimmter Interpreten in Vorstellungen."

Auch wenn sich Schreier, bedingt durch internationale Verpflichtungen, später in Berlin rarer machte, blieb die Lindenoper sein Stammhaus. Hatte er 1964 noch 60 Auftritte zu absolvieren, waren es zehn Jahre später nur noch rund 25. Mit Sicherheit konnte man ihn über Jahre aber zu Silvester und Neujahr auf der Bühne erleben – weil Pischner da die erste Garde

*Leukippos in „Daphne". Die Oper von Richard Strauss inszenierte 1969 Erich Witte, Otmar Suitner stand am Pult.*

sehen wollte. Schreier: „Ich kann nicht in die Herzen der einzelnen Ensemble-Mitglieder schauen, hatte aber immer das Gefühl, dass man auch ein bisschen stolz ist, dass Theo und ich auf den großen Bühnen gefragt waren. Deshalb hatte ich nie ein schlechtes Gewissen. Die Berliner Verpflichtungen wollte ich unbedingt einhalten. Selbst mit kleinen Erkältungen trat man deshalb selbstverständlich auf die Bühne. Auf keinen Fall sollten die Leute denken: ‚Draußen singt er, aber für DDR-Geld will er es nicht mehr machen.'"

Das Ensemble lernte auch den unkomplizierten Peter Schreier, der gern feierte, den liebenswürdigen und sportbegeisterten Solisten, dem Starallüren gänzlich fremd sind, schätzen, der alle Fußballergebnisse im Kopf hatte und sich überhaupt im Sport wie in den Partituren auskannte. Wenn er beim Opernball im kurzen Matrosenanzug zusammen mit Theo Adam, Siegfried Vogel und Harald Neukirch singend auf dem Fahrrad durch den Saal kurvte, klatschte sich das Publikum vor Lachen auf die Schenkel.

# Karriere-Start in die Welt am Genfer See

Der Beginn von Schreiers internationalem Wirken fiel etwa mit seinem Engagement in Berlin zusammen. Zum ersten Auslandsgastspiel als Konzertsänger reiste er schon 1963 mit der Tschechischen Philharmonie unter Karel Ančerl nach Montreux, zu den damaligen Musikfestspielen im weltbekannten Sommerkurort der Monarchen und Aristokraten. Längst tummelte sich der Adel des Geldes und die Jetset-Prominenz zwischen Uferpromenade, Hotelpalästen und Casino. Einige Kilometer westlich in La Tour de Peix schuf sich allerdings ein sächsischer Landsmann seine Exil-Residenz: Wettiner-Chef Maria Emanuel Markgraf von Meißen, Herzog zu Sachsen, der Erbe des 1918 gestürzten und 1945 gänzlich aus Sachsen vertriebenen Königshauses. Davon ahnte Schreier damals jedoch nichts: „Montreux hinterließ einen für mich bleibenden Eindruck, weil ich das erste Mal in die Schweiz kam. Ich traf spät abends ein, wohnte in einem kleinen Zimmerchen im obersten Stockwerk vom ‚Montreux-Palace'. Als ich früh aufwachte und durch das Fenster blickte, genoss ich den fantastischen Ausblick auf den Genfer See mit dem Massiv des Grammont und den Zacken der Dents du Midi. Einfach traumhaft, dieses Alpenpanorama. Sofort rief ich meine Frau an. Mit Ančerl führten wir das Dvořák-Requiem auf. Er hatte seinen Chor, sein Orchester und seine Solisten aus Prag mit, unter denen ich der einzige Deutsche war. Gleich am ersten Tag bekam er eine schwere Grippe, wodurch drei Tage lang alle Proben für mich ausfielen und ich die Gegend erkunden konnte. Nach kurzer Generalprobe haben wir dann aber ohne Probleme unser Konzert gegeben."

Der Anfang war gemacht – doch ein Jahr später standen kurzzeitig all seine Reiseambitionen auf Messers Schneide. Im Oktober 1964 war Bruder Bernhard in den Westen gereist – und „drüben geblieben", was im Staat der Arbeiter und Bauern als „Verbrechen der Republikflucht" galt und auch Auswirkungen auf den Rest der Familie haben konnte.

Bernhard Schreier war ein aufstrebender, außerordentlich begabter Nachwuchstrompeter, der zu größten Hoffnungen berechtigte. 1960 nahm man ihn als jüngstes Mitglied der Dresdner Staatskapelle auf, ein Jahr später errang er den „Carl-Maria-von-Weber-Preis" (1. Preisträger) der Stadt Dresden und im Alter von 25 Jahren wurde er bereits als Honorarlehrkraft für das Fach Trompete an die Hochschule für Musik „Carl Maria von Weber" berufen. Seinem Aufstieg schien nichts im Wege zu stehen. Denn seit Ende September 1964 hatte er einen Vertrag für Berlin in der Tasche. Am 1. August 1965 sollte Bernhard die Stelle als dritter stellvertretender 1. Trompeter an der zur Deutschen Staatsoper Berlin gehörenden Staatskapelle antreten. „Aber ich fühlte mich", erinnert er sich, „in meiner Freiheit arg eingeengt." Das Damoklesschwert des „Ehrendienstes" in der Nationalen Volksarmee schwebte bedrohlich über ihm. Staatskapell-Chef Suitner wendete den Waffendienst im Sommer 1964 zwar noch trickreich für ihn ab. Aber keiner konnte vorhersagen, wann der nächste Einberufungsbefehl im Briefkasten landen würde. Obwohl er sich nach erster Trennung sogar ein zweites Mal mit seiner Frau, einer Leipziger Soubrette, verheiratet hatte, war die Ehe gerade endgültig gescheitert. Bernhard Schreier: „Zum Glück wusste das auf Arbeit noch niemand. Denn eine Reise der Dresdner Staatskapelle in den Westen – kurioserweise auf Einladung der zwei Jahre später verbotenen Kommunistischen Partei Deutschlands – stand bevor und wegen der zerrütteten Ehe wäre ich als staatsbürgerlich unzuverlässig sofort von der Tournee ausgeschlossen worden. Ich weihte weder Eltern noch den Bruder in die Pläne ein." Einziger Mitwisser: Schulfreund Klaus Angermann aus der Kreuzschule, der als Sportreporter beim ZDF arbeitete und die Flucht vorbereiten half. Bernhard Schreier: „Die Konzertreise war teilweise deprimierend. In der Grugahalle Essen, wo 10 000 Leute reinpassten, hatten die Gastgeber gerade mal 2000 Besucher auf die Plätze gebracht. Außerdem gab es Aufpasser, die uns notfalls gewaltsam in den Bus zurückgebracht hätten. Als wir am letzten Tag der Reise in Karlsruhe auf drei Hotels verteilt waren und damit die Kontrolle haperte, konnte ich vor dem abendlichen Empfang bei der Badischen Staatskapelle durch einen Hotel-Nebenausgang entweichen." Noch in der gleichen Nacht wurde er in den Schwarzwald gefahren. Die Dresdner sollen einen halben Tag ergebnislos nach ihm gesucht haben.

Die künstlerische Entwicklung war dadurch zwar unterbrochen – aber Bernhard Schreier konnte ab 1965 als Solotrompeter an der Oper Nürnberg einsteigen, hinterließ 1967/68 Spuren bei den Bayreuther Festspielen und baute sich am Nürnberger Konservatorium eine erfolgreiche pädagogische Position auf. Bruder Peter traf er bereits vor Weihnachten in Köln, wo dieser am Gürzenich – der Festhalle im Zentrum der Altstadt – den Evangelisten im „Weihnachtsoratorium" sang: „Peter verriet mir, dass man ihn gebeten hätte, mich aus dem Westen zurückzuholen. Doch würde er natürlich meine Entscheidung respektieren."

Einen Karriereknick bedeutete es für Peter Schreier nicht, ohne Bruder zurückzukehren.

1965 hörte man den Kammersänger in Wien, wo er am 13. März im Musikverein unter dem Dirigat des einstigen Kruzianers Karl Richter Bachs „Hohe Messe" h-Moll sang und die Kritik den „ausdrucksreichen, eines tragendes Pianos fähigen Tenor" lobte.

Ende März verbreitete dann die DDR-Nachrichtenagentur ADN: „Kammersänger Peter Schreier (Tenor) von der Deutschen Staatsoper Berlin wird im Juni dieses Jahres eine Gastspielreise in die Sowjetunion unternehmen." Moskau, Leningrad, Ufa und Riga lautete seine erste Konzertroute durch das „Sowjetreich", das sich für den genaueren Betrachter als gar nicht so paradiesisch und nacheifernswert zeigte. Trotzdem wird er später noch oft hierher kommen, z. B. in der für den Berliner „Apollo-Saal" inszenierten „Cosi fan tutte" auf der riesigen Bühne des Bolschoi-Theaters singen. 1969 entging er dem feuchten „Bruderkuss" von

*Der einstige Kruzianer und Dirigent Karl Richter holte Schreier 1965 nach Wien. Hier beim Spiel an der Silbermann-Orgel des Freiberger Domes.*

*Mit dem aus Nürnberg angereisten Bruder Bernhard posiert Peter Schreier vor der Skyline von New York.*

Staats- und Parteichef Leonid Breschnew, den dafür die Solotänzerin des Friedrichstadt-Palast-Balletts zu spüren bekam.

Doch vorher eroberte er Hamburg, Mailand, Kairo, London, Rom, Salzburg und natürlich die Met in New York. Ein gewaltiger Satz nach vorn, der nicht ohne Protektion zu schaffen war.

An die Metropolitan Opera, auch kurz nur Met genannt, vermittelte ihn der Wiener Josef Krips – einer der größten Mozart-Dirigenten des 20. Jahrhunderts. Als Ehemann einer Jüdin 1938 aus Österreich geflohen, leitete er seit 1954 das Buffalo Philharmonic Orchestra in New York und das San Francisco Symphony Orchestra. Er war bestens mit dem Leiter der Met, Sir Rudolf Bing, bekannt, der aus alteingesessener jüdischer Wiener Industriellenfamilie stammte. Krips legte für den jungen Dresdner Tenor nicht nur bei Sir Bing die Hand ins Feuer, sondern empfahl ihm als exklusive Agentin für die Staaten auch eine Wiener Jüdin, die bis heute in San Francisco lebt, im Alter von 93 Jahren noch immer Sänger, Dirigenten, Solisten, Ensembles managt und Kontakt zu Schreier hält: Mariedi Anders.

Die Metropolitan Opera zählt neben dem Teatro alla Scala in Mailand und der Wiener Staatsoper seit Beginn des 20. Jahrhunderts zu den führenden Opernhäusern der Welt.

In der Spielzeit 1966/67 war sie aus dem 82 Jahre alten Haus am Times Square gerade in einen neuen 43-Millionen-Dollar-Palast am Lincoln Center umgezogen. Bing eröffnete seine 3765 Sitzplätze umfassende Met am 16. September 1966 mit einer von Thomas Schippers dirigierten Galaaufführung von „Antonius und Cleopatra" des US-Komponisten Samuel Barber. Der junge Italiener Franco Zeffirelli war verantwortlich für Bühnenbild und Inszenierung des auf Shakespeare basierenden Werkes. Hauptanziehungspunkt des weiträumigen, verschwenderisch ausgestatteten, von Kristallleuchtern illuminierten Foyers ist die monumentale Prachttreppe. Der Zuschauerraum hatte sowohl die traditionelle Hufeisenform der alten Met als auch die traditionellen Opernhausfarben – Weinrot, Gold und Elfenbein – beibehalten. Von Marc Chagall stammten die zwei riesigen Wandgemälde für das Hauptfoyer sowie Kulissen und Kostüme für die Neuinszenierung der „Zauberflöte", in der Peter Schreier Ende 1967 sein Met-Debüt als „Tamino" geben sollte. Es war der erste Auftritt eines DDR-Sängers an diesem weltberühmten Musentempel überhaupt. Zwar durften ausgewählte Sänger auch vorher die Grenzen des „Eisernen Vorhangs" verlassen. So berichtete im Juli 1965 die „Westfälische Rundschau": „31 Künstler aus der Sowjetzone werden in diesem Jahr bei den Richard-Wagner-Festspielen in Bayreuth mitwirken. Wie die Festspieldirektion in Bayreuth gestern mitteilte, sind darunter die beiden prominentesten Künstler Generalmusikdirektor Otmar Suitner und der Bass Theo Adam. Außerdem kommen 17 Orchestermitglieder und 12 Choristen aus Ostberlin, Dresden, Magdeburg, Weimar und Schwerin. Die Mitwirkung der Sowjetzonenkünstler geht auf eine Vereinbarung zurück, die zwischen Wolfgang Wagner und der Direktion der Berliner Staatsoper in Ostberlin getroffen wurde." Aber noch nie hatte es einer bis an die Met geschafft. Fast wäre Schreiers Debüt auch an der Sturheit einiger Bürokraten gescheitert: „Im Vorfeld begann man auf meinem Rücken ein unwürdiges Gefeilsche um die Anerkennung der DDR auszutragen. Auf Plakaten und Programmzetteln – so stellten es sich engstirnige Geister im Kulturministerium vor – sollte hinter dem Namen und der Rolle in Klammern DDR stehen. Am liebsten hätte man es gesehen, wenn ähnlich wie bei den Sportlern auf dem ‚Tamino'-

Kostüm ein großes DDR-Emblem befestigt gewesen wäre. Sir Bing ließ sich auf solch Ansinnen natürlich nicht ein und argumentierte, dass man noch nie das Herkunftsland hinter dem Namen vermerkt habe, z. B. auch hinter Birgit Nilsson nicht in Klammern Schweden stehen würde. Das haben die Bonzen schließlich akzeptiert."

Gern wollte er seine Frau zu dieser ersten großen Transatlantik-Reise, die über Weihnachten und Neujahr ging, mitnehmen. Dafür sprach er sogar persönlich beim stellvertretenden DDR-Kulturminister Werner Rackwitz vor, der Musikwissenschaftler war, als Händelforscher Bücher verfasst hatte und sich dann aber der SED-Politik verschrieb. „Ich legte mir", so Schreier, „einige Argumente zurecht. Meine Frau wäre als Betreuerin und ausgebildete Masseurin unverzichtbar. Außerdem waren ja zum Fußballspiel gegen die ‚Glasgow Rangers' sogar 300 Dresdner ‚Dynamo'-Fans mit ins schottische Glasgow gereist. Doch man sprach bei Rackwitz wie gegen eine Wand, vermutlich hatte er auch gar nichts zu entscheiden. Besonders erboste mich, dass er zum Abschied süffisant die Floskel ‚Grüßen Sie mir Ihre Betreuerin!' nuschelte."

Ganz vergeblich war der Besuch jedoch nicht. Als Schreier im Januar an der Mailänder Scala sang, durfte Renate ihn begleiten.

Am 20. Dezember 1967 konnte er an seine Frau aus New York lediglich schreiben: „Heute früh hatte ich die erste Probe. Es war wie überall. Ein Regieassistent, der zum Glück sehr gut deutsch spricht, hat mir gezeigt, wo ich auftreten muss und welche Stellungen ich auf der Bühne einzunehmen habe. Die ohnehin wenigen Dialoge sind auch noch sehr gekürzt. Die Sänger sind mir durchweg unbekannt, außer der Pilar Lorengar (Pamina) und Jerome Hines (Sarastro). Halte mir die Daumen für den 25.12.! Du musst allerdings 6 Stunden zurückdenken. Die Zauberflöte beginnt abends 20 Uhr, das wäre bei Euch bereits der 26. 12., nachts 2 Uhr."

Mit Datum vom 26. Dezember dann der erlösende Brief: „Mein Liebes, nun ist das Met-Debüt vorüber und eine Nervenlast abgeworfen. Es ging alles gut. Vor dem Riesenzuschauerraum hatte ich schon ziemlichen Dampf. Deshalb habe ich gleich beim ersten Auftritt (,Zu Hilfe…') für meine Verhältnisse mächtig losgelegt, merkte aber bereits bei der Arie, dass ich

wie gewohnt singen kann … Ich habe versucht, Dich am Abend anzurufen, die Leitungen waren aber alle stundenlang überlastet. So versuche ich es halt mal in der Woche …"

Das musikalische New York hinterließ bei dem Sachsen einen zwiespältigen Eindruck: „Alle Proben an der Met waren sehr leger, die Aufführungen künstlerisch nicht so toll. Man wurde auch nur ganz oberflächlich geschminkt, bekam hastig die Perücke aufgesetzt. Amerikanische Sänger kannten die deutsche Sprache nicht, sangen mitunter unverständliche Laute. Einmal stand Hermann Prey mit mir auf der Bühne. Das war schon angenehmer. Ich habe mir dann verschiedene Vorstellungen angesehen und war erstaunt, dass in

*Das Plakat vor der Metropolitan Opera kündigt die letzte Vorstellung des deutschen Tamino am 6. Januar 1968 an.*

den ‚Meistersingern‘ ganze Passagen gekürzt wurden, weil die Amerikaner angeblich so lange Opern nicht aushielten. Als Birgit Nilsson die Isolde in ‚Tristan und Isolde‘ sang, verabschiedeten sich viele nach ihrem Bühnen-Tod, nahmen den Mantel unter dem Sitz hervor und sagten mitten in der Aufführung ‚good bye‘. Weil mir die Vorstellungen an der Met gar nicht zusagten, bin ich zum Musical ‚Hello, Dolly!‘ ins St. James Theatre geflüchtet. Von der Perfektion und den wundervoll tanzenden Sängern war ich geradezu hingerissen. Mit einem Schlag wurde ich zum Musical-Fan. Meinen Bruder, der aus Nürnberg angereist war, hat die Präzision des Musical-Orchesters vom Sitz gehauen. Innerhalb einer Woche schaute ich mir die Produktion gleich drei Mal an und auch all die hier später besuchten Musicals enttäuschten mich nie. Natürlich war ich auch Gast der Varietés in der Radio City Music Hall mit ihren fast 6000 Plätzen, wo die 36 Tänzerinnen der Showtanzgruppe ‚Rockettes‘ in der legendären ‚Parade der Holzsoldaten‘ die Beine in die Höhe schmissen."

Zwischen den Auftritten hatte Schreier viel Zeit, Big Apple mit seinen unzähligen Galerien, Museen und Restaurants zu erkunden. Fast täglich tauchte er von seinem Hotel „Alden" ein in den Dschungel der Straßenschluchten zwischen Hudson und East River, stu-

*Bei späteren Gastspielen in New York durfte Renate Schreier mit. Hier das Ehepaar vor der Carnegie Hall in Manhattan.*

dierte Kaufhäuser und Sehenswürdigkeiten. Der Kontakt zu in New York lebenden Deutschen eröffnete ihm auch das Bild, das Amerika von Germany und der DDR hatte: „Nachzutragen habe ich Dir", schrieb er an Renate, „noch meinen Besuch bei der Familie Vollmann … Sie wohnen auf der anderen Seite des Hudson River, gar nicht weit von N. Y. City in einem kleinen Haus altenglischen Stils. Sie sind zwar sehr reizend zu mir, lassen mich aber spüren, was Europa, speziell Deutschland und da auch wieder speziell unser schönes Fleckchen für ein ‚letzter Dreck‘ ist. Für mich hat es den Vorteil, dass sie mich mit ihrem Straßenkreuzer mit der näheren Umgebung etwas bekannt machen. Unter anderem zeigten sie mir eine Einkaufsstraße ganz außerhalb der Stadt kilometerlang an einem Highway gelegen mit riesigen Parkplätzen. Alle größeren New Yorker Kaufhäuser haben dort ihre Filialen hingebaut."

Die letzte Vorstellung begann für Schreier am 6. Januar bereits nachmittags 14 Uhr – weil sie vom Rundfunk für ganz Amerika live übertragen wurde. Schon am Abend saß Schreier in der Maschine nach London. Auf ihn wartete im Anschluss noch ein zweites und nicht minder berühmtes Haus, in dem er bisher auch noch nie gesungen hatte: die Mailänder Scala. Wieder stand Mozart auf dem Programm: „Idomeneo".

Ein einflussreicher Musikliebhaber schrieb US-Agentin Mariedi Anders damals zu Schreiers USA-Gastspiel mahnende Worte: „Nun wissen wir alle, dass ein Mozart-, Oratorien- oder Liedersänger das feinste und empfindlichste Organ aller Fächer hat. Es muß doch jedem ganz klar sein, dass nach längstens einem Jahr interkontinentalem Schindludertreibens mit so einem herrlichen Organ höchstens die Technik des Singens und sicherlich die Kenntnis der internationalen Flugverbindungen übrig geblieben ist. Und das wäre wohl ein schrecklicher Jammer für alle und sicherlich nicht zuletzt für Sie. Denn P. Sch. in vernünftiger Dosis für sehr, sehr lange Jahre ist sicherlich schöner, ruhmreicher und einträglicher, als ihn binnen einer Saison gnadenlos zu verheizen. Ich würde es als eine ganz große Leistung Ihrerseits sehen, wenn Sie mithelfen könnten, P. Sch. künstlerische Laufbahn so zu gestalten, dass er uns für lange Jahre als DER Mozartsänger erhalten bleibt, den wir alle so dringend brauchen und der noch für lange Jahre unersetzbar sein wird."

# Erlebnisse in Rom, Mailand, Buenos Aires, Kairo

Sein Aufstieg hatte sich in einem fast atemberaubenden Crescendo vollzogen. Um 1967 überschritt die Zahl der erarbeiteten Partien längst die 25. Wagners David gehörte dazu, fast alles von Mozart und als besondere Kostbarkeit der Musiker Flamand im so reizvollen „Capriccio" von Richard Strauss. Liederabende im In- und Ausland ließen ihn zwischen Hamburg, Wien und London pendeln, Oratorienpartien in Montreux oder Warschau weckten in ihm die dankbare und lebendige Erinnerung an die vielen Tourneen mit dem Kreuzchor quer durch Mitteleuropa. An die hundert Mal jährlich sang er allein in der Oper. Mit jedem dieser Häuser verbindet Peter Schreier ganz besondere Erlebnisse. Doch nur für wenige bleibt hier Raum, sie kurz Revue passieren zu lassen.

Wie sein Tamino in Rom. Zwar gehört das Teatro dell'Opera an der Piazza Beniamino Gigli nicht zu den wichtigsten Bühnen der Welt. Doch hier erlebte Schreier mit Ernest Ansermet noch einen ganz großen Dirigenten des letzten Jahrhunderts. „Mit ihm zusammenzuarbeiten war für mich ein Muss. Allerdings stand er schon fast im 85. Jahr und schlief am Schluss der ‚Zauberflöte' beinahe am Pult ein. Zumindest wurde er immer langsamer. Martti Talvela sang den ‚Sarastro' und zog ihn mit seiner kräftigen Stimme einfach mit. Die Dirigierbewegungen und Marttis Gesang klafften zwar immer mehr auseinander – aber so konnte am Ende die Vorstellung gerettet werden. Besonders interessant war der alte Ansermet, der verschiedene Sachen von Igor Strawinski uraufgeführt hatte, durch sein Wissen auf dem Gebiet der Mathematik und seine Publikationen. Ursprünglich übte dieser originelle Mann den Beruf eines Mathematik-Professors aus. Und er sah mit seiner leicht vorgebeugten Haltung wie der zerstreute Akademiker aus, den man aus altmodischen Karikaturen kennt. Mit hoher Stirn, wenig Haaren und dafür einem langen, seidigen Bart."

*In Rom musste sich der Dresdner Tamino selbst schminken. Dirigent der „Zauberflöten"-Vorstellung war Ernest Ansermet.*

Ansermet hinterließ einen dickleibigen Wälzer mit dem Titel „Die Grundlagen der Musik und das menschliche Bewusstsein", der unter seinen Anhängern als eine Art Bibel der Musik galt. Basierend auf physikalisch-akustisch-mathematischen Darlegungen versuchte er auf fast 900 Seiten, die Musik als Sprache, als Ausdruck menschlichen Bewusstseins zu begründen. Besonders reizvoll machte die Arbeit, dass er in die Analysen klassischer Partituren seine Kenntnisse aus jahrzehntelanger Kapellmeisterpraxis einfließen ließ. Allerdings stritten sich schon Zeitgenossen, ob man das Werk als geistvoll bezeichnen oder wegen der teilweise abstrusen und geschwätzigen Kapitel ablehnen sollte. Schreier: „Martti jedenfalls hat sich das Buch mit dem granatroten Umschlag gekauft und von Ansermet signieren lassen."

Anfang 1968 erlebte man Schreier an einem wirklich weltberühmten Opernhaus, dem 1778 eröffneten Teatro alla Scala, das man allgemein als Mailänder Scala kennt. Er sang in der Premiere von Wolfgang Amadeus Mozarts „Idomeneo" am 21. Januar und vier weiteren Aufführungen den Idamante. Oscar Fritz Schuh führte Regie und Wolfgang Sawallisch oblag die musikalische Leitung. Zu dem deutsch-italienischen Ensemble gehörte auch der Wiener Tenor Waldemar Kmentt, der noch im stolzen Alter von 72 Jahren sein Met-Debüt mit der Rolle des Haushofmeisters in „Ariadne auf Naxos" feiern konnte.

Erstmals weilte Renate Schreier bei diesem wichtigen Auslandsgastspiel an der Seite ihres Gatten. Denn nicht nur gegenüber den SED-Parteibürokraten im zuständigen Kulturministerium forderte ihr Mann dies immer wieder. Sogar vor einer Journalistin in Wien hatte er ein halbes Jahr zuvor mit kritischen Bemerkungen seinen Unmut zur restriktiven DDR-Ausreisegenehmigungspraxis geäußert. Unter der Überschrift „Manchmal finde ich Oper furchtbar" publizierte der Wiener „Express" am 20. Juni 1967 ein Interview mit dem 31 Jahre alten Tenor. Darin seufzte er vor der Premiere von „Don Giovanni" an der Wiener Staatsoper, wo er den Don Ottavio geben sollte: „Ich reise sehr ungern allein, und meine Frau darf ich nicht mitnehmen. Ich bin ja in Dresden daheim … Man hat eine Premiere vor sich, möchte sich jemand mitteilen, ich möchte, dass meine Frau die Vorstellung sieht, aber sie bekommt keine Ausreisegenehmigung. Sehen Sie, und wenn das so weiter geht, dann verliert man die Lust am Reisen. Ich führe ja mit meiner Frau seit neun Jahren eine gute Ehe." Auch beklagte Schreier: „Nach Westdeutschland darf ich zum Beispiel nicht mehr. Ich hatte bei Rennert in München einen Fünfjahresvertrag. Den musste ich zurückgeben … Diesen Sommer soll ich mich acht Wochen allein nach Salzburg setzen."

Dies wurde sogar einem Leutnant der in Prag agierenden „Operativgruppe SSR" des Ministeriums für Staatssicherheit der DDR am nächsten Tag brühwarm berichtet, der sich mit einer kulturbeflissenen Kontaktperson aus der Bundesrepublik in der Gedenkstätte Lidice traf. Der Mann mit dem Decknamen „Hans" wollte sich als Spitzel andienen und erzählte dem Stasi-Agenten, dass Schreier in dem Zeitungsartikel „eine negative Haltung" gegenüber der DDR einnehme. Was den Stasi-Leutnant über den Informanten schlussfolgern ließ: „Es kann eingeschätzt werden, dass der Kandidat für eine perspektivvolle Zusammenarbeit geeignet ist." Alles landete in der Zentrale des gefürchteten Geheimdienstes in Ostberlin und später in Schreiers Stasi-Akte – negative Konsequenzen hatte es für ihn aber nicht. Schreier sang die Pre-

*Wolfgang Sawallisch am Flügel probt mit seinen Sängern „Idomeneo" an der Mailänder Scala. 1968 gab Schreier (2. v. r.) sein Debüt als Idamante. Waldemar Kmentt ist der 3. v. l..*

miere, wurde stürmisch umjubelt. Doch als ihn danach eine schwere Grippe ans Dresdner Bett fesselte, wurde in Wiener Zeitungen heftig spekuliert. „Die Presse" vermutete hinter seiner Absage weiterer Vorstellungen, dass die „schwere Grippe in die Kategorie der diplomatischen Krankheiten einzureihen ist." Erst als die Urheber des Interviews vermeldeten, dass er auch für Berlin angesetzte Vorstellungen krankheitshalber absagte, verlor sich alles im Sande. In Berlin muss das „Express"-Interview dennoch aufgeschreckt haben. Die Attacke Schreiers entfaltete bereits in Salzburg und nun in Mailand ihre Wirkung.

An der Scala spürte er nicht nur das heißblütige Temperament der italienschen Opernbesucher, die den Primadonnen und Tenören ihrer Gunst mit gewaltigem Tumult, prasselndem Beifall und Bravorufen applaudierten – auch die besonderen Gewohnheiten des Landes: „Manche Logenbesucher traten einfach während der Vorstellung auf den Gang hinaus, rauchten ihre Zigarette, schwatzten. Zur nächsten Arie saßen sie dann wieder auf ihrem Platz. Die Inszenierung stand nicht so im Mittelpunkt des Interesses, mehr der Rampensänger, der seine schönen Töne ablieferte."

Vor seiner ersten Partie hatte Schreier in der Garderobe einen etwas befremdlichen, ungebetenen Gast: „Der dickliche, wenig seriös wirkende Mann fragte an, ob ich für die Claque zahlen wolle. Seine Truppe würde im Haus den Beifall steuern. Nun hatte mich Waldemar Kmentt bereits vorgewarnt – ich zahlte nicht! Während der Vorstellung konnten wir dann die magische, den Beifall vermehrende Wirkung des Geldes hören und beobachten. Denn eine etwas in die Jahre gekommene ‚Elektra', deren Stimme auch verwelkt schien, erhielt tosenden Beifall. Wir haben den Berufs-Claqueuren dann nach der Vorstellung einen Obolus gegeben – denn scheinbar mussten wirklich einige davon leben."

Zum Erlebnis wurde das Gastspiel am renommierten Teatro Colón in Buenos Aires im Herbst 1968. Ein Wiener Manager, der für Südamerika verantwortlich war, fädelte es ein. Aber auch Karl Richter, der in der Hauptstadt Argentiniens vergöttert wurde, hatte eine gewichtige Aktie darin. In dem 1908 eröffneten Haus zwischen der Plaza Lavalle und der Avenida 9 de Julio ging Schreier sechs Wochen lang ein und aus. Zur

*An der Seite von Margaret Price (Fiordiligi) brillierte Schreier an der Mailänder Scala u. a. auch als Ferrando in „Cosi fan tutte".*

Schuleinführung seines jüngsten Sohnes Ralf in Dresden konnte er deshalb nicht anwesend sein.

„Gestern war Generalprobe für Julius Caesar", schrieb Peter Schreier auf Briefpapier des Lufthansa-Senator-Dienstes am 9. September nach Hause. „Ich bin nicht so restlos glücklich, da meine Partie sehr tief liegt. Das ist nicht sehr dankbar. Das Teatro Colón ist wirklich so herrlich akustisch … wie es mir schon geschildert wurde. Schon nach der Generalprobe standen Scharen von Autogrammjägern am Bühnen'türl. Es ist die typisch große Theateratmosphäre, so etwa wie an der Mailänder Scala."

Zur Premiere, in der er unter Karl Richter den Sextus sang, reiste für 14 Tage Bruder Bernhard aus Nürnberg an. Dieser konnte ihn auch noch als Tamino in der „Zauberflöten"-Premiere am 24. September erleben, die Josef Krips dirigierte. Schreier sang in einer Stagione – einer Serie von Aufführungen. Von den Proben dazu berichtete er am 15. September seiner Frau nur am Rande: „Neben den täglichen Zauberflötenproben bin ich jetzt fast jeden Tag bei deutschen Familien eingeladen. Heute waren Bernd und ich bei Sachsen, die hier eine Webfabrik haben, zu einem echten Asado, d. h. es wurde ein großes Stück Lamm, ein Stück Kalb, Würstchen und Innereien im Freien am Spieß gebraten. Es ist hier üblich, dass man bei den Vorbereitungen mitmacht. Es war sehr lustig. Aus Anstand mussten wir natürlich auch manches essen, wo es mir beinahe wieder hochgekommen wäre. Wenn das so weitergeht, werde ich wohl etwas zunehmen."

Der Unternehmer hieß Pedro Fischer und stammte aus Limbach-Oberfrohna. Als die Nazis 1933 seine Fabrik „Goldfisch-Bademoden" enteigneten, war er nach Buenos Aires ausgereist, hatte dort in der gleichen Branche neu begonnen. Zu Wohlstand gelangt, machte er sich jetzt als Kunstmäzen einen Namen. Schreier: „Er war ein toller, ein nobler Gastgeber. Bei ihm lernte ich nicht nur die feurig gewürzten Speisen des Landes, sondern auch viele Deutsche kennen. Unter anderem einen Herrn Eisler, der mit unserem Komponisten Hanns Eisler verwandt war. Karl Richter zeigte mir dann einige Herren und sagte: ‚Guck mal, das waren fette Nazis.' Juden und Nazis schienen sich hier in der Fremde nicht aus dem Weg zu gehen. Man spürte keine Nachkriegswehen. Sie waren ja auch fernab der deutschen Vernichtungsfeldzüge." Sogar auf die riesige Rinderfarm der Fischers, die etwa die Größe Sachsens hatte, wurden die Schreier-Brüder mitgenommen: „Bernd und ich waren eingeladen, mit dem Privatflugzeug auf eine Estancia zu fliegen", schwärmte er am 24. September im Brief. „Das ist ein Gut mit einem riesengroßen flachen Pampaland herum. Der Besitzer, Herr Fischer, hat dort ungefähr 1000 Rinder, eine Menge Pferde und Schafe leben. Man kommt sich von aller Welt verlassen vor. Herrli-

che Ruhe. Schwimmbad und Tennisplatz am Haus. Gelandet sind wir auf einer Wiese neben dem Gut auf einem Grasfeld. Es war ein großes Erlebnis. Ich habe als Co-Pilot fungiert. Ich muss sagen, Fliegen ist gar nicht so schwer."

Die Kollegen am Teatro Colón, unter ihnen Hermann Prey, wohnten alle in einem Appartementhaus. Man lud sich gegenseitig ein, lebte bis zur Abreise wie in einer großen Familie. Schreier sang dann noch ein zweites Jahr am Teatro Colón. Zu einem dritten Gastspiel sollte es aus familiären Gründen nicht kommen. Peter Schreier: „Unser Kleiner hatte schon bei der Abreise bitterlich geweint. Da versprachen wir ihm, einen hübschen transportablen Fernseher mitzubringen. Meine Frau machte sich während der ganzen Fahrt zum Flughafen Berlin-Schönefeld solch riesige Sorgen. Ich war auch nicht gerade sehr reisefreudig und so riefen wir vom Flughafen aus in Buenos Aires an und ich sagte mein Gastspiel ab. Doch als wir zu Hause plötzlich vor der Tür standen, hat der Kleine wieder geheult. Diesmal, weil wir keinen Fernseher mitgebracht hatten!"

Wer einmal absagt, der wird nicht mehr unbedingt geholt. Und so erlebte Argentinien Schreier nie wieder als Opernstar – dafür als Liedsänger und Dirigent.

Eine Tournee, die er im März 1969 mit der Deutschen Staatsoper nach Ägypten unternahm, soll noch erwähnt werden. Hans Pischners Organisationstalent war es zu verdanken, dass sein Ensemble seit Ende der Sechzigerjahre jährlich zu Auslandsgastspielen reiste. So auch zur „Cosi fan tutte" nach Kairo, in das prächtige alte Opernhaus, das einst Giuseppe Verdis „Aida" uraufführte: „Als ich dort mit meiner Arie anfing, jaulte auf der Bühne eine Katze ganz laut ‚miau, miau'. Das ganze Haus war voller Stubentiger. Sogar neben Suitners Pult hatte es sich eine bequem gemacht. Wir mussten unterbrechen und das Orchester hat sich vor Lachen geschüttelt." Und noch eine Episode erzählt er gern: „Als wir uns die Pyramiden anschauten, kam ein alter Muselmann auf uns zu und gab sich als Liebhaber deutscher Musikkultur zu erkennen. Der fragte plötzlich: ‚Singt denn die Zschille noch?'" Die in Chemnitz geborene Sängerin Dora Zschille – im hochdramatischen Fach einst als Venus und Brünnhilde gefeiert und 1951 in Dresden zur Kammersängerin ernannt – lebte zwar noch, sang aber nicht mehr.

*1968 eroberte Peter Schreier Südamerika: als Tamino in Wolfgang Amadeus Mozarts „Die Zauberflöte" in Buenos Aires.*

# Warum Walter Felsenstein einen Korb bekam

Von Theo Adam bis zu Franco Zeffirelli reicht die Palette der etwa 30 Regisseure, mit denen Peter Schreier im Laufe seines Lebens enger zusammengearbeitet hat. Doch nur wenige sagten dem Tenor, dem Bühnenakrobatik und Effekthascherei, die zügellose Aufwertung des Inszenatorischen gegenüber der Musik und die Verselbstständigung der Regie gegenüber der ursprünglichen Idee des Komponisten ein Horror waren, wirklich zu. Von Jahr zu Jahr stieg seine Skepsis vor der Diktatur der Regisseure und zunehmend störte ihn der Umstand, dass sich das Feuilleton zuungunsten musikalischer Belange immer ausgiebiger der Regie widmete.

Nur Günther Rennert gewann in München und Salzburg z. B. bei „Don Giovanni" und „Cosi fan tutte" von Mozart seine uneingeschränkte Sympathie. Weil dieser den etwas behäbigeren „Typ Schreier" in seiner Regie voll berücksichtigte, sehr effektiv probte: „Er spielte kein Kasperletheater, blieb sachlich, war im Urteil nie theatralisch und stets ehrlich. Man hörte von ihm auch unangenehme Wahrheiten – ein fantastischer Regisseur!" Auch an die kreativ-anregende und vor allem von hoher Werktreue geprägte Arbeit mit Jean-Pierre Ponnelle, der u. a. bei den Salzburger Festspielen „Die Zauberflöte" inszenierte, denkt er mit Dankbarkeit zurück. Ebenso zählt er Harry Kupfer zu diesem erlesenen Kreis, der z. B. die Dresdner „Zauberflöte" (Premiere 21. September 1975) mit komödiantischer Ernsthaftigkeit zu einem vielschichtigen Welttheater werden ließ, in dessen modernem „Rheingold", das am 28. März 1996 unter der musikalischen Leitung von Daniel Barenboim in der Staatsoper Unter den Linden erstmals Premiere hatte, Schreier den Loge sang.

Anfänglich war er auch der in Dresden geborenen Palucca-Schülerin Ruth Berghaus sehr zugetan. Beide kannten sich vom Sehen aus dem Schulhaus in Dresden-Plauen, wo der Kreuzchor 1945 zeitweilig Quartier fand.

„Die Verurteilung des Lukullus", komponiert von ihrem Mann Paul Dessau, führte ihn erstmals mit der Grand Dame des Regietheaters zusammen. Zur Premiere in der Deutschen Staatsoper Berlin am 14. September 1965 und an drei weiteren Abenden sang er den Lasus, Herbert Kegel dirigierte.

1968 folgte eine weitere Berghaus-Inszenierung: Gioachino Rossinis „Der Barbier von Sevilla", der am 21. November Premiere feierte. „Hellauf begeistert war ich nicht und habe mich auch öfters gegen ihre Regieeinfälle zur Wehr gesetzt – doch im Grunde kam ich mit ihr klar", bekennt Schreier. „Den ‚Barbier' hat sie ungeheuer gut gemacht. Diese vorsichtige Persiflage war aus meiner Sicht eine ihrer besten Arbeiten." Mit Otmar Suitner am Pult, Reiner Süß als Bartolo, Sylvia Geszty als Rosine, Wolfgang Anheisser als Figaro, Gerhard Frei als Basilio, Gertraude Prenzlow als Marzelline, Horst Hiestermann als Fjorillo und Jürgen Dahms als Ambrosio wurde der „Barbier" ein Publikumsmagnet des italienischen Repertoires am Haus Unter den Linden. Zu den süß schwebenden und graziös plappernden Melodien Rossinis zauberte die Regie mit leichter Hand und umwerfender Komik einen heiteren Opernabend. Statt in der Kulisse des alten Sevilla spielte die geistvolle Harlekinade auf dem Podest eines Jahrmarkttheaters. Die Szene war nur durch witzig bemalte Vorhänge ohne Requisiten angedeutet. Darüber hing ein Kronleuchter und ein barock-kitschiger Bühnenhimmel mit einem vom Stuck herabpurzelnden Engel. „Ein Glücksfall auch der leicht und mühelos mit erlesenem Tenor brillierende Almaviva Peter Schreier", jubelte die Presse. Und merkte an, dass er sich so locker wie nie bewegte.

Berliner und ihre Gäste konnten von dieser Oper nie genug bekommen. Doch irgendwann wurde dem Tenor die banale Ohrwurm-Musik zu viel: „Für einen, der an Bach geschult wurde, ist das so eine triviale Musik. Schon wenn ich Rossinis Ouvertüre in der Garderobe hörte, bekam ich eine Gänsehaut. Von Mal zu Mal wurde mir das ‚ba, ba, ba, ba, ba – ba, ba, ba, ba, ba' unerträglicher." Es muss am 9. Juli 1991 gewesen sein, Schreier stand in seinem Stammhaus den 84. Abend mit dem Stück auf dem Programm. Und sogar ein hoch begabter Italiener, Fabio Luisi, hob den Takt-stock. Schreier wollte, konnte es nicht mehr hören: „Nach der Vorstellung habe ich mir geschworen: nie wieder den ‚Barbier'!"

Auf die Berghaus traf er erneut bei der Oper „Einstein" von Paul Dessau, die am 16. Februar 1974 Uraufführung in Berlin hatte. Der Hamburger Paul Dessau emigrierte als Jude 1933 zuerst nach Paris und dann in die USA. Nach dem Kriege war der überzeugte Antifaschist und Sozialist mit politischen Musiken wie „Lilo Hermann", „Appell der Arbeiterklasse" oder „Requiem für Lumumba" eine Galionsfigur des DDR-Musiklebens geworden, fand aber selbst weit über die Grenzen hinaus Anerkennung. Seine Oper „Die Verurteilung des Lukullus" löste gleich 1951 heftige Kontroversen mit der Staatspartei aus. Obwohl sie erst als „volksfremd und formalistisch" galt, kam sie im gleichen Jahr zur Uraufführung. Auch Dessaus vierte Oper „Einstein" – die Verantwortung des Wissenschaftlers am Beispiel des Nobelpreisträgers Albert

*Leidenschaft pur in Gioachino Rossinis „Der Barbier von Sevilla" (Berghaus-Inszenierung 1968): Peter Schreier als Graf Almaviva mit Sylvia Geszty als Rosine und Reiner Süß als Bartolo.*

Einstein aufzeigend – blieb nicht unumstritten. Es geht bunt her in diesem Stück, das von dem Gewissen der Wissenden und von der Verantwortung des Erfinders für Fluch und Segen seiner neuen Gedanken erzählt. Dessau lockte den bereits weltbekannten Schreier, indem er ihm die Partie des Jungen Physikers auf den Leib komponierte. Theo Adam sang die Titelpartie, Reiner Süß den Alten Physiker.

1971 umwarb der Notendichter, der Schreiers geringes Interesse an zeitgenössischer Musik kannte, ihn in einem Handschreiben: „Wir waren in Ihrem Liederabend; leider nur bis zur Hälfte – da Verpflichtungen. Der Brahms hätte seine Freude gehabt. Wir erst! Es war himmlisch! Darf ich mal was arbeiten für Sie?"

Auch Einladungen ins private Heim von Paul Dessau und seiner 33 Jahre jüngeren Frau nach Zeuthen gab es. Hier lernte er Ruth Berghaus privat kennen und ihren amüsanten Partner, der gut aus seiner Amerika-Zeit erzählen konnte, immer zu Späßen aufgelegt war. An ein gemeinsames Frühstück 1965 im Leipziger „Astoria"-Hotel – während der Platten-Aufnahmen zu „Lukullus" – hat Schreier lebhafte Erinnerungen: „Da waren im Restaurant überlebensgroße Gemälde eines namhaften DDR-Künstlers aufgehängt. Plötzlich nahm Dessau eine Käsescheibe, schmierte Butter drauf, warf sie an eins der Kunstwerke, wo sie kleben blieb, und rief ‚Scheiß-Bilder!'"

So angenehm man mit der Berghaus und ihrem Mann privat plaudern konnte – bei den Proben gab es mitunter Zoff. Peter Schreier: „Ich hatte den Eindruck, dass sie kein richtiges Konzept besaß. Sie ließ sich immer vom Augenblick leiten. Was nach mühsamer Arbeit gerade feststand, konnte am nächsten Tag schon wieder komplett umgestoßen werden. Bei Rennert vergingen drei Stunden Probe wie im Fluge. Bei ihr waren sie häufig zäh und langweilig. Da tauchte ein Problem nach dem anderen auf. Wir standen herum und vergeudeten unsere Zeit."

Dabei war die Komposition höchst anspruchsvoll, wurden den Sängern durch unablässigen Wechsel von gesprochenem und gesungenem Ton ebenso hohe Anforderungen gestellt wie durch die Einbeziehung extrem hoher sowie tiefer Register und übergroßer Intervalle. Man wundert sich, wie der fast achtzigjährige Dessau damals die Errungenschaften der modernen Musik durchdacht und für seine dramaturgischen

*Auf solch ein Schreiben von Komponist Paul Dessau kann kaum ein Sänger verweisen.*

Zwecke eingespannt hatte: Cluster, die mit Ellenbogen auf den Klavieren gespielt wurden, aufheulende Glissandos in Stimmen und Instrumenten des geigenlosen Orchesters, Paukenfortissimos, rasende Motivwiederholungen, dazu Bandaufnahmen …

Den Jungen Physiker, mit dessen Figur sich Schreier nie so richtig anfreunden konnte, rühmte selbst die „Frankfurter Zeitung" als „von erstaunlicher tenoraler Wendigkeit und präzis bis in die kompliziertesten Sprünge der Partie." Er sang ihn lediglich neun Mal. Mehr lagen ihm die Lieder nach Jewtuschenko-Texten, die Dessau anschließend für ihn komponierte. Gleich am Premierenabend schrieb der „Einstein"-Schöpfer: „Mein sehr verehrter, lieber Herr Schreier! Gern änderte ich den Text: So singen deine Engel, Herr! Es ist schwierig für mich, in Worte zu fassen, was doch auf der Zunge mir brennt, meinen Dank Ihnen auszusprechen für Ihre wohl einmalige Leistung im ‚Einstein'. Dass Sie, unser Mozart-Sänger von Weltruhm, sich so voll und ganz für meine Arbeit eingesetzt haben, beweist, welch ganz großer Künstler *und* Mensch Sie sind! Ich darf nur wünschen, dass Ihnen die Arbeit etwas ‚Spaß' gemacht hat und Sie mir meine vielen ‚Sprünge' nicht verübeln. Ich werde Ihnen den Jewtuschenko-Text vorlegen und hoffe, dass es mir gelingen wird, ihm und Ihnen eine angemessene Musik zu finden. Ich umarme Sie herzlichst mit ganz großem Dank!!! Ihr Paul Dessau."

Noch einmal traf Sänger Schreier auf Ruth Berghaus: in Mozarts Oper „La Clemenza di Tito", die Ende Mai 1978 auf die Berliner Bühne kam. Aus der Wortwahl des Intendanten Hans Pischner zu dieser Oper lässt sich noch 28 Jahre später in seinen „Nachwende-Erinnerungen" die Distanz ablesen: „Ruth Berghaus inszenierte mit spektakulären Gags, die ich ihr nicht auszureden vermochte; sie verschaffte der Staatsoper durch Eigenwilligkeit und Einfallsreichtum eine der interessantesten Mozart-Aufführungen." Und auch eine der umstrittensten! Die Regisseurin arbeitete in Mozarts Römer-Oper dessen Idee vom neuen Menschenbild und sogar versteckte Momente der Homosexualität heraus. Schreier in der Titelrolle des Titus Vespasianus hatte im transparenten Kostüm u. a. die Knabenliebe des Imperators zu verkörpern. Mit blass

*Ruth Berghaus bei der Probe zu Mozarts Oper „La Clemenza di Tito", die am 28. Mai 1978 unter Dirigent Wolfgang Rennert an der Deutschen Staatsoper Premiere hatte.*

geschminktem Gesicht und weichen, fahrigen Bewegungen musste er dem Imperator ein möglichst unsympathisches Profil geben, einen dekadenten Lebemann darstellen, dem es wichtiger ist, von einem Knaben auf dem Bett frisiert zu werden, als sich um Staatsgeschäfte oder Vermählung zu kümmern. Einen Lustknaben des römischen Kaisers durfte der minderjährige Sohn von Ausstatterin Marie-Luise Strandt spielen. Den Tenor störten bei den Proben diese szenischen Ideen wenig. Auch nicht das schockierende Flammenchaos des Capitols, wo lichterloh brennende Menschen über die Bühne taumelten. Dafür mehr der Umstand, dass die Berghaus per Mikrofon arbeitete, wie ein General in der 15. Reihe saß und von dort aus ihre Befehle gab. Immerhin 13 Abende lang erhob er seine Stimme zu diesem Spiel. Bei dem Wagner-Tenor Peter Hofmann stieß sie auf nicht so viel Verständnis. Als er merkte, dass ihr eine sexuelle Männerbeziehung zwischen Otello und Jago vorschwebte, stieg er entnervt aus den Proben zu Giuseppe Verdis „Otello" aus. Peter Schreier: „Bei ihr stand wohl ganz obenan die Absicht, zu provozieren. Erst wenn nach einer Premiere kräftige Buh-Rufe kamen, strahlte sie zufrieden übers ganze Gesicht."

Schließlich versöhnten die drei Weltklassesänger – neben Schreier Celestina Casapietra als Vitellia und Ute Trekel-Burckhardt als Sextus – das Publikum mit der Regiearbeit von „Madame Scandaleuse".

Um die Partnerschaft zweier Giganten nicht völlig abreißen zu lassen und den Frieden im Opernhaus zu wahren, fügte Pischner zur „Idomeneo"-Inszenierung im Mai 1979 listig eine ganz andere Konstellation: Peter Schreier trat Regisseurin Berghaus als Dirigent entgegen.

Berghaus-Biografin Corinne Holtz stieß in diesem Zusammenhang auf eine interessante Korrespondenz mit Gret Palucca. Darin teilte die einstige Schülerin der Dresdner Tanzgöttin mit, wie sie sich von Schreier geschätzt fühle, weil sie dem noch wenig erfahrenen Operndirigenten zur Seite stand: „Die Skepsis war groß, aber ich habe zu ihm gestanden". Auch soll er bemerkt haben: „...die Einzige, die mir in dem Haus hilft, ist die Berghaus."

Und so ist er ihr auch heute nicht wirklich gram. Im Gegensatz zu Viktor de Kowa war die Regisseurin geradezu ein Juwel. Der in Hochkirch in der Oberlausitz

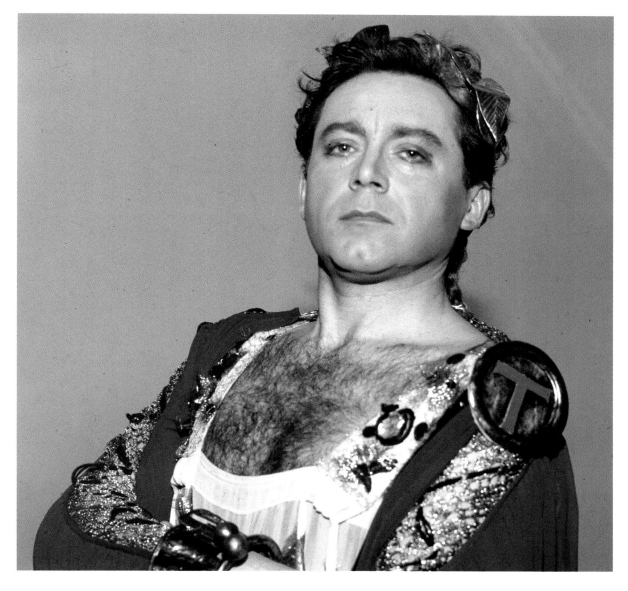

*Peter Schreier in der Titelrolle des Titus Vespasianus. Es war seine letzte Opernpartie unter der Regie von Ruth Berghaus.*

geborene Theater- und Filmschauspieler, Chansonsänger, Erzähler und Komödiendichter de Kowa hatte im Karl-May-Film „Winnetou und sein Freund Old Firehand" mit dem spleenigen Engländer Ravenhurst seine letzte Filmrolle gespielt. Ende 1966 versuchte er sich Unter den Linden als Regisseur in Mozarts „Die Hochzeit des Figaro". Schreier, der den Basilio sang: „Kowa hatte keine Ahnung von Noten. Statt mit der Partitur tauchte er mit seinem Reclamheft bei den Proben auf. So etwas habe ich später noch einmal in

Salzburg erlebt. Als Gustav Rudolf Sellner ‚Idomeneo' im Kleinen Festspielhaus inszenierte. Weil er kaum Notenkenntnis besaß, glaubte er die für ‚ruhig' stehende Noten-Anmerkung ‚Tranquillo' sei eine Rolle und rief laut ‚Wo bleibt denn nun der ‚Tranquillo'?"
Schlimm waren für Schreier auch die Regisseure, die sich nur selbst gern reden hörten: „Ich habe solch Experten bei ‚Idomeneo' in Wien erdulden müssen. Der erzählte so viel, dass wir nur die letzten 30 Minuten Zeit zum Proben hatten."

Bei dieser Menge unschöner Erfahrungen verwundert es nicht, dass ihm ein Regisseur, mit dem er nie zusammengearbeitet hat, wie ein Messias vorschwebt: Walter Felsenstein!

Der Begründer und Intendant der Komischen Oper gilt als das große kreative Theatergenie des 20. Jahrhunderts, der vielleicht konsequenteste aller Vertreter seiner Zunft, der musikalischste Regisseur, ein Mann, der Ungewöhnliches verlangte und die von ihm erwartete Aufopferung auch selbst vorlebte – ein Fanatiker der Bühne, der es verstand, Leute für seine Ideen zu begeistern. So gab es bei ihm nur in Ausnahmefällen Doppelbesetzungen. Jedes Stück inszenierte er perfekt bis ins Detail. Der Meister der Chorregie teilte die Bühne wie ein Schachbrett ein, ließ die Mitwirkenden im Takt der Musik die Planquadrate wechseln. In der DDR genoss der gebürtige Wiener eine absolute Sonderstellung, konnte sogar nach dem Mauerbau noch Gagen anteilig in D-Mark zahlen.

Anfang 1962 war er erstmals auf Schreier aufmerksam geworden und hatte diesen am 23. Januar sogar zum Vorsingen eingeladen: „Es würde mich aus verschiedenen Gründen sehr interessieren, Sie persönlich kennenzulernen. Wären Sie zu einem unverbindlichen Vorsingen in Berlin bereit? Falls Ihrerseits ein Interesse an dieser Bekanntschaft besteht, bitte ich Sie, mir mehrere Termine zu nennen, an denen Sie von Dresden abkömmlich sind."

Peter Schreier hat dies damals nicht weiter verfolgt. Der Zufall brachte es mit sich, dass beide zeitweilig im gleichen Haus lebten. Als der junge Dresdner Tenor in Berlin anfing, wohnte er zuerst in einem Ruinenrest des berühmten Hotels „Adlon". Ursprünglich ein Trakt für Angestellte, in dem noch die alten Messingbetten standen. Doch die Fenster waren schon fast im Westen – deshalb wurde das letzte Stück „Adlon" bald abgerissen. Er musste in eine primitivere Behausung mit alten Kohleöfen an der Schwedter Straße nahe der Schönhauser Allee umziehen. Als dritten Wohnsitz bezog er ein Appartement an der Rückseite der Komischen Oper. Die Fenster des Eckhauses Glinkastraße/Unter den Linden zeigten auf den legendären Berliner Boulevard. Felsenstein, der natürlich ein Haus im Grünen besaß, verfügte hier über seine Stadtwohnung: „Eines Tages begegneten wir uns im Aufzug und er fragte gleich, ob ich den Don Ottavio in seinem neuen ‚Don Giovanni' singen würde." Es war das Angebot für die Inszenierung, mit welcher die Komische Oper nach Schließung und Umbau 1966 wieder eröffnen sollte. Doch Felsenstein verlangte, dass Schreier ihm ein halbes Jahr für Proben zur Verfügung zu stehen hätte: „So eine lange Probenzeit konnte ich ihm leider nicht ermöglichen. Ich hatte z. B. Verpflichtungen in Rom, die ich nicht absagen wollte. Im Nachhinein habe ich mich über diese verpasste Chance, von einem der größten Regisseure lernen zu können, sehr geärgert."

Mit einer engeren Bindung an Felsenstein hätte Schreier womöglich auch seinen Intendanten Hans Pischner brüskiert. Felsenstein bezichtigte nämlich die kaum einen Steinwurf weit entfernte Deutsche Staatsoper Unter den Linden in Ostberlin der Provinzialität, stellvertretend übrigens für alle Opernhäuser in Deutschland. Er hielt deren Repertoirepolitik, möglichst viele und verschiedene Stilrichtungen repräsentierende Inszenierungen innerhalb einer Spielzeit herauszubringen, für veraltet. Nur seiner eigenen Methode gab er Zukunftschancen: wenige, dafür aber bis ins Detail ausgefeilte Modelle en suite zu spielen. Die Diskussion griff damals auch auf Westdeutschland über.

*Imperator Titus mit Ute Trekel-Burckhardt als Vitellia (links) und Ingeborg Springer als Annius.*

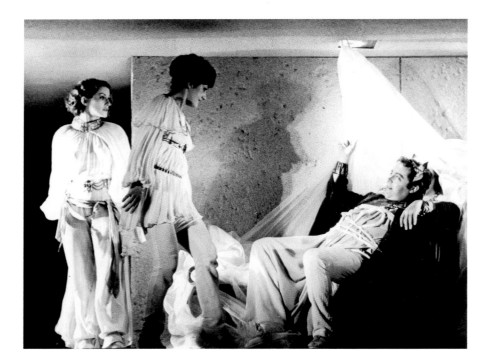

# Auch die leichte Muse ist harte Arbeit

Im Oktober 1966 überreichte die Künstleragentur der DDR Peter Schreier einen Brief, über dessen an der Himmelstraße in Wien wohnenden Absender sich der junge Tenor sehr freute: Robert Stolz! Anlass war der Schubert-Liederabend des Dresdners vom 11. Oktober, den Günther Weißenborn als Pianist begleitete. „Die schöne Müllerin" hatte das Publikum, mittendrin der 86-jährige Robert Stolz, zutiefst bewegt: „Sehr geehrter Herr Schreier! Ich gratuliere Ihnen noch von ganzem Herzen zu Ihrem fantastischen Erfolg. Ich war ganz hingerissen und begeistert. In der Anlage sende ich Ihnen einige Kritiken, die heute erschienen sind und die Sie vielleicht noch nicht haben. Es war mir ein Herzensbedürfnis, Fotokopien dieser Kritiken an leitende Persönlichkeiten der Schallplatten-Industrie, Rundfunk und Fernsehen zu senden. Hoffentlich ergibt sich bald die Gelegenheit einer Zusammenarbeit. Ich würde mich von ganzem Herzen freuen. Mit den herzlichsten Grüßen und besten Wünschen, toi, toi, toi, verbleibe ich in aufrichtiger Bewunderung …"

Die Werke des letzten Meisters der Wiener Operette, dessen Stücke wie „Im Prater blüh'n wieder die Bäume", „Mein Liebeslied muss ein Walzer sein" oder „Adieu, mein kleiner Gardeoffizier" unvergänglich scheinen, waren Schreier natürlich alle längst bekannt. Wie die ewig jungen Melodien von Johann Strauß, Eduard Künneke, Franz Lehár oder Emmerich Kálmán … Oft hatte er sie als Student landauf, landab bei den zahlreichen „Muggen" oder Frauentags-Veranstaltungen gesungen. Und dabei gespürt, was eine Operettenpartie den Sängern abverlangt und welche Begeisterung die seit Jahrzehnten als „Schmalzorgie" an den Rand des professionellen Musikgeschehens gedrängte Kunstgattung bei vielen Menschen auslöst, sie sich zu den mitreißenden Cancans und romantischen Walzern hingezogen fühlen.

Viele in den Zwanzigerjahren entstandene Tenorlieder der Unterhaltungsmusik hält Schreier auch deshalb für musikalisch reizvoll, weil sie ganz für die Spezifik,

für das Timbre und den ganz besonderen Ausdruck der Tenorstimme geschrieben wurden.

Und so bedurfte es nach seinem Erfolg als Alfred in der „Fledermaus" Unter den Linden keiner großen Überredungskünste, ihn weiterhin für dieses Fach zu gewinnen. Allerdings sang er Operetten fast ausschließlich für die Schallplatte. Peter Schreier: „Denn ich muss ganz ehrlich sagen, dass die Operette ein sehr schwieriges Terrain für den Sänger ist, viel aufwendiger als manche denken, außerordentlich anspruchsvoll – auch wenn die Thematik häufig etwas trivial scheint. Der Operetten-Tenor muss singen, Dialoge sprechen und tanzen. Deshalb trafen für mich als Vertreter der leiseren Töne nur wenige Partien zu."

Große Tenöre des 20. Jahrhunderts wie Peter Anders, Enrico Caruso, Beniamino Gigli, Jan Kiepura, Helge Rosvaenge, Leo Slezak oder Richard Tauber wandten sich immer wieder der heiteren Muse zu. Und so gibt es auch von Peter Schreier Operetten-Platten, die im Laufe der Jahre an Beliebtheit nichts einzubüßen scheinen. Wie Carl Millöckers „Der Bettelstudent" mit dem Radio-Sinfonie-Orchester Leipzig unter Günther Herbig, dem Rundfunkchor und Sängerkollegen wie Karl-Friedrich Hölzke, Friederike Apelt, Wolfgang Hellmich, Ingeborg Wenglor, Siegfried Vogel und Elisabeth Ebert.

Beim „Orpheus in der Unterwelt" von Jacques Offenbach, den die Dresdner Philharmonie unter Robert Hanell einspielte, stand er u. a. mit Jutta Vulpius, Hermann-Christian Polster, Hannerose Katterfeld und Werner Enders im Studio. Auch „Im Weißen Rössel" von Ralph Benatzky oder in „Eine Nacht in Venedig" von Johann Strauß hat er mitgesungen. „Frühling in Wien", „Tausend rote Rosen blühn", „Operetten-Melodien" oder „Das große Operetten-Wunschkonzert" steht neben Schreiers Name auf Platten-Hüllen. Zu den Erfolgs-Kreationen zählen auch die Arien und Duette aus Operetten und Filmen, die er unter dem Titel „Zwei Herzen im Dreivierteltakt" teilweise schon 1969 mit Sylvia Geszty im Dresdner Studio in der Lukaskir-

*Auf über 200 Platten und CDs ist Schreiers Stimme verewigt. Die Weihnachtslieder- und O sole mio-Scheiben erzielten Millionenerfolge.*

che aufnahm – begleitet von der Dresdner Philharmonie unter Stabführung Heinz Rögners.

Bei einer persönlichen Begegnung bestärkte Robert Stolz Schreier auch in der Ansicht, dass über die Unterhaltungsmusik mancher Hörer überhaupt erst für das klassische Fach interessiert werden könnte. Während der 1970er-Jahre gab es dann vermehrt Kontakte zu Einzi Stolz, fünfte Ehefrau, unzertrennliche Gefährtin und Erbin des großen Komponisten. Mit dem eigenen Robert-Stolz-Musikverlag „Editionrex", der in acht Ländern fast 30 Mitarbeiter beschäftigte, versuchte sie die über 2000 Schlager des berühmten Gatten populär zu erhalten. In ihrer blumigen Art schrieb sie beispielsweise am 7. März 1978 nach Dresden: „Sie sind einer der ganz wenigen großen Tenöre unseres Jahrhunderts. Ob auf der Bühne, im Konzert, im Fernsehen oder von der Schallplatte, immer faszinieren Sie das Publikum durch Ihre prachtvolle Wiedergabe, herrliche Stimme, Ausstrahlung und vor allem Ihre einzigartige Persönlichkeit, die immer den Menschen das Gefühl geben, eine künst-

*Den Alfred in der „Fledermaus" von Johann Strauß sang Schreier zur Silvesterpremiere 1963 Unter den Linden. Hier mit Sylvia Geszty als Adele.*

lerische Sternstunde zu erleben. Ich bin Ihnen zutiefst dankbar dafür, dass Sie weitere Lieder Roberts singen und auf Schallplatte aufnehmen wollen, und bin fest davon überzeugt, dass diese Lieder in Ihrer wunderbaren Interpretation Millionen Herzen für Sie und Roberts Musik gewinnen werden. Der einzige Wunsch, den Robert hatte, war, dass seine Melodien weiterleben mögen. Durch Ihre gottvolle, einmalige Wiedergabe dieser Tenorlieder erfüllen Sie seinen Herzenswunsch. Und dafür bin ich Ihnen unendlich dankbar." Dazu sandte sie gleich einen Pack Notenblätter von Robert Stolz.

Auch Peter Kreuder, aus dessen „Liebesgeschichten" Peter Schreier z. B. das Duett „Immer und ewig" einspielte, schickte ihm aus Salzburg neueste Kompositionen. Später hat er ihn mehrfach getroffen: „Dabei bemerkte ich mit Erstaunen, wie stark er mit der klassischen Musik vertraut war, wie er Bachs Kompositionstechnik zu analysieren verstand und fast nach ähnlichen Prinzipien komponierte. Er war keineswegs einseitig auf das Unterhaltungsgenre eingeschworen, empfahl mir auch seine hübschen Lieder nach Ringelnatz-Texten."

Kaum konnte sich Schreier den Umarmungen von Prof. Rudolf Kattniggs Witwe, Trude Kattnigg-Kolin, entziehen. Ermuntert durch eine Aufnahme der „Glocken von Campanile" aus der „Balkanliebe" ihres Mannes brachte sie Notenverzeichnisse auf den Weg, um ihn „auf einige wünderschöne Tenorlieder... hinzuweisen." Und sie vergaß nicht, anzumerken: „Wie Sie erkennen werden, stehen die Lieder meines Mannes mehr auf höherer Warte, da er von der ernsten Musik kommt, und verlangen ein hohes musikalisches Niveau ..." Obwohl sich dem Briefkopf nicht ganz entnehmen ließ, ob sie von der feinen Wiener Adresse oder gar ihrem Sommersitz bei Villach in Kärnten korrespondierte, barmte die alte Dame: „Möge der Erfolg auch Sie anspornen, sich für den großen Nachlass einzusetzen, den ich nun leider infolge schwerer Krankheit und fast Blindheit nicht mehr betreuen kann, was sich leider finanziell sehr nachteilig auswirkt."

Wie die Motten das Licht umschwärmten die Komponisten und ihre Witwen damals den im Glanze des Erfolges stehenden Tenor, was für Schreier manchmal mehr Last als Lust war.

Nur ganz wenige Male sang er Operette live von der Bühne. Deshalb ist Deutschlands einziges Operettenhaus, die der Stadt Dresden unterstehende Staatsoperette Dresden, noch heute auf Schreiers Debüt am 23. September 1978 stolz. Reinhold Stövesand – Intendant von 1978 bis 1997 – war es gelungen, mit ihm für die Reihe „Wir laden gern uns Gäste ein" einen Freundschaftspreis auszuhandeln: 2000 DDR-Mark für zwei Abende!

Stövesand: „Ich besuchte ihn damals in seiner Villa in Dresden-Loschwitz. Das war ein so nettes Gespräch, so richtig kollegial. Als wir fast alles besprochen hatten – die Gäste der Reihe gaben Proben ihres Könnens aus Operette und Musical und zwischendurch plauderten wir auf der Bühne über ihr Leben, ihre Karriere, die Musik –, musste ich natürlich auf die pekuniäre Frage kommen und sagte ihm gleich: ‚Ich bin ein armer Intendant.' Da meinte er nur: ‚Das sagt mir jeder.' Aber gleichzeitig betonte Schreier, wie sehr er die Operette schätzt.

Als ich das sensationelle Gast-Engagement im Theater verkündete, waren alle baff erstaunt: ‚Was, der macht das?', fragten viele. Wir brauchten dann gar keine Werbung – dafür sorgten die Mitarbeiter in Freundes- und Bekanntenkreisen selbst. So ein Ereignis verbreitete sich wie ein Lauffeuer durch Dresden. Ich konnte mich vor Kartenwünschen kaum retten, hatte leider nur 1200 zu vergeben. Ich möchte sagen: Unser Haus wurde durch Peter Schreier geadelt!"

Um die Zeit seines Star-Gastes nicht über Gebühr zu strapazieren, schlug ihm der Intendant lediglich eine Orchesterprobe vor. Stövesand: „Doch das lehnte er rundweg ab, sagte: ‚Wenn wir es machen, machen wir es richtig, mit Orchester, Chor, allen Mitwirkenden – mit allen zusammen.' Er war eben kein Tingelkünstler wie viele andere. Er sagte: ‚Die Zuschauer erwarten jeden Abend von mir, dass ich Höchstleistungen erbringe.' Das hat mir sehr gefallen. Natürlich auch, wenn er immer wieder betonte, wie er unser Genre schätzt. Das verkündete er dann auch bei den Vorstellungen. Dass er ein großartiger Kollege ist, schwärmte zuallererst die Pförtnerin, die mir seine Ankunft am Telefon meldete: ‚So ein netter Mann, er grüßt alle so freundlich, hat gar keine Star-Allüren.'"

Schreier gab dann u. a. den Sándor Barinkay in „Der Zigeunerbaron" von Johann Strauß und den Adam aus Carl Zellers „Der Vogelhändler". Beim Duett mit der Kurfürstin „Schenkt man sich Rosen im Tirol" soll es Tränen der Rührung im Saal gegeben haben. Der

Herrn
Peter SCHREIER
Zentralagentur
BERLIN-OST
D.D.R.

Wien, 14. Oktober 1966

Sehr geehrter Herr Schreier !

Ich gratuliere Ihnen noch von ganzem Herzen zu Ihrem phantastischen Erfolg. Ich war ganz hingerissen und begeistert.

In der Anlage sende ich Ihnen einige Kritiken, die heute erschienen sind und die Sie vielleicht noch nicht haben. Es war mir ein Herzensbedürfnis Photokopien dieser Kritiken an leitende Persönlichkeiten der Schallplatten-Industrie, Rundfunk und Fernsehen zu senden.

Hoffentlich ergibt sich bald die Gelegenheit einer Zusammenarbeit. Ich würde mich von ganzem Herzen freuen.

Mit den herzlichsten Grüßen und besten Wünschen, toi, toi, toi, verbleibe ich

in aufrichtigster Bewunderung

Ihr

Beilagen:

Robert Stolz

*Operetten-Komponist Robert Stolz nahm 1966 mit diesem Brief Kontakt zu Peter Schreier auf, traf ihn später mehrfach.*

Gast war beglückt, wie ihn das Publikum empfangen und das Ensemble getragen hatte.

Stövesand: „Nach der Vorstellung fragte er: ‚Wollen wir uns nicht alle in der Kantine zusammensetzen?' Dort dankte er für die freundliche, fast familiäre Theateratmosphäre, wie er sie sonst kaum in der Welt fand. Er hat mit uns geschwätzt, war überhaupt nicht der Star. Nur seine Frau drängte zum Aufbruch. Auch am nächsten Abend trafen wir uns in der Kantine."

Platten mit populärer Musik bescherten Schreier auch manch hübschen Erlös. So war sein Album „Peter Schreier singt Weihnachtslieder" mit rund 1,4 Millionen Exemplaren der meistverkaufte Tonträger in der DDR. „Junge Leute", schmunzelt Schreier, „die zu jener Zeit die Schulbank drückten, kannten mich fast ausschließlich von diesen Weihnachtsliedern. Übrigens habe ich dann mit meiner ‚O sole mio'-Platte bei weitem mehr verdient als mit allen Bach- und Mozartplatten zusammen." Diese entstand mit Robert Hanell und dem Großen Rundfunkorchester Berlin. Den Titel des weltbekannten Liedes – 1898 vom Neapolitaner Eduardo Di Capua komponiert – trägt sogar eine Platte, auf der die Stimmen von Schreier, Plácido Domingo und Fritz Wunderlich vereint sind.

# Schicksalhafte Verknüpfung mit Fritz Wunderlich

Nichts konnte Schreier auf dem Weg zur Spitze seiner Kunst mehr aufhalten. Und doch beschleunigte ein für die ganze Musikwelt tragischer Unfall seine Karriere, hinterließ ihm jedoch auch eine Hypothek, ohne welche die sängerische Entwicklung vielleicht freier und unbelasteter verlaufen wäre: der Tod von Fritz Wunderlich im September 1966.

Der wundervolle deutsche Sänger aus der Pfalz, der über eine der schönsten lyrischen Tenorstimmen der jüngeren Zeit verfügte, war fünf Jahre älter als der Dresdner. Beider Leben hat manche Parallele: das musikalische Elternhaus, die ärmliche Kindheit, die frühe Heranführung an Instrumente. Vermutlich waren sich Wunderlich und Schreier im Wesen sogar ähnlicher, als man bisher annahm: zwei Familienmenschen ohne skandalöses Privatleben, die gerne feierten, aßen, lebten, sich unheimlich für Sport interessierten, die so unkompliziert und kollegial sein konnten, deren Gesang Natürlichkeit ausstrahlte.

Womöglich wären sie gute Freunde geworden – keiner weiß es. Denn nur einmal sind sie sich im Wiener Musikvereinshaus begegnet. Das war Anfang April 1966. Wunderlich probte zu jener Zeit den Graf Almaviva an der Wiener Staatsoper, wo Günther Ren-

nert Rossinis „Barbier von Sevilla" neu inszenierte. Schreier arbeitete mit Karl Richter an der „Matthäus-Passion", in der er die Partie des Evangelisten übernommen hatte. Die ungekürzte Wiedergabe des gigantischen Sakralwerkes, das Richter auswendig vom Cembalo aus dirigierte, wurde am 4. und 5. April im Großen Musikvereinssaal zum grandiosen Musikerlebnis. Besonders Schreiers Wortdeutlichkeit hoben die Rezensenten hervor. Demgegenüber stand die „Barbier"-Premiere am 28. April, an der Wunderlich mitwirkte, unter keinem guten Stern. Sie wurde gleich zu Beginn durch donnernde „Pfui"-Rufe gestört, und auch der Star des Ensembles kam in der Kritik nicht gut weg.

Daran war beim Treffen der beiden Tenöre allerdings noch nicht zu denken. Das vermittelte Wunderlichs Freund, Hermann Prey, der in der „Matthäus-Passion" den Christus sang: „Nach der Probe brachte Prey den Wunderlich mit und sagte ihm: ,Jetzt musst du den Schreier mal kennenlernen!'" Beide verstanden sich auf Anhieb: „Er war ein toller Kumpel, ein so lockerer Kollege, der sich mir gegenüber völlig unbefangen benahm – da sprang sofort ein Funken über. Von Hermann Prey, von Freunden und Bekannten hörte ich später, dass er danach sehr oft von mir gesprochen und mich für die ,Entführung' in Salzburg sehr empfohlen, ja richtig protegiert hat. Er soll dort gesagt haben: ,Jetzt nehmt's doch mal den Schreier und lasst mich in Ruhe!' Das fand ich ganz uneigennützig, ja toll von ihm." Denn unter Tenören kann man zwar häufig alle Spielarten des Neides und der Missgunst erleben – aber so etwas ist ganz außergewöhnlich.

Die Fäden des Schicksals hatten Schreier, dank Wunderlichs Absage, auch in Bayreuth einen Empfangsteppich gewoben. Im Sommer 1965 fragte Wieland Wagner zunächst Fritz Wunderlich an, ob er bei den drei Tristan-Aufführungen im August 1966 die „ebenso schwere wie dankbare Aufgabe des Seemanns im

*Damals noch per Telegramm: Wieland Wagner lud Schreier zu den Bayreuther Festspielen 1966 ein, wo er den jungen Seemann in „Tristan und Isolde" gab.*

I. Akt übernehmen könnte, da ich … auch den See- mann mit einem echten Edelstein besetzen möchte." Der bereits weltberühmte Mozart-Interpret empfand diese kleine Partie hinterm Vorhang wohl als Zumu- tung, sagte höflich ab.

Am 29. Oktober telegrafierte Wieland Wagner dann an Peter Schreier, Deutsche Staatsoper Unter den Lin- den, Berlin Ost: „Lieber Herr Schreier. Ich würde mich freuen, wenn Sie jungen Seemann Tristan Bayreuth 1966 wahrscheinlich mit Schallplatte singen könnten. Proben 12.–16. Juli, Aufführungen 4. 16. 20. August. Gruß Wieland Wagner."

Peter Schreier nahm an und zudem entstand am Ran- de in Bayreuth unter Karl Böhm bei der „Deutschen Grammophon" eine geradezu epochale Einspielung von Richard Wagners „Tristan und Isolde", an der in den Hauptpartien auch Birgit Nilsson, Wolfgang

Windgassen, Christa Ludwig, Martti Talvela und Eber- hard Wächter mitwirkten.

Peter Schreier freute sich sehr, als er im Spätsommer 1966 die ehrenvolle Einladung erhielt, im kommenden Jahr bei den Salzburger Festspielen den Belmonte in Mozarts „Die Entführung aus dem Serail" zu singen. Da nahm einige Wochen später alles eine jähe Wen- dung. Am Morgen des 17. September hatte das Herz des großen Fritz Wunderlich aufgehört zu schlagen. Kurz vor seinem Debüt an der New Yorker Metropoli- tan Opera wurde ihm wahrscheinlich ein gelockerter Schnürsenkel zum Verhängnis – so beschreibt es zu- mindest sein Biograf Werner Pfister. Zur Rebhuhnjagd im bayerischen Oberderdingen in der Villa eines Freundes weilend, rief Wunderlich nach Mitternacht noch einmal seine Frau an. Dann wollte er die zwölf Stufen einer Holztreppe mit Kordel-Handlauf herunter

*Für die musikalische Welt repräsentierte Peter Schreier seit dem Ende der Sechzigerjahre wie kein anderer die Kunst des deutschen Tenorgesangs.*

Regie von Oscar Fritz Schuh, die Wolfgang Sawallisch musikalisch leitete. Der tragische Tod bot mir plötzlich viel größere Möglichkeiten. Denn es ist natürlich dankbarer, bei einer Neuinszenierung von Anfang an dabei zu sein, als nachträglich in eine bestehende Aufführung einzusteigen."

Wurde Schreier bereits zu Lebzeiten Wunderlichs mit diesem verglichen, hat man ihn in Kritiken und den Werbeofferten der Tonträgerindustrie nach dessen Ableben häufig seinen „Nachfolger" oder „Erben" genannt. „Er ist auf bestem Wege, das Wunderlich-Fach zu übernehmen", notierte 1972 die „Illustrierte Kronenzeitung". Und das „Salzburger Volksblatt" schrieb noch 1977: „Unter den Tenören der Gegenwart genießt Peter Schreier zumindest in deutschen Landen den Ruf der Einmaligkeit. Dieser Rang, in den Jahren seit Fritz Wunderlichs frühem Tod ihm zugewachsen, wird … in überwältigender Weise offenbar."

Fritz Kraus erkannte jedoch bereits 1971 in den „Salzburger Nachrichten": „Der junge deutsche Tenor aus der strengen Stilschule und Tradition des Dresdner Kreuzchores, der nach dem Tod von Fritz Wunderlich allenthalben das Erbe des deutschen Belkantisten anzutreten hatte, ist in den wenigen Jahren auf Opernbühne und Konzert zu unverwechselbarem Profil gereift. Vor allem als Liedsänger darf Schreier heute einen Platz ganz an der Spitze beanspruchen, dort, wo nur mehr Fragen des persönlichen Geschmacks über die Rangordnung befinden."

Tatsächlich scheinen diese Gegenüberstellungen wenig gerechtfertigt. Vor allem dort, wo man beim Vergleichen mit Ausnahmesängern vergaß, dass Schreier selbst eine Jahrhunderterscheinung ist. Zwar sah vielleicht mancher Intendant in ihm zuerst einen „Wunderlich-Ersatz". Ein zweiter Wunderlich konnte er jedoch schon deshalb nicht sein, weil sich sein Organ in Klang und Timbre von dessen Stimme unterschied. Schnell hat er durch Eigenständigkeit und Einmaligkeit überzeugt. Rein technisch war er Wunderlich sogar überlegen: „Es hat mich nie beirrt, an diesem berühmten und gefeierten Sänger gemessen zu werden. Im Gegenteil, es spornte mich an. Selbst wenn man mir mitteilte, dass enge Freunde und größte Fans von Wunderlich unter dem Publikum weilten, hat mir dies nie die Kehle zugeschnürt. Denn es entspricht nicht meinem Naturell, leicht unsicher zu werden."

zurück in sein Schlafzimmer. Dabei muss er auf dem aus dem Schuh hängenden, 29 cm langen Schnürsenkel ausgerutscht und kopfüber auf den Steinfußboden gefallen sein. Dort fand ihn der durch den dumpfen Knall erwachte Hausherr in einer großen Blutlache. Bei dem Schädelbasisbruch mit schwerer Hirnquetschung und Blutung im Hirngewebe konnte selbst die Schädelöffnung durch die besten Heidelberger Neurochirurgen dem Patienten nicht mehr helfen.

Der frühe Tod Fritz Wunderlichs veranlasste die Salzburger Festspielleitung, mit einem neuen Angebot an Schreier heranzutreten: „Ich übernahm die Premieren-Partie des Tamino in Mozarts ‚Die Zauberflöte' in der

# Salzburg-Debüt mit klemmendem Vorhang

1967 hatte es Schreier ins „Olympia der Musik" geschafft – zu den berühmten Salzburger Festspielen in der Geburtsstadt von Wolfgang Amadeus Mozart. Wer hier als Solist auftritt, gehört zur Elite der Auserwählten, wird von den globalen Medien, Intendanten und Konzertagenten beobachtet, darf auf lukrative Angebote hoffen. Rund 400 Kritiker und Bildberichterstatter, auch außereuropäische, waren versammelt. Plattenfirmen besaßen mittlerweile Studios in Salzburg. Dieses einzigartige Festival, an dessen Beginn die Premiere des „Jedermann" am 22. August 1920 stand, ist Männern wie dem großen Regisseur Max Reinhardt – der eigentlich Maximilian Goldmann hieß – oder Dirigentenlegende Arturo Toscanini zu verdanken.

Sie begannen, aus der verschlafenen Barockstadt mit Universität im Westen des „neuen" Österreichs das Zentrum des internationalen Kunstbetriebes zu machen. Ein österreichisches Weimar und Bayreuth zusammen schwebte sogar manchem Ideengeber vor. Wo einst nur in Prunksälen unter Kristalllüstern oder Kerzenlicht zum Hausgebrauch musiziert wurde, entstanden Konzert-Paläste. Alljährlich pilgern heute Liebhaber klassischer Töne aus aller Welt ins Musen-Mekka an der Salzach, das so malerisch zwischen Kapuzinerberg, Gaisberg und Mönchsberg eingebettet ist. Nicht nur, weil hier der Geist Mozarts allgegenwärtig scheint. Diesem Ort, über dem die mächtige Festung der Fürstbischöfe lauert, wohnt wie kaum einem anderen dieser besondere Zauber inne: Hier sind die Vorläufer der Tauern – dunkel im Regen und seidenweich in der Sonne. Der Sommer verbreitet südliches Flair mit leuchtenden Fassaden wie in Florenz, Kirchen wie in Rom. Zu dieser Zeit verwandelt sich Salzburg in eine Großstadt aller Sprachen. Menschenmassen zwängen sich durch mittelalterliche Gassen, füllen weite Plätze. Naturfreunde gelangen bis ins Hügelland mit seinen Wiesenseen und den berühmten Salzkammergutgewässern. Im Winter versinkt das Städtchen fast im Schnee. Seen der Umgebung werden zu vereisten Fjorden und das ganze Salzburger Land ein Skigebiet.

Als Schreier debütierte, waren die Festspiele längst mehr als eine Welt-Starparade der klassischen Stimmen, der Taktstock-Giganten und Spitzen-Orchester. Salzburg erschien vielen wie ein großes Welttheater, ein Kontakthof der Macht, ein selbstgefälliger Zirkus, in dem der Zeitgeist Hochkonjunktur feierte. Gehörten zur Kulisse der Stadt doch auch die Eliten der Wirtschaft und Politik, die Promis und Society Groupies. Zu echten Hoheiten und Skandalnudeln des Adels gesellten sich Bestsellerautorinnen, Reitstallbesitzer und Schönheitschirurgen. Jeder Festspielabend wurde zum Aufmarsch der Reichen und Schönen in ihren teilweise tollkühnen Roben. Die Gäste schlenderten im Smoking, langen Designerkleidern, gelackten Schuhen, mit millionenschwerem Schmuck und Uhren aller Nobelmarken behängt, schon Stunden vor Beginn einer Oper oder eines Liederabends zum Festspielbezirk neben Domplatz und Kollegienkirche. Bewundert wurde die Parade der schräg aufgestellten Rolls-Royce, Bentleys und Ferraris. Wer sich hier mit dem brandneuen Mercedes 250S in die Parklücke zwängte, kam sich schon fast wie in einem Goggomobil vor. Zum abendlichen Ritual gehörte auch das Defilee – die Hofstallgasse rauf und runter. Austern und

*Trotz Turban ein grandioses Debüt: Mit seiner Partie des Tamino in Mozarts „Zauberflöte" war Schreier im Festspielsommer 1967 der umjubelte Star in Salzburg.*

Champagner schlürfend, Kaviar- und Lachshäppchen verspeisend, hielt man Ausschau nach der Prominenz oder hoffte, für selbige gehalten zu werden.

Die Festspiele starteten 1967 am 25. Juli, 21 Uhr, mit dem Alt-Salzburger Fackeltanz auf dem Residenzplatz. Landeshauptmann und Bürgermeister hatten an die wenigen noch in der Altstadt lebenden Bewohner appelliert, möglichst viele Fenster mit brennenden Kerzen zu schmücken. Als weiteres Zeichen der Festlichkeit trugen Häuser und Geschäftszeilen in den kommenden Festspielwochen reichen Fahnenschmuck. Bereits am

*Die Hofstallgasse mit dem Großen Festspielhaus (rechts) – Zentrum des wohl exklusivsten Musikfestivals der Welt. Über der nächtlichen Kulisse thront die Festung Hohensalzburg.*

Vortag war der auf Schloss Kleßheim residierende Bundespräsident Franz Jonas, mit dem Arlbergexpress von Bregenz kommend, von Tausenden Zaungästen, allen Honoratioren, Militärmusikkapelle und Ehrenkompanie am Hauptbahnhof begrüßt worden. Ebenso viel Aufmerksamkeit erheischte Familie Karajan in der lokalen Presse. Denn der Maestro holte Gattin Eliette und beide Kinder im Flugzeug aus Nizza ab. Seine Maschine steuerte er selbst. Und die Salzburger staunten: Madame Eliette Karajan entstieg dem Privat-Jet im Minikleid mit Reißverschluss!

Wichtigste Premiere der Saison, die den Opern-Festspieltrubel einläutete, war Mozarts „Zauberflöte" in der Inszenierung von Oscar Fritz Schuh am Abend des 26. Juli. Mit Peter Schreier als Tamino, Helen Donath als Pamina, Hermann Prey als Papageno, Judith Blegen als Papagena, Franz Crass als Sarastro, Sylvia Geszty als Königin der Nacht. Ilena Cotrubas sang den Zweiten Knaben, Gerhard Unger den Monostatos, Wolfgang Sawallisch dirigierte.

Bevor sich der Hauptvorhang hob, notierten die Berichterstatter manches über die Zuschauer im 1960 eingeweihten Großen Festspielhaus, das mit 100 Metern Breite (2179 Sitzplätze) zu den größten der Welt zählt. Ein illustres Mosaik aus Vertretern der High Society, der „mittleren Zehntausend" und „gewöhnlichen Sterblichen" fanden sie versammelt. Manche kamen wohl direkt aus den Salons der Pariser Haute Couture: „Mini-Kleidchen in Metallisé ‚buhlten' mit den langen Abendroben in Spitze, Samt und Brokat. Auf der reizvollen Skala der Festspielkleider präsentierten sich türkisfarbene Samtroben, Spitzentoiletten in leuchtendem Goldton und Pastellfarben, eine Salzburger Festtracht in zartem Lila-Rosé, eine aprikotfarbene, exotisch anmutende Robe aus Seide und ein Abendkleid aus indischem Brokat in Lila und Gold. Die kostbarsten Nerz-, Hermelin- und Chinchillacapes umschmeichelten die zum Teil sehr tiefen Dekolletés der Damen."

Bewundernswert das Ehepaar Karajan, das im Rolls-Royce Model „Silvercloud" mit Schweizer Kennzeichen vorfuhr. Er trug „einen grünen Smoking, die Gattin hatte ein rosafarbenes Abendkleid mit Paillettenkragen und großem Rückendekolleté gewählt."

Unter all den Spitzenpolitikern, arabischen Scheichs, einem venezolanischen Multimillionär, der österreichischen Künstlerschaft, Festspielhaus-Erbauer Clemens Holzmeister oder dem Neffen des amerikanischen Hotelkönigs Conrad N. Hilton saß auch Renate Schreier: „Ich habe wahnsinnig mitgefiebert. So ging es mir immer, wenn er sang. Bei jedem Ton, von dem ich wusste, dass er schwierig war, kam mein Aufatmen, wenn es gut ging. Wirklich richtige Angst peinigte mich, dass etwas schiefläuft. Zumal es die erste Reise war, die ich mitmachen durfte – natürlich ohne die Kinder. Die Trennung fiel mir schwer und ich war auch in keiner besonders guten Verfassung. Denn während der Schwangerschaft hatte ich eine Fehlgeburt. Es wäre unser drittes Kind geworden. Salzburg hat mich aber wieder richtig gesund gemacht."

Schuhs „Zauberflöte" war bereits der zweite Versuch, das für eine Wiener Vorstadtbühne geschaffene Werk den gewaltigen Dimensionen des Großen Salzburger Festspielhauses anzupassen. Das Bühnenbild von Teo Otto wurde entgegen der oft üblichen Exotik von Metallfarben wie Eisen, Kupfer und Gold beherrscht. Im Kontrast dazu standen die farbigen, bunten Kostüme wie die in allen Schockfarben leuchtende Umhüllung der Pamina. Die märchenhafte Naivität des Stückes war mit unrealistischen Tieren wie den blauen Pferden von Franz Marc ins Moderne übersetzt. Wenigstens eine Schlange war vorhanden – und die noch von imposanter Größe.

Die Premiere begann dann mit dem Versagen der Technik, weil ein Zugseil klemmte. Peter Schreier: „Während der Introduktion sollte sich die Wand öffnen und ich musste sagen ‚Zu Hilfe, zu Hilfe, sonst bin ich verloren!'. Fast wäre ich wirklich verloren gewesen, denn es passierte etwas ganz Entsetzliches. Die riesengroße Kulisse bewegte sich nicht, hatte sich verklemmt. So bin ich um sie herumgerannt und habe mein ‚Zu Hilfe …' gerufen. Das war ein großer Lacher. Alles ging noch einmal von vorne los. Doch mit der Panne verschwand mein Lampenfieber und alles lief wie am Schnürchen."

Regionale und überregionale Blätter überschlugen sich mit positiven Kritiken: „Peter Schreier als Tamino macht seinem Namen glücklicherweise keine Ehre. Seine Stimme ist vielmehr reinster Wohllaut. Heldisches Timbre und lyrische Weichheit verbinden sich zu einer ruhig strömenden Kantilene und geben dem Gesang in gleicher Weise die Würde des Prinzen wie die Herzlich-

*32-jährig im Olympia der Musik angekommen, fachsimpelt Tamino mit Dirigent Wolfgang Sawallisch und Pamina Helen Donath.*

keit des Liebenden." Die „Wiener Zeitung" notierte: „Peter Schreier, der zum Teil überraschend emotionale Tamino des Abends, bewährt einmal mehr die Kultur seines mit lyrischem Schmelz begabten Tenors, die Qualitäten eines richtigen Mozart-Tenors." Das „Salzburger Volksblatt" war sicher, dass „Peter Schreier den Ruf, gegenwärtig einer der begehrtesten Tenöre zu sein, als Tamino überzeugend glaubhaft macht." Und regte an: „Man wird sich den aus Ostdeutschland stammenden Sänger für die Zukunft sichern müssen, eine Erkenntnis, die nicht nur von den großen deutschen Opernbühnen geteilt wird, sondern auch von Rom, Glyndebourne und namentlich von New York."

Schreier sang natürlich auch die 75. „Zauberflöten"-Vorstellung der Festspiel-Geschichte am 25. August 1967, an der Kronprinzessin Beatrix und Prinz Claus der Niederlande als streng geheime Gäste teilnahmen. So glanzvoll, erfolgreich und harmonisch sein Operndebüt in Salzburg verlief – mit dem Kostüm konnte sich Peter Schreier nie abfinden: „Der Ausstattungschef hatte mir eine ganz unvorteilhafte Garderobe verpasst. Ich wog damals zwei Zentner und sah in der wunderlichen Gewandung rundlich aus. Zu allem Überfluss ließ der Turban mein Gesicht wie einen Vollmond erscheinen."

Für Musikfans bot der Dresdner in diesem Salzburger Sommer noch einen anderen Leckerbissen: Bei der ersten Mozart-Matinee unter Bernhard Paumgartner am 30. Juli im Großen Saal des Mozarteums trug er zwei Konzertarien bravourös vor: das Rezitativ und die Arie „Misero! O sogno – Aura, che intorno" und die Arie „Per pietà, non ricercate".

*Seinen unvergleichlichen Tamino sang Peter Schreier in Salzburg ab 1981 auch in der Inszenierung von Jean-Pierre Ponnelle.*

# Bescheidener Gentleman in großer Villa

Im überschaubaren Salzburg traf man die Kollegen im Laufe der Jahre alle: Montserrat Caballé, Ilena Cotrubas, Ingeborg Hallstein, Christa Ludwig, Edith Mathis, Anneliese Rothenberger, Franz Crass, Dietrich Fischer-Dieskau, Nicolai Gedda, Luciano Pavarotti, Hermann Prey, Martti Talvela ... Natürlich begegneten sich die Großen der Branche bei den Proben, in den Gängen und Garderoben der Festspielhäuser. Doch auch beim Frühstück im „Österreichischen Hof", der seit einigen Jahren zum Wiener „Hotel Sacher" gehört, im „Trachtenhaus Lanz" gleich gegenüber, im „Café Tomaselli" oder zu Gesprächen mit dem Österreichischen Fernsehen z. B. im „Hexenturm" kam zusammen, wer sonst nur bei den CD-Empfehlungen im „Harenberg Opernführer" vereint ist.

Auch im „Goldenen Hirschen" saß man beieinander. Nette, unverbindliche Plaudereien über Gott und die Welt, bei denen das Gespräch zwangsläufig auf die Salzburger Nockerln genannte „Zumutung" aus Zucker, Fett, Ei und Luft kommt und trefflich darüber phi-

*Hochkarätiges Solistenensemble beim Oratorium „Golgotha" von Frank Martin 1986 (v.l.): Bassist Harry Peeters, Mezzosopranistin Christa Ludwig, Dirigent Lothar Zagrosek, Sopranistin Edda Moser und Bariton Dietrich Fischer-Dieskau.*

losophiert wird, warum die blau-silberne Mozartkugel vom „Café Fürst" echter als die rote von Reber sei. Schreiers Lieblingslokal war jedoch der „Hirschen" in Parsch. Auch Mirella Freni, Nikolai Ghiaurov oder Plácido Domingo kamen her, weil sich gleich nebenan das Studio der „Deutschen Grammophon" befand. Peter Schreier: „Im Hirschen gab es die köstliche Ketchup-Geschichte mit unserem Ralf. Auf dem Tisch stand eine große Flasche. Er schüttelte den Ketchup auf den Teller und leckte dann – wie wir es zu Hause machten – den Flaschenhals mit der Zunge ab. Das passte nicht ganz in die Gesellschaft."

Mit vielen Berühmtheiten verlebte Peter Schreier interessante Stunden, nur mit manchen schloss er Freundschaften und kam dabei zu der Erkenntnis: „Wir Sänger und Dirigenten sind alle Einzelkämpfer. In den meisten Fällen gibt es nur flüchtige Kontakte am Rande von Proben und Aufführungen. Dann verliert man sich schnell wieder aus den Augen." Neben Plácido Domingo, dem so vielseitigen Spanier, der in Salzburg selbst ein Star der Promi-Fußballmannschaft war, nahm Schreier allerdings auch ganz offiziell am 29. Mai 1980 im Teesaal der Wiener Staatsoper in der 1. Reihe Platz: als Österreichs Bundespräsident Rudolf Kirchschläger beiden Ausnahme-Tenören den Berufstitel „Kammersänger" verlieh.

Eine ihm sehr nahe gehende Episode spielte sich am Rande der „Matthäus-Passion" im Großen Festspielhaus ab. Als ihm Lilli Palmer, die Zuhörerin seiner Träume, aus der ersten Reihe zujubelte: „Für Lilli Palmer singen, ihre Zeilen lesen – was konnte es Schöneres geben!" Die von ihm so verehrte Schauspielerin sandte noch am gleichen Abend aus dem „Goldenen Hirsch" einige handschriftliche Zeilen: „Seien Sie sehr herzlich gegrüßt von einer Ihrer aufrichtigsten Bewunderinnen – und dies seit vielen Jahren! Ihre Lilli Palmer."

Die jährlichen Wochen in Salzburg waren jedoch vor allem harte Arbeit. „Ich habe", so Renate Schreier, „Salzburg nie als Urlaub empfunden. Peter war oft nervös. Er litt unter der enormen Anspannung, immer

*Schnappschuss nach der Spritztour mit Kollegen durchs Salzburger Land: Peter Schreier, Mirella Freni, Plácido Domingo und Nikolai Ghiaurow.*

Höchstleistungen bringen zu müssen, bei jedem Auftritt von den Medien begutachtet zu werden. Und überall lauerten die Fotografen. Die anderen sahen immer nur den Erfolg, wir auch die Schattenseiten. Als die Kinder später mitdurften, bekamen wir alle zu spüren, was ihm nicht passte. Das macht das Zusammenleben nicht einfach. Ich will mich nicht beklagen, doch diese Zeit war nie das, was man einen Familienurlaub nennen kann."

Sohn Torsten sieht das ganz anders, schwärmt vom Paradies Salzburg, unvergesslichen Begegnungen: „Nur zwei Erlebnisse aus meiner ersten Woche in der Festspielstadt. Ich war 15, hatte noch lange Haare und Seitenscheitel. In der Künstlergarderobe fragte Karl Böhm plötzlich auf mich deutend: ‚Ist das Ihre Tochter?' Ich war am Boden zerstört, weil mich Vater sofort zum Frisör schickte. Zwei, drei Tage später musste er für eine Stunde nach Leverkusen ins Plattenstudio – eine Carl-Orff-Aufnahme. Dafür ließ uns Karajan mit seiner Privatmaschine abholen. Nur wir beide mit zwei

Piloten allein in den herrlichen Sesseln des Learjets – das bestärkte meinen damaligen Berufswunsch, Pilot zu werden, enorm!"

Schreier wohnte in St. Gilgen, am Fuschlsee, in Parsch und dann fand er eine komfortable Bleibe fern der Luxus-Hotellerie des „Österreichischen Hofes" und an-

*Zwei herausragenden Sängern verlieh Österreich 1980 den Kammersängertitel: Plácido Domingo und Peter Schreier.*

derer Nobel-Herbergen: Schwarzenbergpromenade 34, nahe Kirche und Schloss von Salzburg-Aigen. Die Villa mit 25 000 Quadratmeter Park und zwölf mal sechs Meter großem Pool gehörte einem der wohlhabenden Männer der Stadt: Gynäkologe Dr. Axel Lundwall. Das mit alten Bauern- und Barockmöbeln ausgestattete Anwesen wurde Peter Schreier im Wohnungsbüro der Festspiele empfohlen: „Es war für die jeweils sechs bis acht Wochen herrlich, wenn auch nicht ganz billig. Lundwalls überließen uns ihre komplett eingerichtete Riesenvilla und zogen für diese Zeit auf ihren 20 Kilometer entfernten Landsitz in Fuschl am See. Man konnte sich Freunde einladen, von hier aus Wanderungen unternehmen, war nahezu ungestört. Nur die antiken Betten mit den großen Bettfedern und die glatt gerollte Bettwäsche sagten mir nicht zu. Meine Bettwäsche muss gebügelt sein."

Erst im Laufe der Zeit erfuhr er, welch berühmte Familie ihn beherbergte. Der Vater des Besitzers, der aus Schweden stammende Medizin-Professor Kurt Lundwall, zählte zu den engen Freunden von Romy Schneider und Herbert von Karajan. Nachdem seine Frau, Anna Peyrer von Heimstatt, 1969 gestorben war, vermählte er sich noch mit seiner langjährigen Freundin Lida Baarová. Diese in Prag geborene Tschechin gehörte einst zu den gefeierten UFA-Stars, hatte bis

1938 in Filmen wie „Barcarole", „Einer zuviel an Bord" oder „Die Fledermaus" den exotischen Vamp mit dem leichten Akzent verkörpert. In die Geschichte der NS-Filmindustrie ging sie auch durch ihre Liebesaffäre mit Joseph Goebbels ein. Deutschlands berüchtigter Reichspropagandaminister wollte sich ihretwegen sogar scheiden lassen. Erst als sich die Liaison herumsprach, soll sie durch ein Machtwort Adolf Hitlers ein jähes Ende gefunden haben.

Professor Lundwalls Schwiegertochter Marianne erinnert sich noch gerne an die Schreiers: „Mein Mann und ich haben ihn sehr verehrt. Wir vermieteten auch an andere Stars wie Dietrich Fischer-Dieskau. Doch am liebsten war uns immer der Schreier. Von Sängern sagt man, sie seien etwas überkandidelt. Das war er nie. Er hat sich wirklich so verhalten wie selten einer dieser Branche. Schreier war ein feiner, ein bescheidener Gentleman, durch und durch Künstler, der auch noch sehr selbstständig lebte. Er hat sich auch bestens ausgekannt, galt durch seine ständige Präsenz in Wien als halber Österreicher. Vielleicht lebte er zurückgezogener als andere, nahm wenig am gesellschaftlichen Leben teil. Das öffentliche Feiern lag wohl auch nicht so in seiner Natur. Wir haben nie darüber gesprochen, hatten aber die Vermutung, dass er seine Freiheit nicht riskieren wollte. Wer aus so einem Regime kam, musste sich den Vorschriften fügen, um seine persönliche Freiheit zu erhalten."

Natürlich wollte Peter Schreier Schwierigkeiten vermeiden, sich in der Heimat keine Wege verbauen, ja ohne Probleme nach Dresden zurückkehren dürfen. Der vielleicht kritischste Moment in Salzburg war je-

*Der Welt bester lyrischer Tenor und Mozart-Sänger der Sonderklasse als Belmonte in „Entführung aus dem Serail" mit Ilena Cotrubas (Konstanze) 1980 in Salzburg.*

*Seltener Augenblick von der Kamera festgehalten: die komplette Familie Schreier in Salzburg vereint.*

ner Tag im Sommer 1981, an dem sein ältester Sohn der DDR Lebewohl sagte. Torsten Schreier war mit Frau Karin und Tochter Maria in Salzburg, um den Vater als Belmonte in der Mozart-Premiere „Die Entführung aus dem Serail" am 28. Juli erleben zu können und zu entspannen. Die Mutter erhielt den entscheidenden Anruf des Sohnes im Haus der Lundwalls: „Mami, wir kommen nicht mehr nach Hause!" Renate Schreier: „Das war ein Schock. Mein Gott, dachte ich, jetzt ist der abgehauen. Eine verzwickte Situation an diesem Abend. Peter weilte bereits zum Abendessen mit einem besonderen Gast vom ZK der SED. Ich sollte nachkommen und überlegte, ob ich meinem Mann gleich oder erst später reinen Wein einschenken durfte. Doch ich konnte so etwas nicht für mich behalten."
Peter Schreier: „Ich war in diesem Moment schon ein bisschen sauer. Besorgte ich dem Bengel den Pass und er sagte mir kein Sterbenswörtchen von seinem Plan. Seine legale Ausreise hätte man sicher beschleunigen können. Es herrschten damals keine normalen

Bedingungen. Wie stand ich als Antragsteller da? Würden es jene, bei denen ich mich um seine Reise bemühte, als Vertrauensbruch ansehen? In einem Brief und bei späteren Aussprachen hat Torsten mir erklärt, dass er mir nichts verriet, um mich nicht in Schwierigkeiten zu bringen." Geradezu grotesk erschien Schreier einige Wochen später, was der SED-Chefideologe und oberste DDR-Kulturverantwortliche, Kurt Hager, ihm zur Flucht seines Sohnes sagte: „Er empfing mich mit den Worten: ,Seien Sie nicht traurig. Ich bin auch mit 17 Jahren zu Hause weg'. Das hat mich fast umgehauen. Ich lebte in einem verrückten Staat. Viele sperrte man ein, wenn sie nur die Flucht aus der Diktatur planten. Hager tat das als Bagatelle ab. Im Nachhinein habe ich erfahren, dass Torsten kein Einzelfall war, häufig Familienangehörige im Westen blieben. Es gab auch Schauspieler, die drüben oder in Westberlin lebten und hier arbeiteten. Ich staunte nur, was insgeheim möglich war, wie sie in Berlin wirklich dachten und welch Sand man den Menschen täglich in die Augen streute."

*Sechs Tenöre vor dem Gala-Empfang der Deutschen Grammophon in Salzburg 1986 (v.l.): Heinz Zednik, José Carreras, Francisco Araiza, Gösta Winbergh und Eberhard Büchner.*

# Davids blutende Nase verändert das Leben

Mitte der 1970er-Jahre gehörte Schreier fast schon zum „Inventar" der Salzburger Festspiele. Er hatte drei Sommer lang als faszinierender Tamino auf der Bühne gestanden und 1971 unter Leopold Hager die Titelrolle des asiatischen Despoten Mitridate in Mozarts gleichnamigem Frühwerk in der Felsenreitschule vor jeweils 1549 Zuschauern gesungen. In Wolfgang Webers Inszenierung trat er neben bekannten Sängerinnen wie Edda Moser, Arleen Augér, Pilar Lorengar in Kostüm, Maske und Gebärde fast wie ein Dschingis Khan auf die Szene. Obwohl einige Kritiker seinen Gesang als „geradezu wild dramatisch" empfanden, verlangte die Partie eigentlich eine schwerere, heldischere Stimme. Überschwänglich gelobt hat man demgegenüber, wie der Mozart-Tenor mit nobler gestalterischer Attitüde, mit Zartheit und Ausdruckskraft 1973 die Kastratenpartie des Königssohnes Idamantes in Mozarts „Idomeneo" gab: „Stimmkultur (sein Legato) und Kunstverstand (seine Phrasierung) im Verein mit hochsensibler Musikalität", schwärmte die „Süddeutsche Zeitung", „machen Schreier zu einem idealen Mozartsänger, dem zuzuhören ein ungetrübter Genuss ist." Seine Partnerinnen als Ilia im großen Weltklasse-Ensemble waren Helen Donath und Edith Mathis. Karl Böhm leitete die Wiener Philhar-

moniker. Nur Regisseur Gustav Rudolf Sellner erntete Häme. Die Inszenierung, so scherzte man, erinnere mehr an einen Arienabend mit Choreinlagen, bei dem Sänger wie erschöpfte Kurgäste über die Bühne schleichen.

Im gleichen Jahr sang er die Uraufführung von Carl Orffs „De Temporum fine comoedia" mit Herbert von Karajan als Dirigent und August Everding als Regisseur.

Als absoluten Höhepunkt seiner Salzburg-Zeit bezeichnet Peter Schreier bis heute Böhms „Cosi fan tutte", die am 27. Juli 1972 Premiere feierte und in der er sechs Spielzeiten lang den Ferrando sang. Der 77-jährige Taktstockzauberer Karl Böhm hatte sich in jener Saison mit Salzburgs 64-jährigem Superstar Karajan ein Giganten-Duell geliefert und ohne jeden Zweifel den Sieg davongetragen. Während Karajan mit Jean-Pierre Ponnelle als Regisseur und Bühnenbildner im Schlepptau für seine „Figaro"-Premiere das Große Festspielhaus bevorzugte und hier gegen die riesige Bühne und krankheitsbedingte Umbesetzungen ankämpfen musste, hatten Böhm und der kongeniale Günther Rennert das Kleine Haus mit seiner intimeren Bühne sowie 1324 Sitzplätzen gewählt und die Kontrahenten auf dem Festspiel-Schachbrett mattgesetzt.

Sicher war diese Sternstunde des Musiktheaters vor allem auch auf das wahrhaft olympische Starsänger-Ensemble zurückzuführen, das Böhm zur Verfügung stand: neben Schreier Gundula Janowitz als Fiordiligi, Brigitte Fassbaender als Dorabella, Reri Grist als Despina, Hermann Prey als Guglielmo und Dietrich Fischer-Dieskau als Don Alfonso. In den farbenfreudigen Bühnenbildern wie aus Rokoko-Porzellan von Ita Maximowna entwickelte sich ein einmalig schönes, drei Stunden fast schwerelos gleitendes, musikalisches Verwirrspiel, das Theatergeschichte schrieb und das Augenzeugen für unwiederholbar halten.

Peter Schreier hat diese „Cosi" auch hinsichtlich des Ensemblegeistes für eine der beglückendsten insze-

*Dirigenten-Legende Karl Böhm und sein Lieblings-Tenor.*

natorischen Arbeiten gehalten: „Hier trafen wirklich alle günstigen Voraussetzungen zusammen, die Opernarbeit zu einem Vergnügen machten. Die Arbeit mit Dirigent und Regisseur war so ersprießlich, dass wir sechs Sänger vier Wochen lang nur bester Laune waren, vor Ideen sprühten und uns gleichsam die Bälle zuwarfen."

Schon seit 1954 veranstaltete die Internationale Stiftung Mozarteum die „Mozartwoche", und Karajan hatte neben den eigentlichen Festspielen im Sommer 1967 noch die „Osterfestspiele" eingeführt – bei beiden wurde Schreier natürlich auch bald unverzichtbar. Zum neunten Mal öffnete sich 1975 der Vorhang der „Osterfestspiele", und Erstaunen erweckte bei all den Glücklichen, die Karten ergattern konnten, die Tatsache, dass die „Meistersinger" geteilt aufgeführt wurden. Mittags waren der erste und der zweite Akt angesetzt, 18.30 Uhr ging es mit dem dritten Akt weiter. Für die Damen war die Garderobe das Hauptproblem – brauchte man doch vormittags und abends an-

dere Kleider. Die Herren fürchteten wegen der österreichischen Mehlspeisen und anderer lokaler Köstlichkeiten, die man am besten mit Wein herunterspült, den letzten Akt mit einem Schwips zu verschlafen.

Doch das Ergebnis erwies sich als wirkungsvoll, festlich, betörend, rührend und der dritte Akt so frisch, wie man ihn noch nie gehört hatte. Mit Gundula Janowitz, René Kollo, Karl Ridderbusch und Peter Schreier stand ein Quartett goldener Kehlen zur Verfügung und später schrieb „Oper und Konzert": „Peter Schreier als David zeigte sich wahrhaftig als Musterlehrling seines Meisters, was Gesang, Ausdruck und Spiel betraf. Und er hatte es sich ehrlich verdient, in der Schusterstube zum Gesellen geschlagen und gleichzeitig mit der attraktiven Magdalena (Kerstin Meyer) belohnt zu werden."

Was keiner bei der Premiere am 23. März im Publikum ahnte: Er war zu diesem Zeitpunkt schwer krank! Nicht etwa sein Diabetes spielte dem fast 40-Jährigen hier einen Streich – der Kreislauf des Hochleis-

*Das komplette „Cosi"-Ensemble mit Reri Grist als Despina im Kleinen Festspielhaus: Karl Böhm dirigierte, Günther Rennert führte Regie.*

*Rechte Seite: Als David in Richard Wagners „Die Meistersinger von Nürnberg", die 1974 bei den Osterfestspielen unter Herbert von Karajan Premiere feierten.*

drucks eingesetzten Beta-Blocker trockneten die Bronchien aus. Das Singen fiel immer schwerer, weil sich der Schleim nicht abhusten ließ. Einen nicht so robusten Charakter hätte dieser Zustand in tiefe Depressionen stürzen können. Nicht so Schreier: „Ich nahm danach stark ab, konnte auf blutdrucksenkende Mittel verzichten und alles pegelte sich wieder ein. Unzählige Diäten habe ich im Laufe der Jahre durchprobiert, keine war von dauerhafter Wirkung. An meinen Kostümen vom ‚Barbier' lässt sich z. B. genau ablesen, wie die Waage hoch- und runterging. Für Partien habe ich nie gehungert. Heute wäre das ein Grund, für ein Stück nicht engagiert zu werden. Doch wenn man einmal prominent ist, spielt die Figur keine Rolle mehr. Mein Diabetologe Matthias Weck, der mich jetzt alle zwei Jahre durchcheckt, sagte, dass ich auf Gleichmaß achten soll. Der Körper hat sich bei mir so auf 98 Kilo eingestellt und das sei gut so. Darin bestärkten mich auch meine ärztlichen Freunde Dieter Kupsch und Heinz Langer, denen ich mich anvertraue, wenn ich was Akutes habe."

Ein Asket ist Schreier, der auch gute Weine liebt, auf keinen Fall. Seit Jahren benutzt er gegen das Schlafapnoe-Syndrom, das mit Schnarchen, gefährlichen Atemaussetzern und Tagesmüdigkeit verbunden ist, nachts ein Spezialgerät. Dieses bläst Luft durch die Nase, erzeugt in den Atemwegen einen leichten Überdruck und verhindert so auch das Schnarchen. Selbst auf Reisen geht der Schnarch-Stopper mit, der auf dem Flughafen Tel Aviv sogar einmal in den Verdacht geriet, eine Bombe zu sein.

Immer wieder rollten die Mozartkugeln im Strudel des Massentourismus, schlugen die Jedermann-Rufe gespenstisch akustische Purzelbäume in den Schnörkeln des Salzburger Barock. Aus Dresden gesellte sich Theo Adam hinzu, ab 1983 spielte Mime Rolf Hoppe aus der sächsischen Heimat den Mammon im „Jedermann". Schreier war jedes Jahr dabei! Man erlebte ihn u. a. je zwei Jahre als Don Ottavio im „Don Giovanni" des Erfolgs-Duos Karl Böhm und Jean-Pierre Ponnelle und als Belmonte in der „Entführung aus dem Serail", die Lorin Maazel dirigierte und Filippo Sanjust inszenierte. Ab 1981 war man heilfroh, in der „Zauberflöten"-Inszenierung von Ponnelle, die James Levine dirigierte, ihn für weitere vier Jahre als Tamino hören zu dürfen: „Peter Schreiers Tamino ist ein abso-

tungssportlers der Musik war völlig durcheinandergeraten!

Seit dem 33. Lebensjahr ist er Diabetiker: „Ein Jahr vorher galten noch alle Werte als normal. Plötzlich bekam ich Durst – der Vorbote der Erkrankung, und dann wurde Diabetes Typ II, also Altersdiabetes diagnostiziert. Im Prinzip hatte ich Glück, denn dieser Typ ist berechenbar. Auch hatte ich immer gute Ärzte wie die Dresdner Professoren Hans Haller und Jan Schulze. Erst versuchte man es mit Diät, was nichts brachte, dann mit Tabletten, und seit dem 50. Lebensjahr spritze ich mir Insulin. Ob im Flieger, im Hotelzimmer oder Restaurant – ich kann die Dosis selbst einstellen und injiziere sie mir gleich in den Bauch. Manche Kellnerin oder Stewardess habe ich so schon erschreckt."

Bei der „Meistersinger"-Generalprobe unter Karajan war es ganz anders: „Auf einmal", erinnert sich Schreier, „bekam ich heftiges Nasenbluten, das nicht mehr aufhören wollte. Im Landeskrankenhaus Salzburg stellten sie dann erschrocken fest, dass mein Blutdruck über 200 lag. Sie setzten mir blutstillende Gaze ein, spritzten den Blutdruck weg, und am nächsten Tag habe ich die Premiere gesungen."

Das Problem war längst nicht gelöst. Nach den Salzburg-Verpflichtungen begab sich Schreier sofort in die Dresdner Uni-Klinik, sagte Auftritte ab. So auch den am 5. April angesetzten Liederabend im Brucknerhaus zu Linz. Aber die zur Stabilisierung des Blut-

luter Gewinn, da sein Vorgänger in dieser Partie, Eric Tappy, doch nicht halten konnte, was er versprach", jubelte die Presse.

Ende August 1981 wird Schreier zu einem für ihn besonders bewegenden Konzert im Salzburger Dom gerufen: zur Totenmesse für Karl Böhm, den Doyen unter den großen Dirigenten der Welt. Noch wenige Wochen zuvor hatte der sehr geschwächte und unter Durchblutungsstörungen des Gehirns leidende Greis seine Verpflichtungen bei den Festspielen absagen müssen und mit Vertrauten gescherzt, wie er sich auf seinen 90. Geburtstag freuen würde. Denn für diesen versprach ihm Karajan eine goldene Kuckucksuhr, und der Goldpreis war gerade im Steigen begriffen. Nun riss der Tod Österreichs einzigem Generalmusikdirektor bereits kurz vor dem 87. Geburtstag den Taktstock aus der Hand. Ein letztes Mal sollten seine vier Lieblingssänger für ihn vor 7000 Trauergästen das Mozart-Requiem singen: Lucia Popp, Christa Ludwig, Peter Schreier und Walter Berry. Die Messe mit den Wiener Philharmonikern und dem Staatsopernchor, die der Direktor der Metropolitan Opera New York, James Levine, dirigierte – Schreier kam sie in diesem Moment wie der Schlussstein einer ganzen Epoche der Musik vor. War ihm Böhm durch die langjährige Zusammenarbeit auf Opernbühnen in Wien, München, Mailand und den Plattenstudios doch längst ein „musikalischer Vater" geworden. In fast allen Mozart-Opern, in Strauss' „Capriccio" und Wagners „Meistersingern" hatten sie zusammengearbeitet.

Böhm drückte seit 1938 mehr als 300 Festspielvorstellungen seinen Stempel auf. Der Sachse Schreier wird wohl als aktivster Salzburg-Tenor aller Zeiten in die Geschichte eingehen. Denn bis heute hat hier keiner so viele Vorstellungen wie er gesungen, wurde niemand ununterbrochen 25 Jahre lang – von 1967 bis 1991 – immer wieder zu Opern, Liederabenden und Dirigaten eingeladen. Nicht zu vergessen die zahlreichen Benefizkonzerte, deren Gage er hilfsbedürftigen Menschen spendete. Bis 1998 hielt er der Stadt die Treue, verzauberte gelegentlich noch mit seiner Stimme, stand am Pult des Dirigenten. Eine liebe Erinnerung an die Jahrzehnte an der Salzach ist die Silberne Mozart-Medaille, welche ihm und Edith Mathis die Internationale Stiftung Mozarteum schon 1976 überreichte.

# Begegnungen mit Herbert von Karajan

Millionen glaubten ihn zu kennen: aus Klatschspalten, von Plattencovern oder aus der Sicht des Zuschauers, des Konzertbesuchers: Den 1,65 Meter kleinen Künstler mit dem vielleicht größten Ego der Welt, den Monopolisten der Musikszene, der Millionen verdiente und mit Konzertfilmen gigantische Verluste machte, den Mann, der sich neben Villen, Rolls-Royce, neuesten Düsen-Jets auch eine 20-Meter-Yacht mit Mannschaft im Mittelmeer leistete, den fast von einem Wahn nach totaler Kontrolle Besessenen, dessen Privatsekretär Post per Pendel nach guten und bösen Nachrichten trennte. Doch Peter Schreier erlebte Herbert von Karajan hinter den Kulissen, als Mensch mit Schlabberhose und Pullover.

„Schau mal, sein Hosentür'l ist auf", hört Schreier noch heute Christa Ludwig, die Mezzosopranistin, bei einer Probe mit Karajan sagen: „Der rief dann zur Ablenkung schnell seinen Adlatus, drehte sich weg und behob das Malheur." So menschlich begann die Zusammenarbeit des Tenors mit dem Dirigenten. Ohne Schaden überstand Karajan ein anderes Mal sogar die Hosen-Reparatur während der Probe. Seine ungestümen Bewegungen ließen das Beinkleid hinten entzweigehen. Der herbeigerufene Schneider flickte derart geschickt am weiterdirigierenden Maestro, dass alle vergeblich auf einen „Fehlstich" warteten.

Mit Karajan und Schreier begegneten sich zwei Profis – und mit solchen hielt es der hochsensible und

*Film-Regisseur und Tenor. Peter Schreier verdankt Herbert von Karajan seine Entdeckung als unvergleichlicher Loge und den wohl größten Opern-Bühnenerfolg.*

komplizierte Salzburger bekanntlich ja nur aus. Die Sympathie des Dresdners gewann er bei der denkwürdigen Aufführung der bedeutendsten aller Passionsvertonungen, der „Matthäus-Passion" von Johann Sebastian Bach. Karajan brachte sie am 28. März 1972 im Rahmen seines elitären Oster-Festivals ungekürzt zur Premiere – je einen Teil am Vormittag und am Nachmittag. Neben Peter Schreier sangen Gundula Janowitz, Dietrich Fischer-Dieskau, Werner Krenn, Anton Diakov, Christa Ludwig und ihr geschiedener Mann Walter Berry. Als Erzähler der Leidensgeschichte, als teilnahmsvoller, plastisch deklamierender Evangelist trug Peter Schreier mit hellem Tenor und in der bis heute unübertroffenen Klarheit der Diktion die vokale Hauptlast: „Dabei ließ er mich den Evangelisten-Part machen, wie ich es wollte. Er war überhaupt einer der wenigen Dirigenten, die es verstanden, auf den Sänger zu hören und ihn zu begleiten."

Karajan schuf für Schreier sogar eine neue Bühnen-Topografie: Zwischen den doppelchörig aufgestellten Berliner Philharmonikern blieb eine Gasse ausgespart, vor der auf dem Podest Karajan wie immer auswendig dirigierte. Zwischen Podest und Publikum hatte er Schreier und die Continuo-Instrumente (Orgel, Violoncello und Kontrabass) platziert, seinen Evangelisten damit vor allen anderen nobilitiert. Eingerahmt wurde diese Kulisse links und rechts vor dem Bühnenportal durch die Tölzer Knaben in ihren schmucken Anzügen.

Es war nach dieser „Matthäus-Passion" und geradezu bezeichnend für Karajan, der Verhandlungen häufig wie beiläufig führte und dabei auf das entwaffnende Moment der Überraschung vertraute, als er dem Evangelisten ein faszinierendes Angebot unterbreitete: „Er erkundete mein Interesse, nächstes Ostern den Loge im ‚Rheingold' zu singen. Mich hat das sehr überrascht, da ich ja nicht als typischer Wagner-Sänger galt, auch selbst meine Stimme als zu schwach für so eine Aufgabe hielt. Karajan war überzeugt, dass ich es schaffe."

Schreier durfte sich geschmeichelt fühlen, sein Ehrgeiz war enorm angestachelt, und er kniete sich in die Partie rein. Der Zufall kam ihm zu Hilfe. An der Deutschen Staatsoper Berlin bahnte sich unter Wolfgang Rennert gerade eine Wiederaufnahme des „Rings" an, und mit Intendant Hans Pischner konnte er vereinbaren, die Premiere am 19. Januar zu singen. Das hatte zwei Vorteile: Ostberlins brillantes Team bereitete

Schreier bestmöglich auf den Loge vor, und man brachte bei dem so gestiegenen Marktwert auch vorsichtig die Gagen-Frage ins Spiel. Zuletzt hatte Pischner am 4. Januar 1972 erhöht: monatlich 500 Mark mehr bei nunmehr 35 statt 40 Abenden pro Jahr.

Den treuesten Korrepetitor hatte Peter Schreier in seinem mittlerweile 66-jährigen Vater. Der alte Erzgebirgler, welcher Taxifahrten für „schamlose Geldverschwendung" hielt, kilometerweit lief, um die 10 Pfennige für die Dresdner Straßenbahn zu sparen und für fünf Ostmark pro Beerdigung im Krematorium Tolkewitz Geige spielte, war zwar auf dem Gebiet der Oper vollkommener Laie: „Aber für mein ‚Rheingold'", so Sohn Peter stolz, „hat er den ganzen Tag geübt."

Berlins neuer Loge wurde, hieß es im Staats-Rundfunk „Stimme der DDR", ein beachtlicher Erfolg, erlaubte eine ganz neue Sicht auf diese Figur: „Erstmalig erleben wir Peter Schreier in dieser Partie. Sein Loge ist von jugendsprühender Aktivität und einer Klugheit, die aus Umsicht und Schlagfertigkeit resultiert. Beinahe wie ein Schalk mit flammenartiger Narrenkappe wirkt Schreier, er dämonisiert seinen Loge nie zu einem Mephistopheles … Er will sich jedoch keineswegs … in den Götterkreis hineindienen. Vielmehr wächst seine Distanz zu ihnen, weil er sie durchschaut, ihren Untergang voraussieht."

*Von der Opernbühne zum Film: Als Loge in Karajans „Rheingold"-Inszenierung war Schreier die vokale Sensation der Salzburger Osterfestspiele 1973.*

*Im Münchner Filmstudio gibt Regisseur Herbert von Karajan seinem Loge mit aufwendig angelegter Vollglatze letzte Hinweise.*

wie ein Pianist am Klavier. Manchmal war er fast väterlich, ergriff meine Hand, sagte: ‚Wollen wir nicht mal dies und das probieren?' Er nahm auch den bei Wagner so gewaltigen Orchesterapparat zurück und ich musste nicht einmal zu ihm schauen." Das war beim Auftritt des Loge, für den Lichtzauberer Karajan eine düster-dunkle Stimmung bevorzugte, auch gar nicht möglich. Aber Schreier erfuhr von der Bühnen-Finsternis erst im letzten Moment. Denn zur Schonung der Solisten – zu ihnen gehörten auch Brigitte Fassbaender als Fricka, Zoltán Kelemen als Alberich, Gerhard Stolze als Mime, Karl Ridderbusch als Fasolt, Louis Hendrikx als Fafner, Leif Roar als Donner und Thomas Stewart als Wotan – besetzte Karajan alle Lichtproben mit Komparsen. Als der kurzsichtige Schreier nun bei der Hauptprobe ohne Brille auf die Bühne trat und zudem noch von einem Scheinwerfer geblendet wurde, war er schon geneigt, sich Haftschalen verpassen zu lassen: „Doch das war bei Karajan ganz unnötig. Wie durch unsichtbare Schwingungen synchronisiert, ging er sofort auf meinen Gesang ein, sodass mit dem Orchester jede Phase übereinstimmte, ich mich souverän fühlte."

In der Premiere kostete er die Worte aus, verstand ihn das Publikum mit jeder Silbe. Farben, Kostüme, Musik – alles harmonierte. Es wurde sein größter Opern-Bühnenerfolg. So ein entfesselter Beifallssturm mit Bravorufen und nicht enden wollenden Ovationen, wie er Schreier bei seinem Einzelvorhang umtoste, hatte er noch nie erlebt. Das Große Festspielhaus stand an diesem Abend Kopf: „Ich war gerührt und schockiert zugleich, ja völlig von den Socken. Viele Jahre hatte ich mich mit Mozart abgestrampelt und plötzlich, bei diesem Loge, der mir zweifellos stimmlich sehr lag, konnte ich beim Publikum solche Emotionen auslösen!" Als er diese Partie später unter anderen Dirigenten und bei nicht so spärlicher Beleuchtung sang, wurde ihm klar, wie sehr dem Loge der Karajan fehlte …

Zum Menschen Karajan, den Blitzlichtgewitter fremder Reporter störte, gehörte, dass er ohne seinen bayerischen Leibfotografen Siegfried Lauterwasser manche Probe nicht beginnen wollte. Wie kein Zweiter setzte dieser mit viel Technik gezielt Licht und Schatten ein, schuf auch von Schreier einzigartige Porträts. In Salzburg, wo der Handel mit den Postkarten aktuel-

Die einige Wochen später folgenden „Rheingold"-Proben mit Karajan, der auch Regie führte, zählen zu den Sternstunden des Dresdner Tenors, weil der Maestro ihm mit dem Orchester gleichsam einen Klangteppich ausrollte, auf dem Schreier mit traumwandlerischer Sicherheit durch die Aufführung schritt: „Er begleitete mich mit einer Behutsamkeit

tauchte. Karajan trieb die Idee um, durch verfilmte Opern ewig präsente Kunstwerke zu schaffen. Dafür gründete er mit dem Medienmogul Leo Kirch eine Firma, die in Münchner Studios auch einen „Rheingold"-Film drehte. Dieser war 1978 fertig und lief bis 1983 in den Kinos. Ostern 1973 leistete dafür die Vorarbeit. Für Schreier war die Filmerei das Eintauchen in eine andere Welt: die generalstabsmäßige Planung, der gewaltige Apparat von Technik und Menschen, das Kabelgewirr, die Konzentration auf ganz kurze Szenen. Und dann die grandiosen Effekte der Nibelungenszenerie: „Zwei Dutzend Liliputaner schleppten den Nibelungenhort herauf, hämmerten Gold. Karajan liebte diese Arbeit beim Film, war immer ganz dicht dran am Set. Ich trug das rote Lederkostüm der Salzburger Aufführung. Statt der feuerroten Haare bekam ich allerdings eine Glatze verpasst, deren Montage allein jeweils drei Stunden dauerte. Denn alle Übergänge wurden ganz sauber mit Aceton verstrichen. Das war die mit Abstand beste Perücke, die ich jemals trug."

*Szene aus dem „Rheingold"-Film mit den Riesen Fasold (Gerd Nienstedt, gesungen von Karl Ridderbusch) und Fafner (Louis Hendrikx).*

ler Künstler blühte, hielt zudem das Atelier „Photo Ellinger" Momente im Leben des Tenors fest: „Die Chefin stand noch im 88. Lebensjahr hinter dem Tresen ihres Geschäfts und verkaufte wirklich nur Bilder, die ich autorisiert hatte." Kontakt unterhielt er auch zu Oskar Anrather. Der gelernte Schneidermeister hatte sich autodidaktisch zu einem der profiliertesten Bühnen- und Reportagefotografen Österreichs entwickelt, trug als erster Amateur der Welt die Auszeichnung „Meister der Leica", und seine Tochter Sylvia gehörte zu Schreiers größten Fans. Treffliche Aufnahmen verdankt der Dresdner noch mehreren Künstlern ihrer Zunft, die sein Wirken begleiteten, dokumentierten. So Tanja Niemann aus Meilen bei Zürich, Hans Pölkow aus Berlin, Mathias Adam oder Hans-Joachim Mierschel aus Dresden. Letzterer hat vor allem unzählige Plattenhüllen prächtig bebildert.
Doch zurück zum Gesang. Damit sich der österliche Salzburg-„Ausflug" lohnte, gab Schreier nach „Rheingold" wie 1972 gleich noch den Seemann in „Tristan und Isolde".
Für Eingeweihte war es kein Wunder, dass „Rheingold" bei den Osterfestspielen auf dem Spielplan auf-

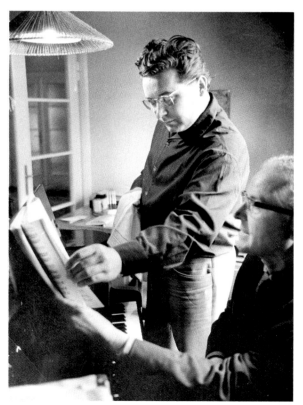

*Vater Max Schreier studierte mit dem Sohn auch die Partie des Loge ein.*

93

Recht ausführlich hat sich Karajan bei Recherchen zu einem der vielen Porträt-Filme über Schreier geäußert, von dem noch die Original-Manuskripte vorliegen („Peter Schreier – Wege und Stationen eines Weltstars"): „Ich schätze an Schreier vor allem seine ungeheure Universalität als Künstler, speziell als Musiker ... dass er natürlich als ganz junger Mensch sich hauptsächlich auf Mozart konzentriert hat, hat man vielleicht am Anfang als eine Beschränkung empfunden. Ich finde, dass alles, was er heute macht, natürlich diktiert ist durch die Kultur, die bei ihm ja im Gesang etwas einzigartig Dastehendes ist, und die er nun, weil sie ihm so zur Natur geworden ist, nun auch auf andere Rollen übertragen kann ... wir kennen uns so gut, dass kaum etwas zu sagen ist, ich gebe ihm eine Andeutung und weiß, dass er's macht ..."

Wo Licht ist, scheint der Schatten nicht fern zu sein. Schreier erlebte auch die Oberflächlichkeit des Maestros: „Karajan ließ manchmal Dinge durchgehen, die ich nicht für möglich hielt. Bei Mozarts c-Moll-Messe lagen wir Takte auseinander. Ich sagte mir: Entweder hat er seinen großzügigen Tag oder ich kenne den Mozart vielleicht doch besser als er." Und er machte Bekanntschaft mit Karajans verletzter Eitelkeit und Unberechenbarkeit. Es war bei irgendeiner Probe, Karajan weniger auffrisiert als auf den Hochglanzfotos, aber das Kinn markant wie immer. Schreier hielt nicht wie üblich den Klavierauszug für Sänger, sondern eine Eulenburg-Studienpartitur in der Hand. Aufmerksam verfolgte er Karajans durch arthritische Knöchel leicht verbildete Hände mit den ungewöhnlich muskulösen Handgelenken, beobachtete, wie dieser mit geschlossenen Augen dirigierte: von der Taille weg, mit abgespreiztem Ellbogen, sodass sich die Zuhörer auf weiche, klappende Bewegungen konzentrierten: „Zuerst war seine Gesichtsfarbe rosa, dann gelb und schließlich fahlweiß. Plötzlich kam er auf mich zu, klatschte mir die Partitur aus der Hand. Ich war perplex. Der eitle Mann konnte es nicht erdulden, dass ein anderer die Bibel des Dirigenten besaß, ihn womöglich kontrollierte, wenn er den Taktstock hielt!"

*Manchmal fühlte sich Maestro Herbert von Karajan arg beobachtet ...*

# Ich dirigiere am liebsten, was ich selbst singe

Lang ist die Liste der Dirigenten, unter denen Peter Schreier seine Stimme erhob. Fast mit der ganzen ersten Garde der zweiten Hälfte des 20. Jahrhunderts arbeitete er zusammen. Dabei machte der einstige 1. Chorpräfekt des Kreuzchores und Dirigier-Student seine ganz privaten Studien, mitunter hat er auch gelitten. Beispielsweise unter Sergiu Celibidaches meditativer Sicht auf Bach, nach der er artikulationsfrei, wie leblos, singen sollte. Oder bei den „Händel-Festspielen" in Halle, wo ein Chorleiter bei sommerlicher Schwüle den Dirigierstab gar so langweilig bewegte, dass Schreier als „Messias" einschlief, nur durch beherzten Schubs von Theo Adam den Einsatz nicht verpasste.

Ende Januar 1970 stand er erstmals selbst in Berlin als Orchesterdirigent am Pult: „Meine Dirigententätigkeit fing etwas kurios an, hat ihre Wurzeln an der Dresdner Musikhochschule. In Fächern wie Musikgeschichte saßen wir ja alle zusammen: die Sänger und Pianisten, die wirklichen Kapellmeister und künftigen Orchestermusiker. Einige von ihnen waren bei der Berliner Staatskapelle gelandet, einer sogar im Orchestervorstand. Dieser erinnerte sich, dass ich neben dem Gesangsstudium Dirigieren belegte, und fragte mich eines Tages, ob ich es nicht mal mit ihnen versuchen wollte."

Sollte er es wirklich wagen? Einigen sehr prominenten Musikern, die während ihrer eigentlichen Karriere den Taktstock nur in den Händen anderer sahen, war der Weg ans Dirigentenpult auch gelungen: den Geigern Yehudi Menuhin und Igor Dawidowitsch Oistrach, den Cellisten Enrico Mainardi und Mstislaw Leopoldowitsch Rostropowitsch. Sie alle sind als Dirigenten nicht gestrandet, aber im Grunde genommen damit im Schatten ihrer ureigensten Kunst geblieben. Unter den Sängern ließ Dietrich Fischer-Dieskau den Seitensprung aufs Podest 1976 wieder sein, fing aber 1993 erneut an. Dann gab es die Schar der Außenseiter wie Rudolf Chametowitsch Nurejew. Der vielleicht beste männliche Ballett-Tänzer des letzten Jahrhun-

derts verspürte ebenso den Drang zum Orchesterleiter – aber wenig erfolgreich. Ganz zu schweigen von jenen, die glaubten, dirigieren zu können, und noch viel Geld an Orchester zahlten. Selbst ein Mann wie CD-Wegbereiter und Sony-Ehrenpräsident Norio Ohga, der in frühen Jahren eine Konzerttätigkeit als Sänger begann, verfiel später dem Dirigier-Virus.

Sieht man einmal vom Opernball ab, bei dem der 1. Tenor ein parodierendes Männerquartett dirigierte, hatte sich Peter Schreier seit der Studentenzeit 11 Jahre lang nicht mehr mit der Materie befasst: „Ich habe eine Zeit mit mir gerungen. Vor allem, weil mir die Erfahrung fehlte, die bei einem Dirigenten so wichtig ist. Schließlich haben wir es versucht."

Das Orchester, welches ihn bei keinem Takt im Stich ließ, und die Zuhörer waren sehr angetan. Schreiers erstes Dirigat galt ja auch als eine kleine Sensation im DDR-Musikbetrieb. „Wunderbar, wie unter seinen bald behutsamen, bald energievoll formenden Händen das Liedmelos von Schuberts fünfter Sinfonie aufblühte, wie die langsamen Sätze des vierten und des fünften Brandenburgischen Konzerts von Joh. Sebastian Bach Spannung und Dichte gewannen, wie die C-Dur-Sinfonie … fast mozartsche Ausdruckskraft und Klangschönheit erhielt", lobte die für ihr urteilssicheres Feuilleton bekannte Zeitung „Union".

Natürlich gab es da bei den gut aussehenden und gerundeten Bewegungen des Debütanten, bei dessen Intelligenz und angeborener Musikalität eine gediegene Wiedergabe voller Spielfreude. Teilweise soll seine federnde Elastizität und dynamische Frische etwas ganz Elektrisierendes besessen haben. Die Stellen altväterlicher Gemütlichkeit und einige willkürliche Akzente wegradiert – man konnte Schreier fast für einen Routinier halten. Nur der am Cembalo mitmusizierende Intendant Hans Pischner litt unter der Mammutbesetzung seines dirigierenden Tamino mit 25 Streichern bei den „Brandenburgischen Konzerten" – weil von seinen zarten Klängen außer der Kadenz im „Fünften" kaum etwas zu hören war.

*Dirigent Schreier im Studio Christuskirche Berlin. Seit 1970 arbeitet er mit namhaften Orchestern in der ganzen Welt zusammen.*

*Im Orchestergraben mit der Staatskapelle Berlin. Probe für die Strauss-Oper „Capriccio", die 1980 unter der Regie Theo Adams über die Bühne ging.*

*Rechte Seite: Federnde Elastizität und Schwung am Pult um 1980. Zum Repertoire zählen vor allem jene Opern und Oratorien, die er als Tenor sang.*

will und schließlich erreicht, meist ein unbewältigter Rest."

Mit jeder Aufgabe gewann der Dresdner neue Erfahrung. Beim Gastspiel der Deutschen Staatsoper in Paris leitete er ein Sinfoniekonzert der Staatskapelle in der Salle Pleyel. Der größte Konzertsaal an der Seine mit damals 2370 Plätzen konnte sich vieler Genies rühmen, die hier gastierten, uraufführten: Frédéric Chopin und Clara Wieck, Arthur Rubinstein, Jeanne Demessieux, Maurice Ravel, Eugen Jochum, Karl Richter …

Seit Paris darf man Schreier sogar einen Karajan-Schüler nennen. Er hatte dem Maestro während der „Rheingold"-Proben anvertraut, dass er in Paris u. a. die Zweite Sinfonie von Brahms dirigieren sollte: „Eines Tages sagte er: ‚Kommen Sie mal nach der Probe zu mir, die machen wir durch.' Ich kam also einige Male in sein Kapellmeisterzimmer. Karajan setzte sich ans Klavier, spielte auswendig die ganze Sinfonie und ließ mich dirigieren. Von ihm habe ich viel gelernt. Wie man entkrampft dirigiert, bei heiklen, rhythmisch schwierigen Stellen ganz ruhig und selbstverständlich bleibt. Dass man nicht etwa spieltechnische Schwierigkeiten durch übergenaue Handbewegungen zu betonen versucht. Sein größtes Kompliment war, mich als Dirigenten für ein Konzert der Berliner Philharmoniker zu empfehlen."

Karajan hat die Begabung seines „Famulus" – wenn auch die ersten Worte seines bisher nie komplett veröffentlichten Statements mit Augenzwinkern zu verstehen sind – geschätzt: „… nun ist plötzlich die Frage gekommen, dass er ja mein stärkster Konkurrent wird, er hat ja das Dirigieren aufgenommen und ich habe ihn gesehen und ich muss sagen, von den vielen Leuten, die jetzt also, ich weiß nicht aus was für Gründen, dirigieren, er ist ein echter Professionist, er hat ja sehr genau zugehört durch 15 Jahre und ich habe ihn immer so gesehen, wie er verstohlen beobachtet hat, und ich habe gedacht, der wird sicher mal anfangen zu dirigieren, und ich habe gesagt, das habe ich eigentlich die längste Zeit erwartet. Und wir haben ihn in Berlin gehabt, zur großen Freude des Orchesters, es war ein echter, ehrlicher Erfolg. Ich habe ihm gesagt, jetzt … müssen wir uns überlegen, sehen Sie sich lieber als Dirigent oder als Sänger? Und da sagt er: ‚Schauen Sie, ich kann ja beides machen.'"

Nächste Termine am Pult standen fest, man gewöhnte sich an die neue Rolle Schreiers, und bereits 1973 trat er als Dirigent auf internationales Parkett. Schreier hatte es sich einfacher vorgestellt. Die Praxis belehrte ihn eines Besseren: „Ich erfuhr, wie schwierig es ist, meine Vorstellungen möglichst verlustlos auf ein Ensemble zu übertragen. Es genügt nicht, dass man sein Handwerk beherrscht, sich dirigiertechnisch auszudrücken und mitzuteilen versteht. Man kann ein Orchester, das Vielredner unter den Dirigenten ohnehin nicht liebt, kaum allein durch anfeuernde Gesten in Schwung bringen. Es muss die schwer in Worte zu fassende, kaum beschreibbare und wohl nicht erlernbare Ausstrahlung des Dirigenten hinzukommen, die alle mitreißt, in die Partitur zwingt und Ausführende wie Hörende gleichermaßen in den Bann zieht. Allerdings bleibt zwischen dem, was man

Nicht lange und Schreier tauchte am 25. Februar 1977 mit „Julius Caesar" von Georg Friedrich Händel als Opern-Kapellmeister auf, wozu die „Berliner Zeitung" schrieb: „Ganz offenbar ist das Dirigieren hier nicht nur das gelegentliche Hobby eines Sängers, sondern ein neuer Beruf. Und das erstaunlich sichere Accompagnato-Dirigieren beispielsweise weist Schreier handwerklich aus. Zu schweigen von seiner selbstredend ausgezeichneten Sängerführung."

Ob Wiesbaden oder Lausanne – die Kritik machte ihm Mut. In der Schweiz schrieb man damals: „Man kann vom Dirigenten Peter Schreier sagen, dass er eine neue Karriere vor sich hat, ebenso glänzend wie die als Tenor: Beim Dirigieren zeigt dieser großartige Musiker eine solche Intelligenz, Geschmeidigkeit und einen solchen Nerv, die kein einziges Klangdetail unbeachtet lassen. Unter seiner Stabführung klingt das Orchester so voll und kräftig, dass es dem eines engli-

*Probenarbeit mit Sächsischer Staatskapelle und Staatsopernchor in Dresden.*

schen Ensembles gleichkommt. Er bringt die Sänger zu einem so wunderbaren Atmen, dass sie sich in ihren Koloraturen ganz leicht zurechtfinden."

In jenen Jahren war Schreier zur Erkenntnis gelangt, dass einem Sänger etwa 25 Hochleistungsjahre gegeben sind. So hatte er sich im Alter von 42 Jahren für seine Lebensplanung vorgenommen, noch bis zum 50. Geburtstag zu singen. Dann wollte er als Dirigent oder Chorerzieher weiterarbeiten. Konsequent verfolgte er fortan beide musikalischen Tätigkeitsfelder. Die Dresdner Staatskapelle und die Dresdner Philharmonie, das Berliner Philharmonische Orchester, die Wiener Symphoniker, das Mozarteum-Orchester, das Gürzenich-Orchester, das Philharmonische Staatsorchester Hamburg, das Los Angeles Philharmonic Orchestra, das Leipziger Gewandhausorchester – viele Spitzenensembles haben ihn immer wieder als Gastdirigenten eingeladen. Im Rahmen der Salzburger Mozart-Wochen gab er im Januar 1981 sein Österreich-Debüt im Großen Festspielhaus, wo man ihn als „Der vollkommene Kapellmeister" adelte: „... entpuppte sich dabei gleich als große Naturbegabung, als absoluter Profi. Schreiers Dirigieren haftet nichts Dilettantisches (in gutem Sinne gemeint) an, auch nichts Gekünsteltes, Verkrampftes oder Selbstgefälliges. Er schlägt ruhig und locker den Takt, kümmert sich mit erstaunlicher Souveränität und musikantischem Schwung um Phrasierungs- und Artikulationsdetails, achtet peinlich genau (aber niemals pedantisch) auf Präzision", schrieb der „Kurier", andere in ähnlicher Manier. Einen Wermutstropfen goss nur „Die Presse" hinein. Über sein Dirigat der mozartschen Bearbeitung von Händels „Alexanderfest" mit dem Chor und dem Orchester des ORF monierte sie: „Schreier leitete sehr professionell, sehr sicher und sehr langweilig ..." Am Dirigenten Schreier, der gänzlich ohne Taktstock arbeitet, scheiden sich eben manchmal die Geister.

Für manche galt er als der Emporkömmling, der nicht auf klassischem Wege zu dieser Kunst gelangt ist. Eine Anekdote mit Karl Böhm erzählt er selbst immer gern: „Es war bei Schallplattenaufnahmen zu ‚Titus' in der Dresdner Lukaskirche. Ich hatte meinen Part bis Freitagabend geschafft. Plötzlich fiel es Böhm Samstagfrüh ein, nach mir zu rufen. Als ihm der Konzertmeister dann sagte: ‚Wissen Sie nicht, dass er heute

die Dresdner Philharmonie dirigiert?', war Böhms trockene Frage nur: ,Öffentlich?'"

Natürlich musste er in seiner Laufbahn auch einige Schlappen einstecken: „Ich bin kein Dirigiertyp, der die Show liebt oder sich als Cäsar, Imperator fühlt. Mir geht es darum, alle zum Musizieren anzuregen. Das war teilweise zu idealistisch gedacht, weil die Musiker nicht immer gewillt sind mitzumachen. Vor allem beim Opernbetrieb, in dem jeden Tag neue Leute Dienst schieben, ein Tubist eben täglich im Graben sitzt, mit Routine, Missmut und fast teilnahmslos die Zeit abschrubbt. Beste Erfahrungen sammelte ich im Laufe der Jahre mit Kammerorchestern wie dem Berliner Carl-Philipp-Emanuel-Bach-Kammerorchester, den Dresdner Kapellsolisten, dem Chemnitzer Barockorchester, dem Scottish Chamber Orchestra, dem Orpheus-Kammerorchester New York, dem Festival Strings Luzern oder dem japanischen Kanazawa-Kammerorchester. Da herrscht nur der Wille zu fruchtbarer Zusammenarbeit."

Bis heute reißen die Einladungen nicht ab. Nicht nur aus dem deutschsprachigen Raum bis in die Schweiz oder aus dem ehemaligen Ostblock. Sie kommen auch aus Südamerika, den USA, Japan, Frankreich oder Italien, wo sein Freund Zubin Mehta das Orchestra del Maggio Musicale in Florenz als Chefdirigent leitet.

Peter Schreier hat natürlich immer seine Grenzen gesehen: „Einmal, als ich an der Wiener Oper dirigieren sollte, habe ich Hummeln bekommen. Die Orchestermitglieder kennen die Noten ja viel besser als du – dachte ich mir. Auch eine Bruckner-Sinfonie würde ich nicht machen. Ich konzentriere mich auf Stücke, die ich kenne. Am liebsten dirigiere ich, was ich selbst singe. Aus heutiger Sicht muss ich allerdings sagen – was ich einst gesungen habe."

Wer sollte ihm da widersprechen? Es gibt wohl kaum einen Künstler auf der Welt, der Bach so verinnerlichte, der als Evangelist und Dirigent so tief in die Partituren des sächsisch-thüringischen Tongenies eindrang, die komplette „Matthäus-Passion" im Kopf gespeichert hat.

*Oben: Die Plexiglaswände links und rechts vom Orchester im Dresdner Kulturpalast sind eine Erfindung Schreiers zur Verbesserung der Akustik.*

*Unten: Bei einem Konzert der Dresdner Philharmonie im Sommer 2008.*

# Wien, Wien, nur du allein ...

Wie oft mag Peter Schreier diese walzerselige Liebeserklärung des niederösterreichischen Landesbeamten und Komponisten Rudolf Sieczynski in Wiener Heurigenlokalen gehört haben? Fast zählt die Welthauptstadt der Musik – die Heimat von Joseph Haydn, Wolfgang Amadeus Mozart, Ludwig van Beethoven, Franz Schubert, Franz Liszt, Johannes Brahms, Vater und Sohn Johann Strauß, von Franz Lehar, Joseph Lanner, Anton Bruckner oder Gustav Mahler – den Dresdner Tenor zu einem der Ihrigen. Zumindest den Wiener Dialekt kann Schreier trefflich imitieren, und in der alten Kaiserstadt mit ihrer auf Hochglanz polierten Geschichte, den Sängerknaben, der Sachertorte, den Hofräten und ehemaligen k. u. k. Hoflieferanten, dem Prater mit Riesenrad und der Spanischen Hofreitschule hat er sich immer besonders wohlgefühlt.

*Opern-Sternstunden in der Musik-Welthauptstadt 1972: Schreier als Don Ottavio in „Don Giovanni" mit Gundula Janowitz (Donna Anna) unter Josef Krips und Franco Zeffirelli.*

Zu verdanken war dies zuerst dem Direktor des Wiener Musikvereins, Rudolf Gamsjäger, der Schreier im Januar 1965 an der Ostberliner Oper hörte und gleich für den 13./14. März zu Bachs „h-Moll-Messe" unter Karl Richter an sein Haus einlud. „Peter Schreier ist wahrscheinlich einer der besten Oratoriensänger, die es heute gibt, und es gibt in gleicher Perfektion kaum welche. Ein schöner, heller Tenor, der die schwierige Kunst des Oratoriengesangs meisterhaft beherrscht und damit auf die natürlichste Weise tiefe Wirkung zu erzielen vermag. Wen wird man nach ihm im Oratorium noch hören wollen?", schrieb damals der „Express".

Unter Josef Krips sang Schreier im Oktober desselben Jahres das „Mozart-Requiem", und der „edle", der „prächtige", der „kraftvolle, schöne" Tenor – so die Kritiker – erntete erneut heftigen Applaus. Im Laufe der Zeit wurde er zur festen Größe des Wiener Musiklebens, Österreichs Hauptstadt neben Berlin seine Hauptwirkungsstätte. Am 3. Januar 1967 debütierte er als Tamino in der „Zauberflöte" an der Staatsoper, die Leopold Ludwig dirigierte. Vor 2276 Zuschauern, von denen sich 567 mit Stehplätzen begnügen mussten, standen mit dem jungen Sänger Ingeborg Hallstein, Hilde Güden, Graziella Sciutti und Hans Hotter auf der Bühne. Nur drei Tage später folgte der Belmonte und im Juni erlebte er seine erste Wiener Opernpremiere: Der berühmte Mozart-Dirigent Josef Krips hatte „Don Giovanni" neu einstudiert und war von Schreiers Don Ottavio begeistert: „Ein ganz großer Mozart-Sänger ... wie es einen mindestens seit Karl Erbs Tagen nicht gab."

Schnell band die Staatsoper Schreier per Gastvertrag an sich. Und gleich 1967 reiste er mit dem Wiener Ensemble zur Weltausstellung nach Montreal. Der Intendant hatte mit Ostberlin sogar ausgehandelt, dass sich Schreier nicht extra als Künstler der DDR „markieren" musste. Den David in den „Meistersingern von Nürnberg", Da-Ud in der „Ägyptischen Helena", Lenski in „Eugen Onegin", Graf Almaviva in „Der Barbier

von Sevilla", den Narraboth in „Salome", den Jaquino in „Fidelio" oder den Steuermann im „Fliegenden Holländer" – alles hat er hier gesungen. Sechseinhalb Jahre nach dem Debüt gab er schon am 3. Juni 1973 die 100. Vorstellung. Zu den unvergesslichen Höhepunkten gehörten seine zweite Wiener „Don Giovanni"-Premiere am 12. Oktober 1972 unter Krips mit Regisseur Franco Zeffirelli oder die von Zubin Mehta dirigierte „Rheingold"-Premiere am 22. März 1981. Als Götter, Nibelungen, Riesen und Göttinnen standen ihm Hans Sotin (Wotan), Reid Bunger (Donner), Josef Hopferwieser (Froh), Gottfried Hornik (Alberich),

Heinz Zednik (Mime), Karl Ridderbusch (Fasolt), Bengt Rundgren (Fafner), Brigitte Fassbaender (Fricka), Gundula Janowitz (Freia) und Christa Ludwig (Erda) zur Seite. Herrschte über die märchenhafte Inszenierung von Filippo Sanjust, der die Ausstattung mit Pappfelsen, Ritterburg und Regenbogen selbst in die Hand genommen hatte, auch Uneinigkeit. Der Loge überstrahlte manche Schwäche: „Einzig der Loge Peter Schreiers war eine faszinierende Gestalt, finessenreich, elegant, aber nicht nur tückisch, auch Lichtfigur, an Einsichtigkeit und Intellekt ... weit überlegen", jubelte „Oper und Konzert". Die „Neue Zürcher Zei-

*Im weltberühmten Musik-vereinshaus zu Wien wirkte er rund 150 Mal als Lied- und Oratoriensänger sowie Dirigent.*

*An der Wiener Staatsoper fand Schreier für Jahrzehnte ein künstlerisches Zuhause. Hier debütierte er am 3. Januar 1967 als Tamino in der „Zauberflöte".*

tung" sah ihn „als scharf zeichnenden Loge … auf olympischen Höhen", „Die Welt" resümierte: „Star des Abends ist Peter Schreier als Loge. Er bringt die schöne Stimme und die kompromisslose Charakterschärfe auf einen Nenner. Man lernt wieder: Mozart ist auch für Wagnersänger der beste Lehrmeister", und die englische „Opera" rühmte: „… der Einzige, der mit seiner Rolle vollständig identisch zu sein schien, war Peter Schreier."

Wien war das Parkett, auf dem Spitzenpolitiker, Wirtschaftsmogule, Scheichs und Monarchen Schreier applaudierten: Bundeskanzler Bruno Kreisky oder UNO-Generalsekretär Kurt Waldheim lauschten hier der faszinierenden Stimme. Und es war kein Einzelfall, als ihm Direktor Hofrat Egon Seefehlner am 21. März 1979 folgende Depesche schickte: „Die Direkti-

on der Staatsoper beehrt sich Ihnen mitzuteilen, dass auf Wunsch der Dänischen Königin … am 4. April statt ‚Zauberflöte' die Oper ‚Cosi fan tutte' gespielt werden muss. Wir ersuchen Sie in dieser Vorstellung die Partie des Ferrando zu singen und wenn irgend möglich schon ab 2. April 17 Uhr für Proben zur Verfügung zu stehen." Lorin Maazel war gerade als Nachfolger Seefehlners ab der Spielzeit 1982/1983 bestimmt worden, da schrieb er Schreier schon am 15. April 1980: „Es ist meine feste Absicht, Sie in meiner Direktions-Ära für wesentliche und interessante Aufgaben an der Wiener Staatsoper zu engagieren …"

Für Schreier wurden Ende Juni 1979 sogar die Wrestling-Wettkämpfe unter Ringer-Weltmeister Georg „Schurl" Blemenschütz auf dem Heumarkt verscho-

*Stürmisch feierte das Wiener Publikum 1981 den Loge in Wagners „Rheingold“. Regie führte Filippo Sanjust, Zubin Mehta dirigierte.*

*Szene aus „Cosi fan tutte" von Wolfgang Amadeus Mozart an der Wiener Staatsoper.*

*Auch die Königin von Dänemark wünschte während eines Staatsbesuches 1979, Schreiers Zauberstimme in der Partie des Ferrando zu hören.*

ben – weil der Volksfestlärm den Liederabend des Star-Tenors im Konzerthaus zu stören drohte.

Im weltberühmten Musikverein, aus dessen Goldenem Saal mit über 2000 Plätzen seit 1. Januar 1959 das Neujahrskonzert der Wiener Philharmoniker in alle Welt übertragen wird, erlebte Schreier Sternstunden seiner Karriere. Der wie ein Geigenkörper gebaute Saal verfügt wie der kleinere Brahms-Saal über eine zauberhafte Akustik.

Rund 150 Mal hat Schreier zwischen 1965 und 2002 in diesen heiligen Hallen als Lied- und Oratoriensänger, als Dirigent gewirkt: im „Weihnachtsoratorium", in der „Matthäus-Passion" oder „Johannes-Passion" von Johann Sebastian Bach, als Doctor Marianus in Gustav Mahlers „Symphonie der Tausend", als Uriel in Joseph Haydns „Die Schöpfung", in Ludwig van Beethovens „Missa solemnis", in Georg Friedrich Händels „Der Messias", im „Requiem d-Moll" von Wolfgang Amadeus Mozart … 1980 sang er hier erstmals „Das Buch mit sieben Siegeln" von Franz Schmidt und die österreichische Erstaufführung von Heinrich Suter-

meisters Konzertarie „Consolatio philosophiae". Man hörte ihn auch in Ludwig van Beethovens „Symphonie Nr. 9 d-Moll" oder dem „Liebeslieder-Walzer" von Johannes Brahms.

Schreiers schönstes Weihnachtsgeschenk war 1985 die Mitteilung, dass ihn die Direktion der Gesellschaft der Musikfreunde in Wien zum Ehrenmitglied ernannt hatte. Zu diesem elitären Kreis dürfen sich weltweit kaum mehr als ein Dutzend lebende Künstler zählen. Plötzlich stand er in einer Reihe unsterblicher Persönlichkeiten, die im Jahre 1826 mit Ludwig van Beethoven ihren Anfang nahm: „Das ist vielleicht die höchste Auszeichnung, die ich in meinem Leben bekommen habe. Sie ist verbunden mit dem Privileg, auf der Galerie im gemütlichen Plüschsessel jedem Konzert beiwohnen zu dürfen."

1988 nahm er für seine Platte mit Mozart-Liedern aus den Händen von Österreichs Bundespräsident Rudolf Kirchschläger auch die nur alle zwei Jahre verliehene „Flötenuhr" entgegen – die höchste Auszeichnung der Wiener Mozartgesellschaft.

# Frackschneider, Tafelspitz und hohe Stühle

Schreiers Präsenz brachte es mit sich, dass er die Hauptstadt der Höflichkeit mit ihrem berühmten Wiener Schmäh so eingehend wie kaum eine andere studieren konnte. Hotels, Geschäfte, Restaurants und grantelnde Taxi-Chauffeure waren ihm bald so vertraut wie Oper und Musikvereinshaus. Das „Grüß Gott, Herr Kammersänger" oder „Verehrung, Herr Kammersänger" geht ihm bis heute mit lächelnder Leichtigkeit über die Lippen. Jedoch konnten es die Söhne gar nicht leiden, wenn der Vater nach Passieren der Grenze chamäleonartig von der sächsischen Wortmelodie auf Österreichisch umschaltete. Schnell stellte er sich auf die titulierfreudige Art der Wiener ein, lernte, dass ihn ein mit „Kompliment, Kompliment" begrüßender Verkäufer im Völker-Schmelztiegel Wien nicht unbedingt als Sänger erlebt haben musste.

Nirgendwo fand er ein so musikbegeistertes Publikum, welches sich nicht nur in Scharen um den Bühnenausgang drängte, sondern quasi mit der Musik, den Sängern und Dirigenten lebte und fühlte. Hier existiert sogar ein von Hobbyisten zusammengestelltes Journal „Der Merker", in dem musikbegeisterte Laien jeden Opernabend außerordentlich sachkundig und scharf rezensieren.

Schreiers Herbergen waren das „Intercontinental" an der Johannesgasse, der „Römische Kaiser" an der Annagasse und immer wieder das unübertreffliche „Imperial" am Kärntner Ring, wo man auf Schritt und Tritt der Weltprominenz begegnete: „Unter dem selben Dach mit Ihnen, welche Freude!", ließ ihm der deutsche Bundespräsident und Schreier-Fan Richard von Weizsäcker am 19. März 1986 ein handschriftliches Grußkärtchen überreichen.

Für einige Jahre mietete sich der Tenor sogar eine eigene Parterre-Wohnung. Die noble Adresse: Bösendorfer Straße – direkt neben dem Musikverein! Hier wohnte einer der berühmtesten Heldenbaritone, der einmalige Wotan Hans Hotter, der immer noch kleine Partien an der Staatsoper sang: „Nach vorne waren

*Zu den Paraderollen des Dresdners in Wien gehörte der Lenski in „Eugen Onegin" von Pjotr Iljitsch Tschaikowski.*

*Kulisse und Kostüme verströmen russisches Flair in Wien: Peter Schreier als Lenski an der Staatsoper.*

*Prominente lieben ihn nicht nur wegen seiner Schneiderkunst. Bei Josef Teuschler oder „Peppino" ist Schreier Stammkunde.*

*Zwei gute Freunde im Sturmschritt auf dem Weg zur Probe: Mit Theo Adam vor dem Wiener Luxushotel „Imperial" am Kärtner Ring.*

tes Pflaster für Konzertbekleidung nebst handgenähter Schuhe ist, errang ein Wiener Schneidermeister sein besonderes Vertrauen: „Peppino" alias Josef Teuschler. Der in San Remo mit der „Goldenen Schere" geehrte Schneider der Stars, Spitzenpolitiker und Wirtschaftsbosse Europas ist längst selbst eine Größe, zählt zu den Stammgästen der „Seitenblicke-Revue" des ORF, hat an der Michaelerstraße seinen Salon mit Fracklager und Produktionsstätten im Burgenland. „Der Peter Schreier", so Teuschler, „ist ein überaus liebenswürdiger Mensch, strahlt eine Wärme aus. Als ich ihm die ersten Fräcke aus edlen italienischen Stoffen machte, hatte er unten Größe 50 und oben 52. Jetzt pendelt er sich auf 52 und 54 ein. Beim Sänger muss der Brustkorb größer gearbeitet sein, der Dirigent wiederum braucht längere Ärmel mit kleinerem Armloch – damit er sich richtig bewegen kann. Dazu Blazers und Sportsakkos – alles habe ich für ihn arbeiten dürfen und bezahlt hat er meist gleich in bar. Natürlich haben wir auch wundervolle Stunden bei gutem Essen und Trinken verbracht." Bei der Anprobe der 1800 Euro teuren „Peppino"-Fräcke hörte der Dresdner Tenor gleich alle Gesellschafts-Neuigkeiten: Was Domingo oder Carreras so arbeiten ließen. Wie der kleine, quecksilbrige Burgenländer den korpulenten Pavarotti – der sich nie vor einem Schneider entkleidete, immer nur alte Anzüge als Muster sandte – zum Ausziehen bewegte und später für Anproben einen Taxifahrer mit Pavarottis XXL-Größe fand. Oder wie er Kanzler Helmut Kohl, dessen eigener Frack sich kurz vor dem Opernball als zu eng erwies, aushalf ...

In Österreich hat Schreier viele Freunde und liebenswürdige Bekannte wie Bildhauer Wander Bertoni. Unvergesslich die rauschenden Feste bei diesem Burgenländer, der zu den wichtigsten Vertretern der abstrakten Plastik zählt und dessen Arbeiten sich nicht nur im Herzen Wiens, sondern auch im Loschwitzer Heim der Schreiers finden. Zur zahlreichen Fan-Gemeinde, die Schreier bis heute die Treue hält, gehört z. B. auch das Lehrerehepaar Erika und Franz Komornyik. Sie übernahmen von der Mathematikerin Elisabeth Hönigsberger, die über Jahrzehnte Zeitungs-Kritiken Schreiers aus aller Welt sammelte, übersetzte und in mit Herzchenschleifen zugebundenen Mappen überreichte, deren zeitintensive, verantwortungsvolle Aufgabe.

die Zimmer recht laut, aber es gab auch ruhige Richtung Hof. Aber etwas hatte ich überhaupt nicht bedacht. Hotter war ein 2-Meter-Mann mit langen Beinen, alles war für diesen Riesen gebaut. Damit meine Frau und ich überhaupt am Esstisch sitzen konnten, mussten wir zwei neue Stühle kaufen. Als Hotter dann in meiner Abwesenheit die Stadtwohnung plötzlich wieder selbst nutzen wollte, zog ich aus."

Unzählige Abende verbrachte Schreier mit Kollegen beim Heurigen in Grinzing, oder man traf sich mit Freunden der Musikszene bei Werner Welser nahe dem Beethovenhaus in der Probusgasse. Sein absolutes Lieblingsrestaurant wurde wegen des unübertroffenen gekochten Rindfleisches in verschiedenen Variationen das „Plachutta" an der Wollzeile: „Solch köstlichen Tafelspitz gibt es sonst wirklich nirgends." Wer ihn tagsüber suchte, konnte Schreier beispielsweise auch beim „Doblinger" in der Dorotheergasse finden. Oft stundenlang stöberte er in den Regalen des traditionsreichen Musik-Verlages mit Ladengeschäft und Antiquariat, fand hier Raritäten für seine Bibliothek, ließ sich inspirieren. Solch ein gut sortiertes Walhalla der Musik kennt Schreier nur noch in London: „Boosey & Hawkes" – der weltweit größte Spezialverlag für klassische Musik mit Musikalienhandlung, die im heutigen Internet-Zeitalter leider arg verkleinert wurde. Neben London, das ja auch ein gu-

# Ein Refugium am Loschwitzer Elbhang

„Herr Kammersänger, bittschön ans Telefon", rief die Bedienung im Wiener „Imperial" an jenem Spätvormittag im Winter 1967/68, für alle unüberhörbar. Schreiers saßen gerade mit dem Ehepaar Adam beim Frühstück, als Baumeister Walther aus Dresden anrief und mitteilte: „Ich habe da was für Sie!" An den Architekten Karlheinz Walther, der bereits die Villa von Theo Adam errichtete, wandte sich auch Peter Schreier, welcher mit Frau und beiden Söhnen noch immer bei der Schwiegermutter in Strehlen wohnte: „Eine Woche später konnten wir das Anwesen am Loschwitzer Elbhang in Augenschein nehmen. Es handelte sich um einen Rohbau." Denn das Schicksal hatte den ersten Bauherren Dietrich Northmann, einen Professor für Plasteverarbeitung an der TU Dresden, aus dem Schaffen gerissen.

Das Haus plante Schreier für seine Bedürfnisse um: „Die ursprünglich als Zweitwohnung gedachte unterste Etage funktionierten wir zum Studio, Arbeits- und Gästezimmer um. Statt Kohleheizung kam Gas – so konnte der Keller zur Sauna mit Solarium werden. Auch die Terrasse, das beheizte Schwimmbad und eine weitere Garage wurden gebaut. Schließlich kaufte ich dem Nachbarn drei Meter Grundstück ab, engagierte einen

*Partiturstudium am Flügel. Blickt Schreier durchs Fenster, kann er die Idylle seines wunderschönen Gartens genießen.*

*Links: Aufgewachsen im Schatten eines berühmten Vaters: der 16-jährige Torsten und sein 13-jähriger Bruder Ralf 1974.*

*Rechts: Vater und Sohn 1975 im privaten Studio. Die Technik baute Torsten Schreier, der heute Tonmeister ist, als Jugendlicher selbst zusammen.*

Gartenarchitekten." Trotzdem scheint das großzügige Anwesen manchmal zu klein. „Als der Platz vor einigen Jahren für die Bücher, die Noten und 3000 bis 4000 CDs nicht mehr reichte, habe ich Teile der Schallplattensammlung ins Kreuzchor-Archiv gegeben."

Sein Heim im noblen Viertel am Elbhang wird für den ständig Umherreisenden zum Ruhepol. 1921 eingemeindet, zählt das Künstler-Dorado Loschwitz mit seinen Seilbahnen, Villen, Weinbergen und einstigem Schloss der Wettiner zu Dresdens feinsten Wohnlagen. International renommierte Persönlichkeiten der Musikwelt wie Theo Adam, Solohornist Peter Damm, Dirigent Hartmut Haenchen oder Pianist Peter Rösel leben hier neben Medizinern, Rechtsanwälten, Managern. Der Maler Adrian Ludwig Richter und der Fotograf August Kotzsch sind in Loschwitz verwurzelt. Friedrich Wieck, der Vater von Clara Schumann, nahm in dieser Kulturregion sein Sommerquartier. Von Heinrich Schütz wird vermutet, dass er hier Weinstöcke besaß, und auch Kreuzkantor Rudolf Mauersberger oder der Fernseh- und Krebspionier Manfred Baron von Ardenne ließen sich an diesem Hang nieder.

Manchmal denkt Schreiers Sohn Torsten mit Wehmut an seine Kindheitstage im Loschwitzer Refugium mit dem großen Garten und Schäferhund „Bobby" zurück: „Waren die Eltern weg, kümmerten sich die Großeltern um uns. Ich war 12, da habe ich zu Hause eine Band gegründet. Die Instrumente bauten wir selbst, mit 15 war sogar die Eigenbau-Orgel fertig. In der unteren Garage am Schwimmbad wurde geprobt. Das hat mir über die Pubertät geholfen. Vater habe ich nicht so vermisst. Vielmehr genoss ich die häuslichen Freiheiten und die Selbstständigkeit."

An den vielleicht 60 bis 80 Tagen im Jahr, die Peter Schreier im Haus an der Calberlastraße verbrachte, das nur wenige Schritte vom einstigen Wohnsitz seines Kollegen Richard Tauber entfernt ist, klingelte unaufhörlich das Telefon. Dann die Berge von Post. Wenige Korrespondenzen haben die Zeiten überdauert: So hofft der Münchner Staatsintendant Günther Rennert in einem Brief auf Schreiers Zusage für eine Opernpartie. Walter Legge, der große britische Impresario, frühere Direktor des Royal Opera House Covent Garden und Ehemann von Elisabeth Schwarzkopf,

*Linke Seite: Der in aller Welt gefeierte lyrische Tenor und seine große Liebe: Renate und Peter Schreier sind seit 1957 verheiratet.*

*Links: Wer will noch eine Bratwurst? Wie auf der Bühne beherrscht er auch am Grill das Metier perfekt.*

*Rechts: Am Swimmingpool im Loschwitzer Grundstück. Seit 1968 bewohnen Schreiers ihr Refugium am Elbhang.*

Und immer wieder Kompositions-Angebote, Dankschreiben für Uraufführungen: z. B. von Günther Mittergradnegger aus Klagenfurt, Gottfried von Einem aus Rindlberg, Wilhelm Killmayer aus München, Marcel Rubin aus Wien, Ernst Hermann Meyer und Siegfried Matthus aus Berlin.

Oft weilten Gäste im idyllischen Loschwitzer Haus: Karl Böhm, Carlos Kleiber, Karl Richter, Hermann Prey, Erwin und Eva Strittmatter … Manche brachte Schreier von Plattenaufnahmen im Studio aus der Lukaskirche mit. Renate Schreier hat sie alle bewirtet: „Nur Karl Böhm wollte keine Süßspeise, sagte, er dürfe nichts Süßes essen. Doch er mochte mich so sehr, dass ich zu seinem 70. Geburtstag, den er bei Salzburg feierte, seine Tischdame sein durfte. Erwin Strittmatter nannte mich immer Emilie, weil meine drei Vornamen Renate Friederike Emilie sind. Unser persönlicher Kontakt ging so weit, dass wir sie nach Salzburg einluden. Der Karli Richter war ein lebenslustiger Mensch. Einmal habe ich ihn sogar im Auto bis Berlin gefahren, und es war traurig, als er im Münchner Hotel ‚Vier Jahreszeiten' an einem Herzleiden starb. Er lebte aber auch recht unsolide."

So einen großen Hausstand führt man nicht ohne dienstbare Geister. Manche gehören fast mit zur Familie, wurden für die Vertrauensstellung noch von Schreiers Eltern ausgewählt. Erst war es „Tante Anna". Sie fand zu Schreiers, weil ihr Mann mit Max Schreier Skat spielte. Seit 1985 geht Elisabeth Schurig, eine ehemalige Konsum-Verkaufsstellenleiterin aus Gauernitz, Frau Schreier zur Hand: „Damals im November habe ich meine Stelle angetreten. Peter und seine Eltern kenne ich von Kindesbeinen an. Denn ich bin in Constappel geboren, immer im Ort wohnen geblieben. Max Schreier war mein Lehrer an der Volksschule. Später sang ich bei ihm im Kirchenchor und im Gauernitzer Volkschor ‚Vorwärts'. Den betreute Vater Schreier sogar noch, als ihm die Volksmusikhochschule Dresden unterstand. Eines Tages kam Helene, seine Frau, zu mir und sagte: ‚Die Anna, Peters Haushälterin, ist Ende 70, schafft es nicht mehr.' Seitdem mache ich bei Schreiers sauber, stärke und bügele seine weißen Hemden. Für alle bin ich die Lisbeth. Wenn Herr Schreier von irgendwo aus der Welt anruft, sagt er zu mir: ‚Hier ist der Peter'. Ich habe nie geheiratet – jetzt sind Schreiers meine Familie."

fragt wegen Gastspielen und Platten-Aufnahmen an. Der alte Wiener Kammersänger Hans Beirer verehrt seinem Kollegen ein Autograf des Komponisten Leo Blech. Paolo Grassi, der Chef der Mailänder Scala, schickt eine Einladung zum Liederabend. Senator Franz Burda dankt für einen selbigen und Otto Graf Lambsdorff für den Genuss der „Matthäus-Passion". Regisseur und Schauspieler Martin Hellberg bittet um Protektion für seine singende Tochter. Der Bayerische Staatsoperndirektor Wolfgang Sawallisch braucht den Dresdner in Rom … Manchmal stecken auch nur nette Grüße von Swjatoslaw Richter, Anneliese Rothenberger oder Peter Hacks im Briefkasten. Letzterer schreibt am 4. Januar 1987: „Musik ist mein Fach nicht, ich hüte mich da vor Urteilen, und wenn ich Sie bewundere, fühle ich nur, was die Welt fühlt. Lassen Sie es mich so sagen: ich wollte, einige Schauspieler spielten so, wie Sie singen. Es lebe die Vollkommenheit. Nieder mit dem Niedergang."

*Unter der alten Eiche im Garten spürt er die Urkraft der Natur. Seine robuste Konstitution ließ ihn all die physischen und psychischen Belastungen des Berufes blendend überstehen.*

III

# Warum mit „Palestrina" ein Schlusspunkt kam

*Kapellmeister Palestrina bereitet sich Ende Dezember 1979 in der Garderobe auf seinen Auftritt an der Bayerischen Staatsoper München vor.*

49 Jahre alt und schon alles erreicht, was sich einem lyrischen Tenor bietet. Nach rund 60 Partien – manche nur auf Schallplatte – entschied sich Peter Schreier 1984, der Oper langsam Lebewohl zu sagen, keine neuen Rollen mehr einzustudieren, nur noch Repertoire zu singen: „Ich hatte mein Fach ausgereizt und einfach wenig Lust, mir noch sämtliche Barock-Opern anzutun. Als Liebhaber der Romantiker halte ich sie, ehrlich gesagt, auch für etwas eintönig."

Die im Laufe der Jahre gewachsene Skepsis gegenüber Regisseuren und der mit den Inszenierungen verbundene Stress mögen das Übrige beigetragen haben, solch eine Haltung einzunehmen. Der in aller Welt gefeierte Tenor konnte sich diese natürlich auch leisten.

Als junger Mann zog er einst die Opernlaufbahn der eines ausschließlichen Lied- und Oratoriensängers vor. Sie war die Basis seiner Karriere und reine Vernunft: Denn unter einem Sänger wird im Volksempfinden – zumindest beim klassischen Fach – für gewöhnlich der Opernsänger verstanden. Als solcher hatte er es auf alle großen Bühnen dieser Erde und in alle wichtigen Lexika geschafft. Irgendwo zwischen den Stichworten „Schreibmaschine" und „Schreivögel" prangte überall sein Name.

Schreier stand ohne Zweifel im Zenit seiner Kunst, des Ruhmes. Er war Kammersänger der DDR, Österreichs und des Freistaates Bayern, Mitglied der Akademie der Künste in Ostberlin und München, Träger der Robert-Schumann-, Martin-Andersen-Nexö- und Händel-Preise. Jeweils 1967, 1972 und 1982 hatte er den Nationalpreis bekommen. Auch der Vaterländische Verdienstorden in Silber und in Gold wurde ihm verehrt. In der DDR war man schon mit dem Latein am Ende, was Schreier noch bekommen sollte – und machte ihn schließlich zum Honorarprofessor der Dresdner Musikhochschule Carl Maria von Weber. Die Gage an der Deutschen Staatsoper Berlin kletterte, wie die von Theo Adam, auf 9000 Mark monatlich. Das hörte sich gegenüber einem Arzt, der im Arbeiter- und Bauern-

staat auf 1500 Mark kam, viel an. Doch es war wenig, vergleicht man es mit Sängern der DDR-Unterhaltungskunst, die im Friedrichstadt-Palast 3000 Mark pro Abend einstrichen und mitunter nur Playback sangen.

Schreiers langsamer Rückzug von der Oper – er begann nach der Erfüllung eines Traumes, dem keine gleichwertigen Herausforderungen mehr folgen konnten: der Titelpartie in Hans Pfitzners legendärer „Palestrina"!

Auf dieses Meisterwerk, bei dem der Komponist auch selbst den Text verfasste, wurde er gleich zu Beginn seiner Wiener Zeit aufmerksam gemacht: „Kaum, dass ich meine ersten Vorstellungen an der Wiener Staatsoper gesungen hatte, stellten mir viele Opernfreunde, ja, sogar der Hotel-Portier die Frage: ‚Sagen Sie, der Karl Erb, der Julius Patzak oder Fritz Wunderlich haben bei uns in Wien den Palestrina gesungen. Wann werden wir Sie in dieser Rolle hören?' In München war es nicht anders. Was den Bayreuthern ihr selig machender ‚Parsifal' oder ‚Tristan', ist denen ihr ‚Palestrina'."

Schreier, der den christlichen Glauben gleichsam wie mit der Muttermilch durch die Eltern und seinen Men-

tor Rudolf Mauersberger empfing, reizte Giovanni Pierluigi da Palestrina – dieser geniale Reformator der Musica sacra – ungemein. Er war keine einem Librettisten entsprungene Fiktion aus Renaissance-Tagen, sondern real. Der Lieblingskomponist mehrerer Päpste sollte während des Konzils von Trient als fähigster unter allen lebenden Tonkünstlern eine Streitfrage klären: Ist die polyphone Musik der geistlichen Erbauung förderlich oder nachteilig, muss man sie aus der Kirche verbannen? Da war ein tragischer Held, ein Komponist, der sich plötzlich in den Strudeln geheimer vatikanischer Bürokratie befand, sich mit politischen Fragen auseinandersetzen musste. Und dieser sensible, todmüde Mann zerbrach nicht an der gewaltigen Aufgabe. In Würde litt er, bewahrte seinen Stolz, stemmte sich gegen die Allmacht der Kardinäle, die den Rückfall in die Gregorianik anstrebten, verhalf einer neuen Musikrichtung zum Erfolg.

Als Kruzianer hatte Peter Schreier zu Palestrinas Werken schon eine enge Beziehung gefunden. Später studierte er Thomas Manns „Palestrina-Essay" und alles, was mit dieser historischen Person und dem Komponisten Pfitzner zusammenhing. So tief war er wohl

*Palestrina im beeindruckenden Schlussbild der Berliner Inszenierung von Erhard Fischer, die Otmar Suitner dirigierte.*

noch nie in eine Rolle eingedrungen: „Man konnte den Komponisten Pfitzner nicht mehr fragen. Aber ich glaube bis heute, dass ich stimmlich seinen Vorstellungen entsprach." Damit er die Partie selbst im Flugzeug lernen konnte, schnitt ihm Sohn Torsten aus der Gesamtaufnahme von Dirigent Rafael Kubelik mit Nicolai Gedda als Palestrina 1978 alle Passagen der Titelfigur auf Tonband-Kassette zusammen.

Diese fünfstündige Oper gehört sicher zu den komplizierten Bühnenwerken. Sie ist kein populäres Stück, fand jedoch im Laufe der Jahre immer wieder eine Liebhabergemeinde. Musikkenner halten sie für einmalig, genial, einige Stellen geradezu für überirdisch, mit einer unbeschreiblichen Kraft, die die Seele in allen Tiefen bewegt, erschüttert.

Mit jubelndem Schlussbeifall für den aufwendigen „Besetzungskatalog" und Titelrollensänger Peter

Schreier endete die Premiere am 23. Dezember 1979 im Münchner Nationaltheater mit Wolfgang Sawallisch am Pult und Filippo Sanjust als Regisseur und Bühnenbildner: „Peter Schreier, heute der beste und intelligenteste Tenor deutscher Zunge, verdeutlichte die metaphysisch begründete Depression des Welt- und Schaffensmüden … durch den bei aller Bestimmtheit immateriellen Klang seiner hohen, hellen Tenorstimme. Im silbrigen Timbre und in der souveränen Diktion dürfte Schreier dem Ur-Palestrina Karl Erb am ähnlichsten sein …", schrieb die Süddeutsche Zeitung. Dass die Meinung über diese „Palestrina" trotzdem geteilt war, hing vor allem mit offensichtlichen Regieschwächen zusammen. Nur manche hielten den 44-jährigen Tenor für zu jung, zu drahtig und zu aktiv. Dazu meinte „Oper + Konzert": „… aber erstens steht nirgends geschrieben, dass der Meister ein seniler Tattergreis sein müsste … und zum Zweiten fällt dieser kleine Einwand angesichts seiner rührenden Rollengestaltung wirklich kaum ins Gewicht. Schreier sang durchweg prachtvoll … auch konnte man fast jedes Wort verstehen." Zum 88. Deutschen Katholikentag 1984 nahm man die Inszenierung dann nochmals in den Spielplan des Bayerischen Nationaltheaters auf.

Schreier sang den „Palestrina" auch in Hamburg und Nürnberg: „Nicht einfach war es, so eine Kirchenoper in Berlin aufzuführen. Doch Intendant Hans Pischner, der ja ein diplomatischer Fuchs war, hat es bei den SED-Oberen durchbekommen. Dabei warf er natürlich auch meinen Namen in die Waagschale." Der Tenor hält die am 25. Dezember 1983 auf die Berliner Bühne gelangte Inszenierung von Erhard Fischer, bei der Otmar Suitner dirigierte, bis heute für die gelungenere Arbeit.

Dem Programmheft der Deutschen Staatsoper Berlin lag damals ein extra Blatt „Peter Schreier: Gedanken zu Palestrina" bei, dessen bedeutungsvoller Schlusssatz lautete: „Er aber wird sich selbst treu bleiben und als freie, eigengesetzliche Entscheidung tun, was seine Verantwortung ihm auferlegt."

Viele verlockende Opernangebote hat der große Tenor danach noch bekommen – doch er verzichtete fortan auf neue Rollen: „Warum sollte ich mir durch Grenzpartien, die meiner Stimme wehtun, die Flexibilität, Bach zu singen und Liederabende zu geben, verbauen?"

# Das Orphische in Schreiers Stimme

Oper oder Oratorium – musikalische Begegnungen mit Peter Schreier waren immer etwas ganz Besonderes. Doch im Sololied erreichte sein Instrument, seine Zauberstimme, überirdische Dimensionen. Ergreifend, wie er in Liederabenden immer wieder mit der Magie außergewöhnlichen Könnens faszinierte: In begnadeten Augenblicken schien etwas hinzuzutreten, das seine Interpretation in Sphären jenseits dieser Welt hob. Jürgen Kesting definierte die Stimme 1986 in seinem Kompendium „Die großen Sänger" als einen „hellen, obertonreichen lyrischen Tenor mit einem feinen, unverkennbaren Timbre. Auffallend die extreme Hellfärbung der im Vokaldreieck hoch liegenden Vokale, besonders des /i/. Dafür tendieren die dunklen Vokale, vor allem in der Umgebung der Nasale, zur Kehligkeit …" Kesting hielt auch als Erster fest, dass Schreier mitunter „die Transformation ins Orphische" gelingt. Damit verband er dessen Gesang mit dem altgriechischen Mysterienkult der Orphik, die sich in ihrer Erlösungs- und Unsterblichkeitslehre auf den göttlichen Musensohn und Sänger Orpheus berief! Zumindest ein Hauch von Ewigkeit umweht Schreiers Lebenswerk: Hunderte Schallplatten und CDs, auf welchen die Sternstunden seines Gesangs konserviert sind.

Kenner konstatierten bei Schreier eine interessante Wandlung – seine Stimme klang in späteren Jahren etwas stählerner als früher. Der edle Sänger wurde zum Charaktertenor: „Ich habe dies immer als eine natürliche Erscheinung des Alters betrachtet. Man ging oft an die Grenze seiner Möglichkeiten, ohne sie zu überschreiten. Dabei formte sich die Stimme neu, sie lagerte, bettete sich. Sie ist nicht mehr so weich, und plötzlich gelangen einem Dinge, die man früher nicht geschafft hatte. Dabei ging es weniger um die Klangfarbe, mehr um die Farbe der Diktion. Mit weniger Stimme vermochte ich beispielsweise besser zu deklamieren."

Während die einen Schreier deshalb nicht ganz ohne Häme den „deutschesten aller deutschen Tenöre" nannten, faszinierte andere die große Steigerung seiner dramatischen Ausdruckskraft, die differenzierte

*Sein makelloser Belcanto teilte sich dem Ohr des Zuhörers an Tausenden Abenden als überwältigender, anrührender künstlerischer Ausdruck mit.*

*Atelierporträt Peter Schreiers.*

*Umringt von Fans in Wien ...*

Gestaltung der Worte. 1983 urteilte „Der Tagesspiegel" über einen Abend mit Volksliedern von Johannes Brahms und Robert Schumanns Liederkreis in der Berliner Philharmonie: „Ein wunderbares Piano, zart und locker angesetzte Spitzentöne, große Atemkultur und eine besondere Neigung zum Volkston … Das Erstaunliche ist, dass dabei Schreiers stimmliche Schönheit um keinen Grad abgenommen hat. Vielmehr scheint mit der gewachsenen Intensität auch sein Ton noch runder geworden zu sein."

Für seine Meisterschaft spricht, dass er Schuberts „Die Winterreise" erst als 50-Jähriger in Angriff nahm. Als er sich nach „Palestrina" und den Erfahrungen des Lebens dazu reif fühlte.

Reinheit und Schlichtheit seines Gesanges, die unglaubliche Wandlungsfähigkeit, halten viele bis heute für unerreicht: wie der Sänger das „Über allen Gipfeln ist Ruh" flüsterte, wie der fröhlich-pfiffige Rattenfänger und schwärmerisch rastlose Liebhaber mit unendlicher Zartheit das Heideröslein knicken konnte! Der Gourmet der Musik verkörperte nicht nur die schönen Töne und brillante Technik. Es bedurfte der Menschlichkeit des großen Sängers mit Herz, Sinn, Verstand und einer Portion Religiosität, um die in den Worten verborgene Tiefe zu erfassen. Nicht zu vergessen, dass ein Liederabend auch ungeheure physische Kräfte erfordert.

Selbst begründet Schreier seine Motivation für den Liedgesang auch höchst pragmatisch: „Hier war ich in Abstimmung mit dem Pianisten gewissermaßen mein eigener Regisseur und Dirigent, von niemandem abhängig. Da ist man ganz allein für sich verantwortlich und auch gezwungen, etwas über die Rampe zu bringen, das einen ganz persönlichen Stempel trägt."

Mit weit über 50 Pianisten, Cembalisten, Organisten, Gitarristen und Lautenisten hat er im Laufe seines künstlerischen Lebens zusammengearbeitet: Helmut Deutsch, Rudolf Dunckel, Irwin Gage, Walter Olbertz, Camillo Radicke, Deszö Ránki, Peter Rösel, Norman Shetler, Erik Werba ... Schreier war immer bemüht, verschiedene Pianisten zu haben: „Damit die Zusammenarbeit nicht verkrustet, festfährt. Mitunter gibt es dann auch Dissonanzen. Ein Pianist übte plötzlich nicht mehr. Ein anderer, den manche für meinen besten Begleiter hielten, war zwar motorisch genau und hat sich wohl nie verspielt, aber ihm fehlten das Herz, die Empfindungen. Zum Musizieren gehört, dass man aufeinander hört, nicht einfach geradeaus marschiert. Mit András Schiff fand ich in den letzten 25 Jahren das Ideal. Weil er im Innersten mitsingt. Wenn ich Neues vorbereitete, fühlte er mit. Da gab es ein unsichtbares Band, eine Harmonie, ein Vorausahnen, was kommt."

Im Schubert-Jahr 1978 hatte Peter Schreier ein Experiment gewagt, sang bei den Salzburger Festspielen den Zyklus „Die schöne Müllerin" mit Gitarrenbegleitung von Konrad Ragossnig. Die Symbiose war so erfolgreich, ausbaufähig, dass beide in den folgenden Jahren mit Weber- und Schubertliedern bis nach Japan auf Tournee gingen. Eine enge künstlerische Freundschaft verbindet den Dresdner Tenor mit der Schweizer Kammersängerin Edith Mathis: „Mit ihr gemeinsam habe ich sehr viele Liederabende gemacht, beispielsweise Hugo Wolfs ‚Italienisches Liederbuch'. Das schweißte zusammen, man dichtete uns sogar eine Affäre an."

Ob Carnegie Hall oder Radio City Hall in New York, Tokios Konzertsäle, das Puschkin-Museum in Moskau, die Victoria-Halle in Genf, das Tivoli in Kopenhagen, die Scala in Mailand, Schloss Schönbrunn, Mozart- und Brahmssaal in Wien, Herkulessaal in München, Meistersingerhalle in Nürnberg oder die Musikhalle Hamburg – in schätzungsweise 2000 Liederabenden entzückte er sein Publikum rund um die Welt, füllte die Säle. Wundervolle Stunden waren dies nicht nur für seine Zuhörer, der Sänger bekam auch viel zurück. Die Standing Ovations, die Erlebnisse in allen Kulturen, die Begegnungen: „Ich lernte neben vielen einfachen und herzlichen Leuten Staatsmänner, Industrielle, berühmte Wissenschaftler, Sportler, Kollegen und musikbegeisterte Schauspieler wie Gert Fröbe kennen. Hoch in den Hügeln von Santa Monica am Pazifik empfing mich z. B.

Im Berliner Studio Christuskirche. Hunderte Platten verkörpern sein einzigartiges Stilgefühl, seinen außergewöhnlichen Reichtum an Ausdrucksnuancen und Phrasierungskunst.

Marta Feuchtwanger, Witwe des Romanciers Lion Feuchtwanger, in ihrer ‚Villa Aurora'. In London nahm mich die spanische Kollegin Pila Lorengar erstmals mit zu einem China-Restaurant. Mich haben die verschiedenen Schüsseln mit Rindfleisch, Bambus und das Hühnerfleisch mit Ananas sofort begeistert. Nur dem Reis kann ich als Kartoffelsachse nichts abgewinnen."

Im Mekka der Liedsänger London wurde Schreier immer besonders akzeptiert: „Die Intendanten der Wigmore Hall, wo ich regelmäßig sang, hatten und haben die besondere Gabe, emporkommende Liedsänger zu entdecken. Sie holten auch Matthias Goerne oder Olaf Bär an ihr Haus. Eine meiner besten Platten stammt

Enge künstlerische Freunde: Peter Schreier und die Schweizer Kammersängerin Edith Mathis.

aus der Wigmore Hall. Es ist ein Livemitschnitt mit András Schiff. Als ich das Probeband hörte, war ich total überrascht. Denn es war perfekt wie eine Studioaufnahme. Natürlich habe ich auch in der Royal Festival Hall verschiedene Konzerte vor Mitgliedern der Königsfamilie wie Prinz Charles gesungen. Die unter seiner Obhut stehende Royal Academy of Music ernannte mich kürzlich zu ihrem Ehrenmitglied. Meine erste Begegnung mit Daniel Barenboim hatte ich auch in der Royal Festival Hall. Der junge Dirigent sprang damals für den schwer erkrankten Otto Klemperer ein."

Ein Musikfestival des Liedgesangs verdient besondere Erwähnung: die „Schubertiade Schwarzenberg" in Vorarlberg. Am 13. Mai 1976 half Peter Schreier seinem Freund Hermann Prey mit Schuberts „Schöner Müllerin" die Schubertiade im Schloss von Hohenems aus der Taufe zu heben. Bis heute ist er ihr aufs Engste verbunden.

*Oben: Vorbereitung auf einen Liederabend mit Star-Pianist Erik Werba und Ingeborg Hallstein.*

*Auch in Weimar wollen Konzertbesucherinnen unbedingt ein Autogramm.*

Dem Welt-Tenor wurden auch die höchsten Weihen seiner Kunst zuteil. Im Mai 1986 bat ihn der Präsident des Kuratoriums der Schweizer Ernst von Siemens Stiftung, Paul Sacher, den damals mit 150 000 DM dotierten Ernst von Siemens Musikpreis – quasi den „Nobelpreis der Musik" – anzunehmen. Für die Laudatio war der als „Loriot" bekannte Vicco von Bülow erste Wahl. Doch dieser hatte eine „Freischütz"-Regie übernommen, musste Schreier am 16. Februar 1988 absagen. In die Bresche sprang der Dresdner Semperopern-Intendant Gerd Schönfelder, der die Festveranstaltung dann im April an der Bayerischen Akademie der Schönen Künste zu München mit salbungsvollen Worten umrahmte. Am 30. Mai des gleichen Jahres der nächste Paukenschlag: Schreier bekam den mit 200 000 dänischen Kronen verbundenen Léonie Sonnings Musicprize des berühmten Léonie Sonnings Musikfond Kopenhagen überreicht.

*Oben: Nach einem Konzertabend in Japan: Peter Schreier mit seinem Freund, dem weltbekannten Pianisten András Schiff, dessen Frau Yuko Shiokawa (links) und ihrer Mutter in Tokio.*

*Mit Helmut Deutsch am Steinway-Flügel. Auch bei der Schubertiade Hohenems 2005 zeigte er seine beispiellose Meisterschaft, mit Herz und Verstand, Empfindung und Intelligenz zu singen.*

# Japanischer Fanclub mit Schreier-Postille

Bereits 31 Mal gastierte der Dresdner im asiatischen Inselreich der aufgehenden Sonne, wo ihm sogar Kaiser Hirohito, der 124. Tenno, zuhörte. Inzwischen fühlt er sich in Japan fast wie zu Hause, hat das Land und seine überaus liebenswürdigen Menschen schätzen gelernt. Ebenso das unvergleichliche Publikum, welches bestens vorbereitet in die Konzerte kommt, so unheimlich emotional auf deutsche Musik reagiert. Daneben das perfekte japanische Management – fünf asiatische Agenturen hatte er im Laufe der Jahrzehnte – und die sensationell gute Betreuung: „In Tokio stelle ich auf dem Flughafen meine Koffer ab und muss mich bis zum Abflug um überhaupt nichts mehr kümmern. Gepäckträger stehen bereit, die besten Hotels sind gebucht, bei Proben und Konzerten wartet der Chauffeur, alles ist stets

bezahlt und jeder Wunsch wird einem von den Augen abgelesen."

Nur das erste Konzert im Januar 1974 begann mit Stress für den Sänger: „Ich hatte vorher einen Liederabend in San Francisco und die auf dem Globus nicht so versierten Ostberliner Tourneeplaner vergaßen, die Datumsgrenze einzukalkulieren. Demzufolge traf ich mit einem Tag Verspätung ein. Der Flieger sollte 16.30 Uhr in Haneda, Tokio landen. Die deutschsprachige Stewardess der Pan Am vom legendären Flug 001 – der die Erde umrundete – erzählte mir beim Start, dass sie manchmal bei Stürmen auf Fairbanks in Alaska zwischenlanden müssten. Ich dachte: Was wird, wenn wegen mir der Liederabend ausfällt? Gott sei Dank war Petrus gnädig und wir kamen pünktlich an. Mit Blaulicht fuhr man mich sofort zum Konzert-

*Mitglieder des japanischen Schreier-Fan-Clubs umringen 1988 ihren Liebling aus Deutschland.*

saal, wo Olbertz in einem Raum zur Anspielprobe für die ‚Müllerin' wartete. 19 Uhr dann trat ich vor die vielleicht 2000 Menschen in der Hibiya Konzerthalle. Ein Saal voll ‚schwarzer Köpfe', viele Besucher mit Noten in der Hand. Plötzlich war alle Müdigkeit verflogen, meine Motivation so hoch, dass ich auch noch den Empfang im Dachgeschoss eines Panoramarestaurants bestens überstand. Die Resonanz in dem unserer Tradition und Mentalität so fernen Kulturkreis hatte mich überwältigt. Danach fiel ich todmüde ins Bett und habe den ganzen Tag durchgeschlafen."

Im Schlaf überraschten ihn bei späteren Gastspielen häufig Erdbeben: „Das ist dort alltäglich. Nachts schwankte mein Bett oder die Schiebewände des Schrankes im 24. Stock gerieten in Bewegung, Lampen pendelten. Nach 20 Minuten ist meist Ruhe, die Hochhäuer müssen das dort aushalten."

In Japan scharte sich ein ganz bestimmtes Liedpublikum um Peter Schreier, das besonders von der deutschen Romantik fasziniert ist. Franz Schuberts „Die Winterreise" ist für diese Menschen wohl so etwas wie das „Weihnachtsoratorium" für Deutsche. Und nach jedem Konzert versammelte sich eine Menge von Besuchern am Bühneneingang. Alle mit Autogrammwünschen, das Gespräch suchend, manchmal kleine Geschenke übergebend. Bis heute versorgen ihn Fans mit einem köstlichen Pfeffersalz, das der Dresdner in Japan entdeckte. Innerhalb kurzer Zeit hatte sich ein „Klub der Anhänger Peter Schreiers" gegründet: „Bei jedem Japan-Aufenthalt veranstalte ich mit ihnen einen Klubabend. Dort wollen sie mir, obwohl ich ja eigentlich nicht sehr mitteilsam bin, neben allen künstlerischen Dingen auch privateste Details entlocken. Beliebt im Freundeskreis sind kunstvoll bestickte Fächer. Bei jeder Begegnung trug ich meinen Namen und das Datum ein. Manche haben den ganzen Fächer voll, reisen mir bis heute zu Dirigaten in der Welt nach."

Solch herzliches Engagement kennt er nur noch aus Helsinki, wo sich sangesfreudige Damen und Herren zu einem „Peter-Schreier-Chor" zusammenfanden. Und dies schon lange bevor ihn im Jahre 2000 Ministerpräsident Paavo Lipponen zum Kommandeur des Ordens des Löwen von Finnland ernannte. Der japanische Fan-Klub brachte sogar über mehrere Jahre eine Zeitung heraus, die alle Neuigkeiten von Schreier ver-

*Der deutsche Tamino in Mozarts „Zauberflöte" faszinierte das japanische Publikum.*

öffentlichte: „Dort wurden sogar Gerüchte, Klatsch und Tratsch über mich abgedruckt. Der dickste Hund: Ich sollte eine Liaison mit der ungarischen Sopranistin Eva Marton haben. Offensichtlich hatte mich ein Fanklub-Mitglied nach einer ‚Don Giovanni'-Aufführung in Wien mit ihr beim Abendessen gesehen. Doch da war ihr Mann dabei!"

Auch jene Fanpost, die Schreier vielleicht das größte Kopfzerbrechen bereitete, kam aus Japan. Viel hat er bis dahin neben den üblichen Huldigungen, Autogrammwünschen und Schwärmereien erlebt. Medizinprofessoren schilderten, wie sehr sein Gesang sie rühre, auf dutzenden handschriftlichen Seiten sandte eine Dame durchgeistigte Briefe zur Mystik der „Zauberflöte", ein Leipziger Doktor der Theologie hatte zwischen 1975 und 1983 sogar neun Gedichte über ihn verfasst. Doch was da ein in Liebe entflammtes Fräulein aus dem japanischen Sagamihara in vielen sehnsuchtsvollen Briefen schrieb, setzte allem die Krone auf. Sie war davon überzeugt, dass der Tenor sie heiraten würde, und beabsichtigte, gleich samt ihren Eltern zu ihm zu ziehen. Das konnte Schreier mit

*Einmal war Schreier sogar der einzige Europäer im japanischen Ensemble an der Oper von Tokio.*

*Singt oder dirigiert Peter Schreier in Japan, prangt sogar in den U-Bahnen Werbung für den berühmten Künstler.*

Schreier ist kein Statistiker und kann deshalb nicht genau sagen, wie oft er in Japan die „Zauberflöte" oder den Evangelisten sang. Auf jeden Fall beeindruckten ihn die gigantischen, ausverkauften Säle mit 2500 bis 3000 Zuhörern. An Konrad Ragossnigs Gitarre musste beim Liederabend sogar ein kleiner Yamaha-Verstärker angebracht werden – damit in den letzten Reihen noch sein Spiel zu hören war. Zu den schönsten Japan-Visiten gehörten jene mit Herbert von Karajan und dem russischen Pianisten Swjatoslaw Richter: „Mit Richter war ich drei Mal dort und wir haben in der Nähe des Fujiyama eine Fichte gepflanzt. Ich bin zuletzt 2006 vorbeigefahren und habe mich gefreut, wie groß sie geworden ist."

seinem Brief vom 18. Juli 1988 gerade noch verhindern: „Eines muss ich allerdings mit aller Deutlichkeit in diesem Brief richtigstellen. Ich habe Ihnen nie eine Heirat mit mir in Aussicht gestellt … meine Ehe besteht seit über 30 Jahren und ich habe nicht die Absicht, mich von meiner Frau zu trennen. Auch von einer Übersiedelung in die DDR möchte ich Ihnen abraten. Hier herrschen ganz andere Lebensgewohnheiten als in Ihrer Heimat …"

Im asiatischen Raum gastierte Schreier häufig noch in Südkorea, ein paar Mal in Taiwan und Hongkong: „Ich bedaure sehr, dass ich es nicht nach Volkschina oder Singapur geschafft habe. Gern hätte ich dort für weniger Geld oder gratis gesungen. Die Agenturen waren daran aber überhaupt nicht interessiert."

*Andacht in einem buddhistischen Tempel. Auch hier spürt der einstige Kruzianer die Macht seines Glaubens.*

# Reisender unterm ungeteilten Opernhimmel

Am 1. August 1975 reichte die Bezirksverwaltung des Ministeriums für Staatssicherheit Dresden die Handakte von Opernsänger Peter Schreier an die Hauptabteilung XX/7 nach Berlin. Dürftig, was ein ostsächsischer Tschekist mit ungeübter Hand und seltsamer Orthografie als Mitteilung an die Zentrale in die Schreibmaschine hämmerte: „SCH. stammt aus einer kleinbürgerlichen ev. und kirchlich gebundenen Familie … wird allgemein als bescheidener mensch eingeschätzt, obwohl er in Dresden ein größeres Einfamilien Haus mit allem Komfort und luxuros zu bezeichnender Einrichtung besitzt. Seine Einstellung lasst im wesentlichen einen positive Merkmale erkennen. Lediglich wird bemangelt, dass er zu Staatsfeiertagen nicht flaggt … sein im modernsten Stil erbautes Einfamilienhaus, indem sich neben einer Sauna auch ein Swimmingpool im weitlaufigen Garten befinden soll, sowie einige Garagen für einen Mercedes, einen Fiat und 1 Opel … besitzt ein Westkonto."

Eigentlich wollte Peter Schreier seine Stasi-Akte nie einsehen. Für die Recherchen zu diesem Buch wurde sie erstmals geöffnet: dürre Seiten mit wenig Substanz. Was die Akte füllt, sind zahllose Avisierungsbelege der DDR-Grenzübergangsstellen. Diese routiniert abgezeichneten Formulare tragen auf der Rückseite Vermerke wie „Bevorzugte, höfliche Abfertigung", „Abfertigung ohne Zollkontrolle der Person/ des TM/ des Gepäcks".

Die Stimme, die keine Grenzen kannte – Schreier besaß ein jeweils für zwei Jahre gültiges Dauerreise-Visum. Der ganzseitige Stempel fand allerdings nicht automatisch seinen Weg in den Pass. Damit Schreier bewusst blieb, wem er die Freiheiten verdankte, war ein Antrag zu schreiben: „Kurt Hager bekam meine Bettelbriefe im Abstand von zwei Jahren. Darin stand, dass ich soundso viele Aufgaben in der Welt zu erledigen hätte und um das Dauervisum bat." Was der Dresdner als Demütigung begriff, betrachteten Millionen, die für die Westreise erst Rentner sein mussten, als unerreichbares Privileg. Diese Bewegungsfreiheit,

die außer ihm anfangs nur Sänger Theo Adam besaß, hing ausschließlich mit seiner Leistung, dem weltweiten Ruf und dem Umstand zusammen, dass er einer der in der DDR so begehrten Devisenbeschaffer war. Denn von den für Künstler seiner Größenordnung üblichen 8000 bis 15 000 DM Gage, die er in westlichen Ländern pro Abend bekam, mussten erst die Hälfte, später ein Viertel der harten Währung 1 : 1 in Mark der DDR bzw. in sogenannte Forum-Schecks umgetauscht werden: „Damit konnten wir in bestimmten Läden der DDR Westwaren einkaufen. Meinem großen Sohn Torsten beispielsweise einen Fiat Ritmo. Nicht zu vergessen, dass die Künstleragentur etwas abzog und 20 Prozent Einkommenssteuer gezahlt werden mussten. Das Westkonto war leider ein Sperrkonto. Um beispielsweise Geld für den Mercedes 280 SEL abzuheben, musste ich das in der DDR und im Finanzministerium in München beantragen. Die Opern-

*Drei Stars hinter der Bühne der Deutschen Staatsoper Berlin: Peter Schreier, Theo Adam und Eberhard Büchner (v. r.).*

*1976 als Königssohn Idamantes in „Idomeneo" von Wolfgang Amadeus Mozart unter Dirigent Karl Böhm in Salzburg. Regie führte Gustav Rudolf Sellner.*

124

häuser im Westen haben auch noch die Pensionsversicherung einbehalten. Damals dachte ich nicht an den Untergang der DDR und hielt das für herausgeworfenes Geld. Heute bin ich dankbar."

Es ließ sich an den Fingern abzählen: Wäre sein Stern gesunken, wären Anfragen für westliche Bühnen, Konzertsäle und Fernsehanstalten seltener geworden, hätte er das Dauervisum, das rare Stück, schnell verloren. Diese Bevorzugung war kein Geschenk. Nur solange er bei der musikalischen Hochleistungs-Konkurrenz mitbieten konnte, schien sie relativ sicher. Sein Elfenbeinturm stand auf einer seltsamen kapitalistischen Insel inmitten der sozialistischen Planwirtschaft, wo das Prinzip Angebot und Nachfrage funktionierte: Aber nur, wenn man Töne wie Peter Schreier hatte, wenn man sich in jenen höchsten Sphären des Musikbetriebes bewegte, wo selbst so verhärtete Grenzen wie die deutsch-deutsche an Bedeutung verloren.

Doch nicht nur als sprudelnde Devisenquelle war er dem SED-Staat wichtig – auch als Aushängeschild. Mit seiner Hochkultur glaubte man Sympathien von Kreisen im Ausland zu erreichen, auf welche die Medaillen sammelnden Spitzensportler keinerlei Eindruck machten. Dass Schreier nicht der Partei angehörte, statt an Marx an Gott glaubte, machte ihn für diese Mission noch geeigneter. Wenn alljährlich bei den Salzburger Festspielen die DDR-Fahne flatterte, war dies meist dem Dresdner allein zu verdanken.

Noch ein weiterer Umstand erschien den Machthabern genehm: seine Bodenständigkeit und Loyalität. Diese „sächsische Provinznudel" – wie er sich selbst gern bezeichnete, die Heimatliebe aus tiefstem Herzen bis heute lebt – würde von Reisen zurückkehren. Trotzdem durfte er lange Zeit nicht mit der kompletten Familie auf Gastspieltour in den Westen reisen: „Immer musste jemand als ‚Geisel' zurückbleiben."

Schreier hat vieles durchschaut, ist auf seine zurückhaltende, konziliante Art Konflikten aus dem Wege gegangen. Mit wem sollte er auch über die Erlebnisse hinter dem Eisernen Vorhang reden, ohne Neid zu erzeugen? Künstler seiner Größe besaßen anderswo eigene Flugzeuge, Yachten oder wie sein finnischer Freund und Kollege Martti Talvela eine eigene Insel. Doch wie hätte Schreier das vermitteln können? „Ge-

*Schminke und Kostüm verliehen dem Loge in Richard Wagners „Rheingold" an der Bayerischen Staatsoper München ein unverwechselbares Äußeres.*

legentlich wurde ich bei der Rückkehr nach Dresden an der Tankstelle gefragt, woher ich gerade komme. Da habe ich lieber mit der Wahrheit gezögert. Ich sagte dann: aus Karl-Marx-Stadt! Das war die gleiche Richtung, aber für den Tankwart nicht so unerreichbar wie Bayern oder Österreich."

Zwangsläufig fehlten einem Ausnahmekünstler, der wie ein Smaragd in Watte gepackt wurde, bestimmte Erfahrungen mit der Diktatur der DDR: „Manchmal habe ich mich gefragt, ob ich die DDR richtig kannte. Denn von vielen Problemen des täglichen Lebens wusste ich wenig. Freunde erzählten, wenn ich von Reisen zurückkam: Hier geht alles den Bach runter, die Versorgungslage wird immer schlechter, man fühlt sich eingesperrt … Ich habe deswegen nie von Auslandsreisen erzählt. Ich schämte mich fast, lebte unter moralischem Druck. Deshalb empfand ich es als innere Verpflichtung, so viel wie möglich in der Heimat aufzutreten. Ich lebte hier und wollte auch für diese Menschen singen."

Gleichsam schien es unmöglich, abzulehnen, wenn er wie Theo Adam, Ludwig Güttler oder Jochen Kowals-

*An der Hamburger Staatsoper erlebte das Publikum diesen verführerischen Ferrando in Mozarts „Così fan tutte".*

*Hilfe! Wer leckt mir denn da die Füße? Tierisches Erlebnis bei einer Wanderpause im Salzburger Land.*

*Kleiner Abstecher in der Konzert-Freizeit: Im Rentierschlitten durch die verschneite Landschaft Finnlands.*

ki zu Staatsakten bestellt wurde: „Ich bin kein Kämpfer und höchstens auf der Bühne der Held. Man vergisst heute leicht, dass Veränderungsmöglichkeiten nicht in unserer Hand lagen. Abgesehen von den letzten drei Jahren unter Gorbatschow standen uns russische Panzer gegenüber." So verlieh Schreier der Einweihung des Palastes der Republik genauso tenoralen Glanz wie dem Konzert zum 1300. Jahrestag der Gründung des bulgarischen Staates, dem Festakt zum 500. Geburtstag von Martin Luther oder den Feierlichkeiten 750 Jahre Berlin. Wer hätte sich nicht geehrt gefühlt, wenn Honeckers Regierungsflieger nach Wien gesandt würde, um den Sänger zu einem außerplanmäßigen Opernauftritt vor Hamburgs Erstem Bürgermeister, Klaus von Dohnányi, Unter die Linden zu holen? Er wimmelte auch den eloquenten ND-Redakteur Hans-Joachim Kynaß nicht ab, als er ihn während der „Verfassungsdiskussion" 1968, die natürlich eine Farce war, um ein kurzes Statement zu humanistischen Kulturwerten bat. Sicher war Schreiers Namenszug neben zwölf anderen unter dem „Brief von Persönlichkeiten des Dresdner Musiklebens an Genossen Erich Honecker" im Sommer 1979 unnötig. Man konnte damit rechnen, dass eigentlich die den Dresdner Musikfestspielen gewidmeten Zeilen in der Kulturbund-Zeitung „Der Sonntag" abgedruckt werden. Doch im Zusammenhang mit dem Ausschluss von neun Autoren aus dem DDR-Schriftstellerverband geriet der Schriftsatz in einen spannungsgeladenen Kontext. Die Hintergründe der Ergebenheits-Kampagne kamen dann erst nach 1989 ans Tageslicht.

Die Trennung in Gut und Böse, in Erhabenheit oder Lächerlichkeit, blieb eine ständige Gratwanderung. Zumal Schreier auch die Zustimmung und Offerten aus der Bundesrepublik erhielt: Der Leiter der Ständigen Vertretung der Bundesrepublik Deutschland, Staatssekretär Hans Otto Bräutigam, gratulierte ihm 1984 herzlich zum Vaterländischen Verdienstorden in Gold. SPD-Chef Willy Brandt wollte ihn ein Jahr später für eine Kulturveranstaltung zur neuen Ost- und Friedenspolitik gewinnen. 1988 war Schreier sogar mit dem Bundesverdienstkreuz dran: „Ich stand kurz vor der Verleihung. Da kam jemand vom ZK der SED und bat mich, zu verzichten. Da habe ich es eben gelassen."

Publizistische Wegbegleiter wie Wolf-Eberhard von Lewinski und andere fragten Peter Schreier mehrfach, warum er nicht aus der DDR wegging: „Vielleicht, weil man mich in Ruhe ließ, wenig reinredete. Ich konnte mir leisten, zu sagen: Wenn ich wichtige Projekte nicht machen darf, ist es hier aus. Zwar war Westberlin bis 1988 für Auftritte ausgeklammert und wegen der Palästinenser-Problematik durfte Israel nicht besucht werden. Doch wegen des Israel-Tabus hätte ich die Ex-DDR nicht verlassen. Ich hing zu sehr an meiner Heimat. Mir ging es da wie Swjatoslaw Richter. Er blieb in Moskau, obwohl er kein Regime-Freund war. Er hat gelitten, ist aber geblieben, weil er seine Heimat liebte. Man kann Menschen, die unter solchen Umständen geblieben sind, nicht verurteilen, auch wenn sie still die Taten des Regimes duldeten."

*Die finnische Sauna lernte Peter Schreier bei seinen häufigen Verpflichtungen als Sänger und Dirigent im Land der 1000 Seen schätzen.*

*Entspannung beim Wintersport: Auf Brettern rund um den Chiemsee.*

# Freude, Leid und ungebetene Gäste im Landhaus

Eigentlich verdankt Peter Schreier sein Landhaus bei Kreischa Hund Bobby, der zwölf Jahre alt wurde: „Es war immer der Wunsch meiner Frau und der Kinder, einen Hund zu besitzen. Wegen der Reisen suchten wir einen Tierliebhaber. Und den fanden wir in Bernd Oehmichen aus Lungkwitz, Gründer des späteren Reiterhofes am Wilisch. Nahe seinem Grundstück lag ein teilweise bewaldeter Osterzgebirgshang mit schlechtem Boden, den die LPG kaum nutzte. Wir hatten uns in dieses abgelegene, 11 000 Quadratmeter große Stückchen Erde verliebt, wollten es pachten. Allerdings lag es im Landschaftsschutzgebiet und die Angelegenheit bedurfte einer Sondergenehmigung."

Bei dieser zeigte sich die für Künstler zuständige ZK-Abteilung in Berlin nicht kleinlich. Sein „Studiogebäude" bekam der Sänger sogar bilanziert. Das bedeutete in der Mangelwirtschaft der DDR die so wichtige Zuteilung von Baumaterial über den VEB Bau Freital. Der befreundete Architekt Hermann Rühle von der Bauakademie Berlin – als einer der Väter des Dresdner Fernsehturms eine lokale Berühmtheit – hatte seinen Mitarbeiter Dieter Hantzschke vermittelt: „Im Gips-Entwurf verarbeitete er unsere Ideen und Wünsche. Mir schwebte ein Haus im Salzburger Stil vor. Mit geräumiger Wohndiele, freier Treppe, umlaufender Galerie, Balkon mit Blick über das Tal auf die herrliche Natur."

*Gemütliche Runde mit engsten Freunden: Theo und Eleonore Adam (links) sowie Hermann Rühle.*

128

Zur Einweihung 1979 war neben Familienmitgliedern der Dresdner Freundeskreis eingeladen: Theo und Eleonore Adam, Hermann und Brigitte Rühle, Atom-, Fernseh- und Krebspionier Manfred Baron von Ardenne mit Gemahlin Bettina. Dazu der Begründer der DDR-Mikroelektronik, Werner Hartmann, Staatskapell-Konzertmeister Reinhard Ulbricht, der Münchner Musikalienhändler Ulrich Seibert und Chefarzt Heinz Langer mit Frauen. „Alles Menschen", so Schreier, „die Welterfahrung besaßen, mit denen man offen über die Zustände im Land reden konnte."

Zweifellos war das adelige Universal-Genie von Ardenne, das im eigenen Schloss hoch über der Elbe wohnte, mit russischer Staatskarosse in den Westen reiste, ein Privatinstitut nebst Sondermaschinenbau mit 500 Mann besaß und das Vertrauen von Hitler, Stalin, Ulbricht und dann Honecker genoss, der Exot dieser Runde. Das engste Band knüpfte Schreier jedoch mit Adam. Über die seltene Künstlerfreundschaft der beiden großen Dresdner Sänger schrieb der Bassbariton einmal: „Was haben wir nicht schon alles zusammen erlebt, diskutiert, geplant und schließlich gemeinsam gesungen! Wie viele Autofahrten, Flugreisen, Schallplattenaufnahmen und Gastspiele haben wir absolviert? Kunstwerke und berühmte Museen haben wir gemeinsam besichtigt: Louvre in Paris, Britisches Museum in London, Tretjakow-Galerie in Moskau, Vatikan in Rom und vieles andere mehr! Und was zwar nicht ausschlaggebend, aber doch schön an unserer Verbundenheit ist: Unsere Sängerfreundschaft ist nicht durch Konkurrenzdenken gefährdet, da sich unsere Stimmfächer nicht berühren, sondern in allem ergänzen. Du bist für mich eben der ‚Mozartsäusler' und ich für Dich der ‚Wagnerbrüller'. Basta!" Von Theo Adam bekam Schreier in den Anfangsjahren auch die ersten West-Limousinen: „Anfangs fuhr ich Wartburg, Moskwitsch, Shiguli. Dann hatte ich, als mein Westgeld noch knapp war, das große Glück, Theo seine gebrauchten Mercedes abzukaufen. Denn er holte sich alle zwei Jahre einen neuen."

Wunderschöne Tage bescherte Lungkwitz Peter Schreier – aber auch einen der tragischsten Momente. Der Tod des zweijährigen Enkels Christian, am 26. August 1983, im Goldfischteich: „Ralf wusch mit einem Freund seinen Shiguli. Der Kleine lief herum und

fiel vornüber in den nur 50 Zentimeter tiefen Weiher, schluckte Wasser. Als sie ihn fanden, war jede ärztliche Kunst vergeblich. Den Tod seines ersten Sohnes hat mein Jüngster nie verwunden. Gleichzeitig war das Verhältnis zu mir sehr gestört. Ich hatte in Salzburg noch Verpflichtungen, konnte nicht zur Beerdigung kommen. Du bist so egoistisch, denkst nur an deinen Beruf, hat er mir da – nicht ganz zu Unrecht – zum Vorwurf gemacht." Seinen Goldfischteich ließ Peter Schreier sofort zuschütten, den Unglücksort mit Steinplatten abdecken.

Die Jahre gingen ins Land, da wurde das Landhaus in der Nacht vom 12. zum 13. November 1986 Schau-

*Das lässt er sich nicht nehmen: Der Maestro mäht die saftigen Wiesen rund um sein Landhaus am Hang des Osterzgebirges.*

*Geschmackvoll im Salzburger Stil eingerichtet, strahlt Peter Schreiers Landhaus urige Gemütlichkeit aus.*

platz eines Kriminalfalls. Ein 23-jähriger Afrikaner, der in Leipzig studiert hatte und mit einer Deutschen zusammenlebte, sowie sein 22-jähriger vietnamesi-

*Diese im Arbeitszimmer von Lungkwitz stehende Porträtbüste aus Bronze schuf 2000 der Künstler Hans Kazzer für Peter Schreier.*

scher Komplize stiegen über das Dach ein: „Sie schoben die Schieferplatten beiseite und sägten sich ein Loch. Wir haben nie Wertsachen dort draußen. Deshalb nahmen sie verschiedene elektronische Geräte wie einen tragbaren Fernsehapparat mit und verschwanden."

Der Einbruch bei Kammersänger Prof. Schreier wurde zur Staatsaktion, setzte einen gewaltigen Apparat in Bewegung. Sogar die Staatssicherheit war aktiv, gründete eine Spezialkommission – mit Erfolg. Nach Auskunft der Akten saßen die mehrfach vorbestraften und geständigen Kriminellen am 5. Dezember bereits in Untersuchungshaft. Ermittler konnten ihnen acht weitere Diebstähle nachweisen und die Täter wurden zu je zwei Jahren Strafvollzug verurteilt, jedoch nach einem Jahr amnestiert. Bis auf den Video-Recorder „SABA" und eine Damenarmbanduhr, die das Gauner-Duo an einen weiteren Ausländer bzw. an Unbekannte auf der Pferderennbahn veräußert hatte, kamen alle gestohlenen Dinge an die Besitzer zurück.

Freunde und weltberühmte Gäste dürfen die Gastfreundschaft von Renate und Peter Schreier genießen. Zur Weihnachtszeit versammelt sich die ganze Familie hier im Landhaus.

Am 5. Januar 1987 schickte der Chef der Bezirksverwaltung Dresden der Staatssicherheit, Generalmajor Horst Böhm, einen Major und einen Hauptmann zu Schreier. Das Stasi-Protokoll vermeldet: „Für ihn sei insbesondere wichtig zu wissen, dass die Straftat sich nicht gegen seine Person richtete und aufgrund der Klärung eine wiederholte Begehung wenig wahrscheinlich sei."

Dass sich der Geheimdienst „rührend" um ihn kümmerte, hatte er schon vorher bemerkt: „Ich besaß aus US-Produktion ein Funktelefon, welches ich im Haus bei mir trug. Dieses hatte mir einige Zeit vorher den dezenten Hinweis eingebracht, so etwas sei in der DDR eigentlich verboten. Bei dem Besuch im Januar bot man mir nun gleich an, im ganzen Haus eine Alarmanlage zu errichten. Ich wollte denen natürlich nicht Tür und Tor für die Überwachung öffnen, lehnte das Ansinnen dankend ab."

Als es nach der Wende 1992 einen erneuten Einbruchversuch gab, der jedoch am Panzerglas scheiterte, rüstete Peter Schreier seine Immobilien mit neuester Alarmtechnik aus und hat seitdem vor Langfingern Ruhe.

Auf dem Balkon der Beletage seines Landhauses nahe Dresden. Von hier schaut man übers Tal auf sanfte Gebirgszüge und den sächsischen Wald.

131

# Schwerer Entschluss gegen den Kreuzchor

Während der Salzburger Festspiele berichtete am 3. August 1980 der „Kurier" in Wien: „Peter Schreier, heuer hier Belmonte, will sich – so hört man – mehr und mehr von der Opernbühne zurückziehen und 1983 die Leitung des Dresdner Kreuzchores übernehmen."

Zu jener Zeit gab es tatsächlich intensive Gespräche, den einstigen 1. Chorpräfekten und wohl bekanntesten Kruzianer seit 1945 für das Amt des Kreuzkantors zu begeistern: „Es begann mit Nachfragen des damaligen Dresdner Kulturstadtrates. Man drückte sich vorsichtig aus. Ob ich bereit sei, falls sich Veränderungen abzeichnen würden, dieses Amt als 27. Kantor zu übernehmen. Auch Landesbischof Johannes Hempel wollte das befürworten. Zuletzt war ich richtig umstellt. Denn selbst SED-Bezirkschef Hans Modrow versuchte mich in diese Richtung zu lenken."

Schreier fühlte sich geehrt, an seine Jugendzeit in der faszinierenden Sängergemeinschaft erinnert. Hatte er nicht seinem Lehrer Rudolf Mauersberger während des Studiums eine Art Treue-Eid geleistet, sich des Chores später anzunehmen? Er nahm das damals nicht weiter ernst und spürte auch, dass so eine Entscheidung gar nicht in Mauersbergers Machtbereich liegen konnte. Durch die nie versiegenden Nachrichtenströme, welche ehemalige Kruzianer untereinander verbinden, war er seit eh und je über alles recht gut informiert. In Abständen lud man ihn ja auch zur „Matthäus-Passion" oder zum „Weihnachtsoratorium" ein. In seine eigenen Fernsehsendungen wie die Reihe „Meister des Liedes" hatte er Choristen integriert. Er wusste also um die großen Probleme, die mit dem neuen Kantor Martin Flämig bestanden. Dieser wurde vor allem von den älteren Kruzianern, die sich nicht von ihm anherrschen lassen wollten, schwer akzeptiert. Flämig fehlte die Zuwendung, welche der zeitlebens unverheiratete Mauersberger seiner Sänger-Großfamilie zuteil werden ließ. Eltern beklagten, dass er ihren Sprösslingen ein zu enormes Pensum aufbürde. Liebhaber der A-cappella-Musik reagierten enttäuscht, als sie seine Hinwendung zum großen Oratorienchor bemerkten. Und war Flämig, der seit 1973 den – eigentlich Orchesterdirigenten vorbehaltenen – Titel eines Generalmusikdirektors führte, die Kompositionen des allseits beliebten Vorgängers wenig schätzte, nicht zu eitel? Mancher hinterfragte seine Eignung für dieses herausragende Kirchenamt.

Peter Schreier wusste um die vertraulichen Gespräche, die Mauersberger rund um seinen 70. Geburtstag im Jahre 1959 mit Karl Richter vom Münchner Bach-Chor, mit Hans Thamm von den Windsbacher Knaben und Franz Herzog vom Göttinger Knabenchor führte. Alle seine Bemühungen hatten nur ein Ziel: Widersacher Martin Flämig, der zweifellos große Erfolge mit moderner Musik feierte, sowie auch Kreuzorganist Herbert Collum als Nachfolger zu verhindern. Regine Schön, die Tochter des ehemaligen Kruzianers und Kapellmeisters Herzog, besitzt noch heute entsprechende Korrespondenzen. Letztlich vereitelte wohl der Mauerbau alle Schachzüge. Und ohne einen seiner Favoriten eingearbeitet zu haben, blieb die Kantoren-Legende Mauersberger bis zum Tod 1971 im Amt. Er musste nicht mehr erleben, dass Flämig an seine Stelle trat.

Alle warteten zehn Jahre später auf den großen Knall – doch der kam nicht! Die Gemüter beruhigten sich, weil Flämig immer mehr seinen kirchenmusikali-

*Kreuzkantor Martin Flämig bei einer Probe mit Kruzianern. Um 1980 war Peter Schreier als sein Nachfolger im Gespräch.*

*Fachsimpelei unter Kruzianern. Der weltberühmte Tenor und Dirigent besucht immer wieder gern Knabenklassen des Dresdner Kreuzchores.*

schen Schweizer Geschäften in Basel, Bern oder Zürich nachging, dem Assistenten Ulrich Schicha den Dresdner Chor überließ.

Peter Schreier selbst fiel damals der größte Stein vom Herzen. Schließlich hatte er nicht einmal seine Söhne in den Chor geschickt, ihnen lediglich den Besuch der Kreuzschule ermöglicht: „Mit der Hypothek ihres Vaters hatten die sensiblen Knaben schon in der Schule genug zu leiden. Wie wäre es erst im Chor gewesen?"

Längst hegte Schreier ernsthafte Zweifel, ob er die Geduld für so eine große pädagogische Herausforderung aufbringen könnte. Womöglich müsste er noch einmal Kirchenmusik studieren. Wie sollte man Kreuzchor und die internationale solistische Karriere unter einen Hut bekommen? Diese Quadratur des Kreises blieb ihm erspart und die Harmonie mit seinem Kreuzchor über die Jahrzehnte erhalten.

Denn im Innersten hatte er den Kampf mit sich selbst schon beendet, die schwere Gewissens-Entscheidung gefällt – gegen das Amt des Kantors! Wie weise dies zu jener Zeit war, zeigte sich schon 1982. Da beschnitt der Staat die Kompetenzen des Kantors und

kirchlichen Chorleiters, stellte Flämig einen weltlichen und noch dazu besonders linientreuen Direktor an die Seite.

Die Dresdner hofften vor allem nach der Wende noch einmal auf einen „Kreuzkantor Peter Schreier" – aber es war nicht viel mehr als ein schöner Traum. Gelegentlich kehrt der Künstler dennoch an die Wurzeln seiner Sänger- und Dirigentenlaufbahn zurück, arbeitet mit dem weltberühmten Chor und seinem 28. Kantor Roderich Kreile zusammen. Wenn er inmitten der 10- oder 11-jährigen Jungen sitzt, genießt er, wie der Nachwuchs an seinen Lippen hängt, beantwortet mit Schmunzeln die Fragen: Welchen Sport haben Sie gemacht? Schreier: „Wie ihr, Fußball." Was war Ihr Lieblingsgericht? „Buchteln mit Vanillesoße." Waren Sie mit Theo Adam zusammen? „Nein, der ging gerade, als ich kam." Haben Sie auch die Lehrer geärgert? „Natürlich, mit roter Tinte haben wir Blut imitiert." Und sogleich geraten der alte und die jungen Kruzianer ins Fachsimpeln: Bei uns gibt's gerade Wasserbombenschlachten! „Ach ja, die mit Wasser gefüllten Luftballons …"

# Margot Honeckers verblüffendes Geständnis

Ein Protokoll-Foto zeigt Peter Schreier mit dem Staatsratsvorsitzenden der DDR, Walter Ulbricht, bei der Verleihung eines Nationalpreises. Man weiß von dem sächselnden SED-Chef, dass er ein gewisses Interesse am Musiktheater hatte, mit Ehefrau Lotte hin und wieder Gast der Deutschen Staatsoper Berlin war. Das konnte man von seinem Nachfolger Erich Honecker nicht sagen, der nur ein einziges Mal seine Füße ins Haus Unter den Linden gesetzt haben soll: zur Wiedereröffnung der für 100 Millionen Mark sanierten Oper am 15. November 1986! Doch gerade mit Honecker, der wohl nie in seinem Leben eine „Matthäus-Passion" gehört hatte, traf der Tenor mehrfach zusammen: „Das erste Mal begegneten wir uns im Palast der Republik. Ich kann mich nicht mehr genau an den Anlass erinnern. Auf jeden Fall sang ich das ‚Ständchen' von Franz Schubert, danach saßen meine Frau und ich mit vielleicht sechs anderen Paaren an Honeckers großem runden Tisch. Ich bekam den Platz genau neben Volksbildungsministerin Margot Honecker. Auf einmal wandte sich Honecker mir zu und sprach halb über die Tafel: ‚Dieses Ständchen habe ich oft in Paris gehört, in der Emigration. Das Lied ist mir so in Fleisch und Blut übergegangen – ich könnte es auch singen.' Und dann erzählte er noch, dass die Franzosen das deutsche Lied über alles lieben. So auf Tuchfühlung mit dem ersten Mann im Staate fiel mir auf, wie furchtbar gehemmt und steif Honecker war. Umso mehr wunderte mich, wie er sich über mein Schubert-Lied ausließ. Vermutlich hatte er ein Skript, wurden ihm diese Floskeln zugesteckt – damit er ein wenig kulturbeflissen wirken konnte."

Renate Schreier kam an diesem Abend noch mit seiner Frau ins Gespräch und war recht erstaunt. „Meine

*SED-Generalsekretär Erich Honecker schmückte sich gern mit Künstlern. Hier bei einer Kulturbund-Veranstaltung in Berlin 1974 mit Schriftstellerin Anna Seghers (v. l.), Peter Schreier, Diseuse Gisela May, SED-Chefideologe Kurt Hager und Schauspieler Wolfgang Heinz. Am Tisch hinter Schreier: Egon Krenz und ZK-Abteilungsleiterin Ursula Ragwitz.*

Frau wollte beispielsweise von ihr wissen, wie sie so in Wandlitz lebten. Da sagte ihr Frau Honecker: ‚Ach, Sie würden nie mit uns tauschen wollen. Wir leben wie im Getto. Wir kommen nicht einmal dazu, uns mit Freunden zu treffen, sind viel zu eingespannt.' Wie sollte man auf so ein Geständnis reagieren? Das war eine ganz komische Situation, wir haben uns sehr unwohl gefühlt."

Jahre später wurde er sogar zur Audienz bei Honecker bestellt. Das hing mit dem ambitionierten Plan der DDR zusammen, der Philharmonie in Westberlin durch das Konzerthaus am Gendarmenmarkt eine Konkurrenz zu schaffen. Schreier hatte sich sehr für den Ausbau der geschichtsträchtigen Ruine zwischen den Türmen des Französischen und Deutschen Domes eingesetzt. 1821 erlebte hier im alten Schauspielhaus von Karl Friedrich Schinkel Carl Maria von Webers „Der Freischütz" seine Uraufführung. Jetzt entstand in alter Hülle ein Konzerthaus.

Die ständig um Anerkennung buhlende DDR suchte für dieses Prestigeobjekt eine Galionsfigur mit internationalem Renommee: „Da ich bereits die Bauplanungen begleitete, trug man mir das Amt des Intendanten an. Das lag überhaupt nicht in meinem Interesse. Weder hatte ich Zeit, noch Lust oder Erfahrung, mir so ein Unternehmen aufzubürden. Ich sagte: ‚Mit Zahlen kann ich überhaupt nicht umgehen, ich weiß nur, was ich wert bin!'" Alle Gegenargumente verhallten. Wie schon beim Kreuzchor erlebt, war es schwer, sich solchen Umklammerungen zu entziehen. Viele versuchten damals, Schreier zu überzeugen: der über Wissenschaft und Kultur im Lande bestimmende SED-Chefideologe Kurt Hager, die Abteilungsleiterin Kultur beim ZK der SED Ursula Ragwitz, der stellvertretende Kulturminister Werner Rackwitz … Sogar Berlins SED-Chef Konrad Naumann, den man später absetzte, schaltete sich ein. Mit der Sängerin und Schauspielerin Vera Oelschlegel verheiratet, fühlte er sich für kulturelle Fragen kompetent: „Er bat mich in seine Bezirksleitung, fing sofort zu duzen an und kam mir mit Sprüchen wie ‚Das bissel Singen schaffst Du doch auch noch.'"

Schreier spürte, dass man nicht lockerließ. Da nahte der rettende Silvesterabend 1983: „Wir saßen mit Adams und anderen Freunden zusammen, ich klagte mein Leid. Zwischen Punsch und Feuerwerk wurde die

Idee geboren, ein Kuratorium zu gründen – als Beratungsinstanz für einen künftigen Intendanten. Ich wurde dann Präsident dieses Kuratoriums, zum Intendanten berief man Hans Lessing. Er war ein Mann der Möbelindustrie, spielte selbst Klavier und nahm den Posten natürlich mit Kusshand."

Dieser fädelte auch die Honecker-Audienz ein, bei welcher der Weltmann, den keine Parteidisziplin in die Schranken wies, um mehr Geld für das Konzerthaus bitten sollte. Zur vereinbarten Stunde betrat Schreier mit seiner Wunschliste das dunkle ZK-Gebäude am

*Als Gast der DDR-Fernseh-Talkshow „Treff mit O. F." mit dem beliebten Conférencier O. F. Weidling im Dresdner Bärenzwinger.*

*Staatsratsvorsitzender Walter Ulbricht verleiht dem Dresdner Tenor einen Nationalpreis.*

Werderschen Markt, wurde von einem Subalternen
hochgeführt. Der Paternoster erinnerte ihn etwas an
die Rundfunkaufnahmen als Kruzianer an der Masurenallee. Im großen Arbeitszimmer mit Konferenztisch
für alle 26 Mitglieder und Kandidaten des SED-Polit-
büros kam ihm Honecker zur Begrüßung entgegen:
„Er nahm dann hinter seinem Schreibtisch Platz, ich
im Sessel davor. Es ging um akustische Fragen, um
Planstellen für das Berliner Sinfonie-Orchester, das
heutige Konzerthausorchester Berlin. Wohl etwas aufgeregt, versuchte ich ihm auch klarzumachen, dass
unser Haus nur international sein könne, wenn wir
Künstler aus aller Welt einladen. Als ich erklärte, dass
dies viel Geld kosten würde und nicht über die Ein-
trittspreise zu realisieren sei, spitzte er seine Ohren,
hörte intensiv zu, machte sich Notizen und ließ mich
ausreden. Nur auf meinen Hinweis, dass sich auch unsere jungen Künstler in aller Welt präsentieren müssten, reagierte er gar nicht."

Im Ergebnis dieses Gesprächs kamen beispielsweise
die Wiener Philharmoniker unter Leonard Bernstein.
Das war für die DDR damals eine Sensation.
1987 bezog Peter Schreier sogar eine Wohnung
schräg gegenüber dem Konzerthaus an der Markgra-
fenstraße/Ecke Jägerstraße. Die Miete der 150 Quadratmeter großen Neubauwohnung im 6. Stock
über dem Restaurant „Französischer Hof" kostete
350 DDR-Mark und stieg nach der Wende auf über
2000 DM. Vom Bühneneingang der Linden-Oper
waren es keine 400 Schritte bis zur Haustür. Nur die
Hausgemeinschaft hatte es in sich: Rocksängerin Ta-
mara Danz und Gitarrist Uwe Hassbecker, Schlager-
sänger Klaus-Dieter Henkler, Theatermann Thomas
Langhoff, DDR-Generalstaatsanwalt Günter Wend-
land, der Stabschef des Präsidiums der Volkspoli-
zei, der Kaderchef der Akademie der Wissenschaf-
ten …

# Schreier weiht die Semperoper ein

In Dresden, im Kreuzchor, sprudelte die Quelle seines Erfolges. Und in das Florenz an der Elbe führten ihn die Melodien seines Lebens immer wieder zurück. Unsterbliche Aufnahmen wie die Partie des Max im „Freischütz" unter Carlos Kleiber gelangen Peter Schreier im Studio Lukaskirche. Die barocke Schlossanlage von Pillnitz oder Carl Maria von Webers Sommerhaus in Hosterwitz brachte er via TV einem Millionenpublikum nahe. Jahrzehntelang hielt er den Dresdner Musikfestspielen die Treue. Ob im Gobelinsaal des Zwingers, im Großen Haus – überall war der Welt-Tenor präsent. Wenn es der übervolle Terminplan erlaubte, sang er auch in kleinen Sälen rund um die Stadt bis nach Glashütte im Müglitztal. Der Kulturpalast verdankt ihm sogar eine Anregung auf akustischem Ge-

biet: Bis heute verbessern von ihm vorgeschlagene Gestelle mit Plexiglasscheiben die Schallausbreitung bei Konzerten der Dresdner Philharmonie.

Wie für alle Dresdner erfüllte sich 1985 für Schreier ein Traum: 40 Jahre nach der grausamen Bombennacht des 13./14. Februar hielt Polyhymnia – die Muse des Gesangs – wieder Einzug in der Semperoper. Und der besonders in der Heimat verehrte und geliebte „Tamino" durfte das in alter Pracht wiedererstandene Kronjuwel unter Europas Opernhäusern einweihen. Dass gerade Schreiers Liederabend zum Höhepunkt einer Kette von Premieren wurde – an den Vorabenden gelangten „Freischütz" und „Rosenkavalier" auf die Bühne –, war auch seinem unvergessenen Liedbegleiter Swjatoslaw Richter zu verdanken: „Mein

*Die 1985 wiedereröffnete Semperoper in nächtlicher Illumination ist das Zuhause für Sächsische Staatsoper und Staatskapelle Dresden.*

Debüt mit Richter hatte ein längeres Vorspiel. Eines Tages erhielt ich unverhofft Post von dem weltbekannten ukrainischen Pianisten, der mir jedes Jahr Weihnachtsgrüße auf Kunstpostkarten mit großer deutscher Schrift sandte. Darin ein sensationelles Angebot. Er käme mit Fischer-Dieskau nicht mehr klar, vor allem mit seinen Ansichten über das Lied. Ob ich nicht Lust zur Zusammenarbeit hätte? Für so einen berühmten Mann würde ich selbst bestehende Verträge lösen! Dann zog sich die Sache doch etwas hin. Dresdens Musikfestspiele schienen ihm nicht geeignet und die Eröffnung der Semperoper, die er gern begleiten wollte, wurde verlegt. Kaum einer erinnert sich heute noch an dieses Politikum ersten Ranges." Weil Honecker 1984 zuerst das Berliner Schauspielhaus eröffnen wollte, musste die fertige Semperoper bis 1985 warten.

Als der Premierentermin endlich festlag, bestand Richter darauf, Schuberts „Winterreise" zehn Tage lang zu probieren: „Obwohl ich mich erst recht spät an dieses schwere Stück gewagt hatte, hielt ich zehn Tage für sehr lang. Doch da Richter keine Kompromisse duldete, verabredeten wir uns im Berliner Schauspielhaus. Da stand, was ich zu spät bemerkte, lediglich ein Förster-Flügel zur Verfügung. Ich hatte große Angst, dass ihm – wie schon häufig passiert – dieser nicht gefällt. Immerhin war er nicht nur einer der besten und originellsten Pianisten, sondern auch einer der unberechenbarsten. Richter spielte nur bei gedämpftem Licht, damit ihn niemand genau sah, und er konnte ganz schnell auf Nimmerwiedersehen verschwunden sein. Deshalb sagte ich ihm auch gleich: ‚Lieber Meister, wir haben leider nur einen Förster hier.' Das schien ihn aber nicht zu stören. Erstaunlich, was er aus dem Förster rausholte, zuletzt wollte er gar keinen anderen mehr haben. ‚Können wir den nicht mit nach Dresden nehmen?', war seine wichtigste Frage. Das ging natürlich nicht. Unser Konzert wurde von meinem Exklusiv-Partner, dem VEB Deutsche Schallplatten, der stets alles weltweit verkaufte, aufgezeichnet. Und ohne Steinway ging da nichts."

Mit einer Notlüge, dass alles nur ein Probeschnitt sei, akzeptierte der umworbene Star der Musikwelt dann auch die Aufnahme in der Oper: „Als der letzte Applaus verklungen war, die Premierengäste das Haus verlassen hatten, haben wir in der gleichen Nacht noch drei

Stellen für die Schallplatte wiederholt. Ich hatte mich zwei Mal textlich geirrt, er einen Ton danebengesetzt. Meine Fehler lagen wohl in der Wasserflut, deren zweiter Teil etwas schwierig ist. So etwas hört das Publikum meist nicht und im Dichten war ich groß … Auch bei Live-Aufnahmen wird eben etwas getrickst!"

Somit wurde die Weihe der Semperoper durch den verlängerten Abend für Schreier etwas stressig. Umso mehr genoss er die folgenden Konzerte mit Richter: „Wir traten während seines eigenen Festivals ‚Fêtes Musicales en Touraine' im französischen Loire-Tal auf, fuhren zum Prager Frühling und in die Londoner Wigmore Hall. Unvergesslich unsere ‚Winterreise' im Moskauer Puschkin-Museum. Dort führte er selbst Regie, dekorierte das Podium typisch russisch, ließ Fensterscheiben mit Eisspray verzieren und setzte kostümierte Studenten in zwei Reihen auf die Bühne." In der Art der Puschkinzeit trugen die Mädchen Häubchen, die jungen Männer Gehröcke. Das sowjetische Fernsehen filmte und verkaufte die Produktion ans ZDF. Bis heute wird die Aufzeichnung im Klassik-Kanal ausgestrahlt.

Nach der Vorstellung war Schreier noch zum Abendessen in die Wohnung des kinderlosen Pianisten und

*Am Nachmittag des 15. Februar 1985 mit Swjatoslaw Richter vorm Schmuckvorhang der Semperoper: Letztes Feilen an der „Winterreise" von Franz Schubert.*

*Linke Seite: Zwischen Probe und Premiere auf dem Weg zur Kantine: der ukrainische Pianist Swjatoslaw Richter und der Dresdner Tenor.*

seiner Lebensgefährtin Nina Dorliac eingeladen. Außerdem kamen die Cellistin Natalja Gutmann und ihr Mann, Geiger Oleg Kagan, mit: „Im obersten Stockwerk eines Hochhauses besaß er ein Appartement mit Traumblick über Moskau. Für seinen großen Saal hatte man Wände herausgerissen, Wohnungen verbunden. Dort standen zwei Steinways, hingen zwischen moderner Kunst auch unschätzbare Werte wie eine Ikone der Madonna aus dem 14. Jahrhundert. Hier habe ich erstmals in meinem Leben ukrainischen Pfefferwodka getrunken. Seine Frau, die auch sehr gut deutsch sprach, verriet mir, dass er sich tagelang bei heruntergelassenen Jalousien in seinem Schlafzimmer einschloss. Sie dürfe ihm nur selten ein Glas Wasser bringen, damit er überhaupt etwas trinkt. Er litt damals schon unter schweren Depressionen."

25 Jahre nach Eröffnung der Semperoper erlebte Peter Schreier die Auferstehung eines zweiten Wunderwerks: der Dresdner Frauenkirche! Mit Benefizkonzerten hatte er beim Wiederaufbau dieses barocken Kleinods der Weltkultur geholfen und genauso selbstverständlich mehrere Stifterbriefe erworben. Nun war der Tenor am Ende seiner Sängerlaufbahn 2005 wieder eingeladen, krönte mit seinem unverwechselbaren Timbre die Weihe dieses Gotteshauses. Als ein Jahr später beim Adventskonzert des ZDF das berühmte „Hallelujah" aus dem Messias von Georg Friedrich Händel unter der reich bemalten Kuppel der Frauenkirche hallte, die Staatskapelle königlich spielte und der Staatsopernchor sang, oblag Schreier die musikalische Leitung.

# Nachdenken über Elfenbeinturm und Familie

„Wir wurden Einsiedler in der DDR. Man durfte ja niemandem sagen, wie es im Westen war. Ich lebte in einem Elfenbeinturm." Ein 50-Jähriger blickt zurück auf Kindheit und Jugend, seinen berühmten Vater, die Familie: Torsten, der ältere Sohn des Tenors und Dirigenten Peter Schreier. Ein Mann, der sein Leben frühzeitig selbst in die Hand nahm, 1981 nicht wieder in die DDR zurückkehrte, heute in München arbeitet und in Frankreich, nahe der deutschen Grenze, mit seiner Lebensgefährtin, der Violinistin Małgorzata Lewandowska, und ihrem 16-jährigen Sohn Jakob wohnt.

Es fehlte ihm an nichts, und trotzdem glich das Leben im Windschatten des „Übervaters" einer ständigen Ausnahmesituation: „Als Kinder waren wir häufig allein mit den Großeltern oder reisten mit Mutter und ihren Freundinnen umher. Im Kreuzgymnasium warfen die Lehrer ein kritischeres Auge auf uns Schreiers, oft bekam ich Neid zu spüren. Mitunter brachen Kontakte schnell ab. Ich wusste nie, wie offen ich mit Schulkameraden sprechen konnte. Vielleicht, weil Vater so selten zu Hause war, kämpfte ich besonders um seine Anerkennung. Manches habe ich nur gemacht, um ihm zu gefallen."

Gleich nach dem Abitur studierte Torsten: „Das fünfjährige Tonmeister-Studium an der Berliner Musikhochschule ‚Hanns Eisler' war mein Traum. Die DDR brauchte nur wenige Experten auf diesem Gebiet. Seit dem 15. Lebensjahr hörte ich ‚Deutsche Welle' und bekam nun die politische Situation in Ostberlin, das unwürdige Lavieren einiger Dozenten, die während der Biermann-Ausbürgerung ihre Meinung bis zur Selbstverleugnung verbogen, hautnah mit. Wie mein Bruder Ralf besaß ich ein auf 60 Tage im Jahr limitiertes Ausreisevisum. Einen Monat davon haben wir in Salzburg verbracht. Nur die Heimreise tat weh. Wenn ich heute die ehemalige Grenzlinie Hof passiere, erscheinen die Bilder der überstrengen Zöllner wieder vor meinen Augen."

Dass der Name Schreier sogar an den DDR-Grenzen einflussreichen Klang hatte, erlebte Bernhard Schrei-

*Seit über 50 Jahren per Trauschein vereint: Peter und Renate Schreier.*

*Mit Söhnen, Schwiegertochter, Enkeln und Hündin Penny im Sommer 2008 (v. l.): David und Claudia Horn; Heike und Ralf Schreier; Torsten Schreier mit den Töchtern Maria und Christine. Auf dem Schoß von Renate Schreier sitzt Friederike. Julia war leider krank.*

er, der jüngere Bruder des Kammersängers: „Nach meiner Flucht durfte ich erstmals 1972 wieder in die DDR einreisen und bin dann regelmäßig rübergefahren. Voll bepackt mit Diätbier, Diätsekt, Fruchtjoghurts und anderen Banalitäten, die es im Osten nicht gab. Die Grenzer mussten immer tief durchatmen, wenn sie meinen Kofferraum öffneten. Eines Tages schenkte mir Mutter eine kleine Bleikristallschale. Ich wusste, dass die Ausfuhr verboten war, und schrieb Glasschale auf die Zollerklärung. Natürlich wollte ein Beamter die ‚Glasschale' sehen, entdeckte die edle Qualität und schickte mich zur Rücksendung in die Grenz-Poststelle. Als ich der Genossin dort die Anschrift

‚Professor Kammersänger Peter Schreier, Dresden' diktierte, zuckte sie zusammen, sächselte ängstlich: ‚Das kömmer ni machen'. Sie drückte mir das Corpus Delicti sofort wieder in die Hand. Ich mochte aber keine Bevorzugung dieser Art und Bruderherz war dann sehr überrascht, was ich ihm schickte."

Das Vorbild des Onkels vor Augen, plante Torsten Schreier 1981 die Flucht aus dem Elfenbeinturm: „Der Gedanke lebte, ehrlich gesagt, schon seit Jahren in mir. Mein Traum, mich nach dem Studium mit einem Musikstudio selbstständig zu machen, scheiterte. Ich wollte die liturgisch kaum genutzte und stark sanierungsbedürftige Pillnitzer Weinbergkirche herrichten, hatte bereits den Segen des renommierten Dresdner Denkmalpflegers Hans Nadler. Als 22-Jähriger verhandelte ich sogar mit dem stellvertretenden DDR-Kulturminister mein Vorhaben, vor allem die Idee, auch für den Westen tätig zu sein. Alles scheiterte dann am Veto des VEB Deutsche Schallplatten, der auf seinem Exportmonopol beharrte. Doch ohne devisenträchtige Produktionen konnte ich nicht die neueste Technik kaufen. Natürlich bot man mir gleich Arbeit an. Aber ein Bekannter des Vaters bei der DDR-Plattenfirma sagte im Vertrauen: ‚Junge, hier bist du nur das 5. Rad am Wagen, hau lieber ab.' Innerlich war ich zerrissen. Den Eltern konnte ich von den Fluchtplänen nichts verraten, sie hätten mich nicht mehr mitgenommen. Ich wollte Vater aber auf keinen Fall Schaden zufügen. Deshalb beriet ich mich mit seinem Kruzianer-Freund Klaus Prezewowsky in Westberlin. Der machte mir Mut, sagte: ‚Vergiss alle Skrupel! Dein Vater ist ein Baum, so völlig unangreifbar, dem wird nichts passieren.' Meine damalige Frau und ich haben dann im Rückenteil des Styropor-Kindersitzes unserer einjährigen Maria die wichtigsten Dokumente versteckt. Bei der Grenzkontrolle wurde die schlafende Tochter samt Sitz herausgenommen. Geschwitzt haben wir trotzdem und der Neuanfang war nicht einfach – zumal Vater meinen Schritt anfänglich nicht akzeptieren wollte. Freunde und auch der Bundesnachrichtendienst halfen. Wir lebten in Sorge, dass uns die Stasi aufgreift, zurück in den Osten schleppt. Unsere erste Wohnung, die wir auf der Widenmayerstraße in München zur Miete bezogen, gehörte übrigens dem lettischen Violinisten Gidon Kremer. Ich bekam dann eine halbe Stelle als Tonmeister beim Bayerischen Rundfunk und arbeitete daneben in einem großen privaten Aufnahmestudio. Später siedelten wir an den Stadtrand um, nach Puchheim. Was ich am meisten vermisste, waren die Freunde aus der Jugend. Ab 1987 durfte ich wieder in die DDR, besuchte mein Patenkind und spazierte mit Vater über die desolaten Straßen ..."

18 Jahre lang, bis 2000, war Torsten Schreier hauptamtlich beim Bayerischen Rundfunk angestellt und arbeitet seitdem freiberuflich als Tonmeister, dirigiert sogar gelegentlich. Weit über 400 Platten tragen seine Handschrift: Colin Davis, Leopold Hager, Fabio Luisi, Lorin Maazel, Zubin Mehta, Kurt Sanderling, Wolf-

gang Sawallisch – mit vielen großen Dirigenten und noch mehr berühmten Sängerinnen und Sängern arbeitete er zusammen.

Wenn Peter Schreier in der Welt unterwegs ist, hört er von Kollegen häufig lobende Worte über seinen „Teddo" – so wird der älteste Sohn in der Familie genannt – freut sich, ist stolz: „Unsere beiden Jungen nennen wir nur ‚Teddo' und ‚Abbi'. Als sie in frühester Kindheit ihren Namen selbst sprechen sollten, kamen diese netten Wortschöpfungen heraus."

Glücklich ist der Vater auch, dass sein jüngster Sohn Ralf neues Familienglück fand, sich einen kleinen Beherbergungsbetrieb in der Sächsischen Schweiz aufbaut: „Der Abbi hätte das Zeug zum Journalisten gehabt. Ich sprach deshalb mit dem bekannten DDR-Sportreporter Heinz Florian Oertel, der einen guten Draht zur Journalistenschule an der Karl-Marx-Universität Leipzig hatte. Doch die Aufnahme wäre mit dem SED-Eintritt verbunden gewesen, was ihm gar nicht lag. So studierte er Gesang. Leider zog er sich nach dem Schicksalsschlag mit seinem Sohn von der Tenorlaufbahn zurück. Neulich kam er zu mir, sang

*Bernhard Schreier an seiner Hausorgel in der Nürnberger Wohnung.*

*Bernhard und Peter Schreier mit den hochbetagten Eltern Helene und Max 1998 am Neustädter Elbufer nahe der Senioren-Residenz des Diakonissenkrankenhauses.*

die ‚Adelaide' von Beethoven – ich war von seiner wunderschönen Stimme gerührt ..."

Im Herbst des Lebens denkt Peter Schreier jetzt häufiger über die Familie nach. Über „Renerle", seine starke Frau, die mit ihrer unendlichen Liebe und Geduld mehr als ein halbes Jahrhundert alles zusammenhielt. Für die Karriere des Mannes brachte sie Opfer, mischte sich nie in die Arbeit ein, aber war immer zur Stelle, wenn er sie brauchte. Und er vergleicht seine Ehe mit der seiner hochbetagten Eltern: „Sie gehörten einer Generation mit ganz anderen Maßstäben an, waren beide grundverschieden. Die praktisch veranlagte, elanvolle Mutter und der konservative, wirklich alles Neue ablehnende, überkorrekte Vater. Jahrelang sträubte er sich, eine bequemere Neubauwohnung zu beziehen. ‚In diesen Starkasten kriegst du mich nie', sagte er meiner verzweifelten Mutter, der das Kohle-

holen aus dem Keller zur Last wurde. Sie hat den Umzug in die Dresdner Holbeinstraße dann durchgesetzt, ging allein zum Wohnungsamt. Vater lehnte sogar als Weihnachtsgeschenk ein Telefon mit Verstärker ab. Als ich ihm sagte, dass die Omi am Telefon kaum noch etwas hört, meinte er nur: ‚Da red'ste eben lauter!' Fast 90-jährig zogen sie in die Altersresidenz am Diakonissenkrankenhaus. Bei dem Umzug und der Wohnungsauflösung entdeckten wir auch Vaters alten Schreibtischsessel von 1933. Der war mit Tesafilm zusammengeklebt. Firlefanz-Geschenke hielten beide für überflüssig. Zu Geburtstagen gab es nur praktische Dinge, die ewig hielten, beispielsweise einen Emaille-Topf. Sie sind dann nach einem wirklich erfüllten Leben 1999 kurz nacheinander verstorben. In ihrem Grab auf dem Loschwitzer Friedhof möchten auch wir einmal unsere Ruhe finden."

# Tragisches und die Wende – das Jahr 1989

Das für Deutschlands Geschichte so bedeutsame Jahr 1989 bot dem mittlerweile 54-jährigen Tenor anfänglich die übliche Routine. Laut Tourneekalender – über drei, vier Jahre im Voraus geplant und ausgebucht – blieben bei den Verpflichtungen auf Konzertpodien und Bühnen, in Kirchen und Plattenstudios rund um den Erdball kaum private Freiräume. Um allen Terminen nachzukommen, musste er sich Unter den Linden sehr rar machen: Lediglich je zweimal als Tamino und Graf Almaviva, einmal als Lenski und an fünf Abenden als Dirigent zweier Opern von Georg Friedrich Händel („Alcina") und Christoph Willibald von Gluck („Iphigenie in Aulis") konnten ihn die Berliner erleben.

Wie jedes Jahr freute sich Peter Schreier auf Salzburg, wo er diesmal in St. Peter das Mozarteum-Orchester zu Mozarts „c-Moll-Messe" dirigierte. Doch über dem Tal an der Salzach lag ein Trauerflor. Wenige Tage vor Beginn der Festspiele verstarb am 16. Juli 1989 derjenige Mann, der etwa 30 Jahre lang die beherrschende und bestimmende Persönlichkeit gewesen war: Herbert von Karajan. Als Schreiers in Salzburg eintrafen und sich der Pilgerschar zum Grab des Maestros anschlossen, wurde gerade ein Marzipanbäcker-„Kunstwerk" in der Getreidegasse als kitschigster Ausrutscher der Trauer zum Tagesgespräch: Es zeigte nicht nur ein schwarz umrandetes, sondern auch gleich noch ein mit Mozartkugeln garniertes Karajan-Porträt.

Noch mehr als Karajans Ableben ging Schreier der Tod seines Freundes Martti Talvela am 22. Juli nahe. Den fast zwei Meter großen und 140 Kilo schweren Bass hatte der Dresdner schon kennengelernt, als Talvela an der Westberliner Oper gastierte: „Wir sangen später zusammen in Salzburg und uns verbanden viele gemeinsame Erlebnisse auf Bühnen und privat, er war sogar Diabetiker wie ich. Dieser Riese hatte so eine empfindsame, liebe Seele, wie man sie sonst selten findet. Wenn ich ihn in Finnland besuchte, klopfte er mich in der Sauna immer erst mit Birkenreisig ab, dann sprangen wir in seinen See. Martti, den die finnischen

*Schreier als Belmonte in „Die Entführung aus dem Serail" mit Talvela als Osmin in Salzburg.*

Landsleute als Mega-Star feierten, hatte wohl schon so eine Todesahnung. Er kaufte einen großen Bauernhof und 100 Schafe, wollte sich aus dem internationalen Musikbetrieb zurückziehen. Bei der Hochzeit seiner Tochter tanzte er noch – dann kam der Herzinfarkt."

Den Fall der Mauer am 9. November erlebte Peter Schreier in Berlin-Schöneweide – bei einer Plattenaufnahme für Philips: Mozarts Oper „La finta giardiniera" mit dem Kammerorchester Carl Philipp Emanuel Bach. Am Abend hörten sie, dass die Mauer auf ist: „Wir haben die Aufnahme sofort abgebrochen. Das Orchester ist zum Italiener in den Westen gestürmt und hat die neue Freiheit bei Pasta und Pizza genossen. Ich bin nach Hause gefahren in meine Berliner Wohnung und habe mir die erschütternd-armseligen Reaktionen der regierenden Alt-Männer-Riege angesehen." Die Wochen des SED-Experiments waren von nun an gezählt. Millionen Menschen begannen, die Freiheit auszukosten. In machtvollen Demonstrationen vereint, zeigten sie dem Regime die Grenzen, ließen ein ganzes Staatsgebilde bröckeln. Neben der gerade gewonnenen Reisefreiheit zählten Meinungs- und Versammlungsfreiheit sowie Demonstrationsrecht zu den ersten Forderungen. Durchaus keine ungefährliche Situation, funktionierte doch, wenn auch zurückhaltender als sonst, noch der gesamte Repressionsapparat mit der Staatssicherheit. Keiner verfügte über die hellseherischen Fähigkeiten, vorauszusagen, wie alles enden würde.

Dresdens Künstler organisierten am 19. November 1989 eine Kundgebung auf dem Theaterplatz, die etwa 80 000 bis 100 000 Menschen vereinte. Bei der von Gunther Emmerlich moderierten Veranstaltung meldeten sich Kammersänger Rolf Wollrad, Trompeter Ludwig Güttler, Staatsschauspieldirektor Horst Schönemann, Schriftsteller Ingo Zimmermann, der Kabarettist Manfred Breschke und viele andere zu Wort. Ehrenbürgerin Gret Palucca ließ ihr Statement von einem Meistertänzer zu Gehör bringen. Es lag nahe, Peter Schreier um einen Redebeitrag zu bitten: „Ich befand mich gerade in Falkenstein im Erzgebirge zur Kur. Hin und wieder rächte sich der Körper dafür, dass ich mir so ein stressiges Leben aufbürdete. In diesen Schicksalstagen wollte ich aber nicht kneifen, schrieb einen Brief, der auf der Kundgebung verlesen werden könnte."

Dem Tenor fehlte dafür die geübte Feder und auch das Gespür, welch drastische Formulierungen in diesen Tagen gefragt waren. Nachdenklich stimmende Worte, dass in der freien Marktwirtschaft vor allem Leistung und harte Arbeit zählen, wollte kaum einer hören. Zudem verhaspelte sich der sonst so brillante Rhetoriker Emmerlich, der Schreiers kurzen Brief verlas, etwas im Redefluss. Die öffentlich vorgetragenen Zeilen des Kurpatienten hinterließen so nicht bei allen Zuhörern den gewohnten, souveränen Eindruck – es gab sogar Pfiffe. Man muss Schreier allerdings Respekt zollen, wie er in seinen Kerngedanken versuchte, die Menschen auf Kommendes vorzubereiten: „Unser Weg zur Demokratie, zu einem wirklich besseren Leben – ich verstehe das auch in wirtschaftlicher Hinsicht – wird nicht leicht sein. Ich glaube nur, wenn jeder bereit ist, außer Dialog zu führen, gute Vorschläge zu machen, zu kritisieren, auch jeder bereit ist, zu arbeiten, hart zu arbeiten, nach einem Leistungsprinzip, das uns in die Lage versetzt, in einer freien Marktwirtschaft oder welchen Namen sie auch immer führt konkurrenzfähig zu werden – dann besteht die Aussicht, in einigen Jahren auf wirkliche Ereignisse blicken zu können."

Fast jeder Tag der sanften Revolution lieferte damals neue Schlagzeilen. Alles wurde plötzlich infrage gestellt. Auch Künstler wie Theo Adam, Peter Schreier, Ludwig Güttler oder Kurt Masur gerieten in den Verdacht, dass ihre Erfolge politisch gesteuert wären: „Diesen Unsinn konnten nur Menschen verbreiten, die von der Arbeit eines Sängers nichts wissen oder bewusst Unwahrheiten streuen wollten. Nach New York, Wien oder Salzburg wurde ich einzig und allein wegen meiner sängerischen Leistung eingeladen. Nationalitäten spielten dabei keine Rolle." Als sogar der renommierte „Spiegel" zum fast boulevardreifen Rundumschlag ausholte, Schreier andichtete, dass er während der Künstler-Demo „aufmüpfige Mitbürger wieder auf Parteilinie pfeifen" wollte, man „beide Wagen des Ehepaares Schreier in Dresden und Ostberlin demoliert" und Schreier „auf offener Straße angespuckt" hätte, ließ sich dies der so mit Lügen überrollte Tenor nicht bieten: „Mit Anwaltshilfe, die mich 3000 Mark kostete, druckte der Spiegel eine Gegendarstellung ab." Herausgeber Rudolf Augstein waren die auf offensichtlichen Verleumdungen und Falschmeldungen basierenden Behauptungen in seinem angesehenen Journal so peinlich, dass er unter die Gegendarstellung den Satz „Peter Schreier hat recht." setzen ließ.

Am 26. Juni 1990 schrieb Pfarrer Karl-Ludwig Hoch an Schreier folgende Zeilen, mit welchen er wohl vielen Dresdnern aus dem Herzen sprach: „Selten hat man den Eindruck, dass eine Epoche gerade geht und eine andere, wie auch immer, beginnt. Ich möchte etwas zum Ausdruck bringen, was andere vielleicht besser formulieren könnten: Als Dresdner danke ich Ihnen, dass Sie in all den Jahrzehnten unserer Heimat und uns Dresdnern nicht den Rücken gekehrt haben. Ständig mussten wir damit fertig werden, dass einer nach dem anderen ‚ging'. Hätte es eines Tages geheißen: ‚Der Peter Schreier kommt auch nicht wieder', so wäre vielen Dresdnern die Last noch schwerer geworden. Im Interview der FAZ-Beilage sagen Sie: ‚Ich bin ein unpolitischer Mensch.' Ehrlich darf ich als Pfarrer sagen: Sie haben damals auf dem Theaterplatz gefehlt. Aber auch das ist positiv gemeint: Sie hätten dazugehört …"

Es war eine Selbstverständlichkeit, dass Schreier anlässlich der Vereinigung der beiden deutschen Staaten am 3. Oktober 1990 zum Festakt eingeladen und zur künstlerischen Mitwirkung gebeten wurde. In einem persönlichen Schreiben vom 8. Oktober dankte ihm der letzte DDR-Ministerpräsident und nunmehrige Bundesminister Lothar de Maizière dafür sehr.

*Linke Seite: Der finnische Bass und der deutsche Tenor: Peter Schreier (Tamino) und Martti Talvela (Sarastro) in einer Salzburger „Zauberflöte".*

*Herzliche Kollegialität verbindet Schreier seit Jahrzehnten mit Kurt Masur, dem maßgeblich der friedliche Ausgang der Leipziger Montagsdemonstrationen im Herbst 1989 zu verdanken war.*

# Rettungsaktion für das alte Meißen

Nach der Wende drückte Peter Schreier noch einmal kräftig aufs Gaspedal seiner Karriere. Eine an Gagen schnorrende DDR-Agentur gab es nicht mehr, er war über Nacht komplett sein eigener Herr geworden. Künstlerisch änderte sich für ihn nichts. Höchstens erstreckte sich die musikalische Reichweite jetzt neben Europa, Amerika und Japan auch noch auf Israel im Nahen Osten. Eigentlich wollte er das Engagement an der Berliner Staatsoper nach 28 Jahren beenden. Die entsprechenden Worte für den neuen Intendanten Georg Quander hatte er sich längst bereitgelegt: „Doch nachdem die Behörde des Herrn Gauck diesem bestätigte, dass meine Akte lupenrein ist, wollte er mich mit aller Macht halten. ‚Das dürfen Sie mir nicht antun', jammerte Quander damals. Jener Mann, der beinahe geräuschlos die Mitarbeiterzahl von 1200 auf 700 reduzierte, flehte mich fast an: ‚Wenn Sie jetzt

gehen, sagen alle, dass hier die Ossis gekündigt werden.' Da ließ ich mich wieder einmal breitschlagen, habe aber Forderungen diktiert. Beispielsweise bat ich mir die Freiheit aus, nur noch zu singen, was ich besonders mochte."

Es war die Zeit, wo man höllisch aufpassen musste. Nicht nur beim Ausfüllen der neuen Steuerformulare, auch bei den Banken, die einen unbedingt zum Aktienkauf verleiten wollten, und natürlich bei Betrügern und Glücksrittern jeglicher Art. Zu Letzteren konnte man den Vorsitzenden des Vorstandes der Allianz Aktiengesellschaft, Wolfgang Schieren, natürlich keinesfalls zählen. Schließlich stand dieser honorige Jurist an der Spitze des größten deutschen Versicherungskonzerns, jonglierte mit Milliarden aller Währungen und spielte in der Weltliga seiner Branche ganz vorn mit: „Ich kannte Schieren seit den 1980er-Jahren als noblen Mäzen, der mich im ‚Freundeskreis Professor Sawallisch' für Liederabende im intimen Rahmen engagierte, gern nette Worte auf handgeschöpftes Büttenpapier schreiben ließ und auch unbedingt mein Foto mit einer kleinen Widmung besitzen wollte. Man musste vollstes Vertrauen haben, wenn dieser mächtige und kunstsinnige Mann Mitte 1990 plötzlich aus München anrief und um mein Wohl besorgt schien. Er meinte, ich benötige unbedingt eine solide Krankenversicherung, und schickte mir einen seiner besten Leute. Ich war auf diesem Gebiet völlig ahnungslos und es hörte sich gut an, was mir die Allianz für weit über 2000 DM Monatsbeitrag anbot. Im Privatflugzeug würde ich bei einer Erkrankung selbst aus den USA in die beste Klinik geholt. Gott sei Dank befragte ich kurz vor Vertragsabschluss meinen Bruder Bernhard in Nürnberg, der mir erklärte, dass eine umfassende Krankenversicherung für einen Bruchteil dieses Betrages zu bekommen ist."

Peter Schreier lernte in diesen Jahren nicht nur Geld zu sparen, sondern hat – wie schon zuvor – sehr viel Gutes getan. Der Benefizgedanke war ihm nie fremd, auch, wenn dies früher anders hieß und z. B. auf dem

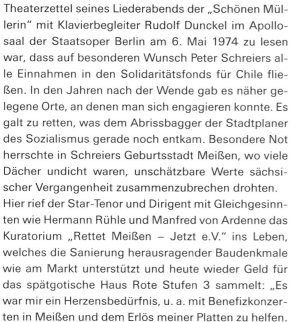

Theaterzettel seines Liederabends der „Schönen Müllerin" mit Klavierbegleiter Rudolf Dunckel im Apollosaal der Staatsoper Berlin am 6. Mai 1974 zu lesen war, dass auf besonderen Wunsch Peter Schreiers alle Einnahmen in den Solidaritätsfonds für Chile fließen. In den Jahren nach der Wende gab es näher gelegene Orte, an denen man sich engagieren konnte. Es galt zu retten, was dem Abrissbagger der Stadtplaner des Sozialismus gerade noch entkam. Besondere Not herrschte in Schreiers Geburtsstadt Meißen, wo viele Dächer undicht waren, unschätzbare Werte sächsischer Vergangenheit zusammenzubrechen drohten.

Hier rief der Star-Tenor und Dirigent mit Gleichgesinnten wie Hermann Rühle und Manfred von Ardenne das Kuratorium „Rettet Meißen – Jetzt e.V." ins Leben, welches die Sanierung herausragender Baudenkmale wie am Markt unterstützt und heute wieder Geld für das spätgotische Haus Rote Stufen 3 sammelt: „Es war mir ein Herzensbedürfnis, u. a. mit Benefizkonzerten in Meißen und dem Erlös meiner Platten zu helfen.

1994 stellten wir meine weltweit verkaufte CD ‚In mir klingt ein Lied' zusammen. Mit der Sächsischen Staatskapelle und dem MDR-Chor Leipzig gab ich in der Johanniskirche Joseph Haydns ‚Die Schöpfung', in der Frauenkirche das ‚Weihnachtsoratorium' und im Theater einen Liederabend." Allein durch die Einnahmen eines Geburtstagskonzertes mit der Kölner Philharmonie konnte er 60 000 DM überweisen. Am 8. September 1996 verlieh ihm die Porzellanstadt für all seine Mühen die Ehrenbürgerwürde.

Auch die Christen von Dresden-Loschwitz verdanken u. a. dem Tenor, dass sie nach jahrzehntelangen Gottesdiensten im Ausweichquartier am 2. Oktober 1994 ihre in alter Pracht wiedererstandene Ev.-Luth. Kirche weihen konnten. Zusammen mit Theo Adam spendete er reichlich, sang und dirigierte für die Kirchgemeinde an seinem Wohnort.

Mit dem um die Frauenkirche so verdienten Trompeter Ludwig Güttler, den er aus zahlreichen Konzerten und gemeinsamen Einspielungen kannte, warb Schreier

*Das Ehepaar Schreier auf dem Meißener Burgberg, im Hintergrund die sanierten Dächer der über 1000-jährigen Wiege Sachsens.*

ebenfalls kräftig für den wohl schönsten protestantischen Kuppelbau nördlich der Alpen: „Mit Freude habe ich beispielsweise in Kehlheim und Celle Liederabende für die Dresdner Frauenkirche gegeben." Natürlich setzte er sich auch für die Kreuzkirche ein, wo für ihn alles begann.

Hier ein paar Tausend D-Mark, dort 5000 Euro – von vielen stillen Spenden und Hilfen des Ehepaars Schreier hat man noch nie etwas erfahren. Wie von der Elefantenplastik aus Bronze, die auf einem Podest den Dresdner Zoo am Eingang ziert und auf eine Schenkung der Schreiers zurückgeht. Vom afrikanischen Waisenjungen, der seine Ausbildung Renate Schreier verdankt, oder dem mongolischen Mädchen, das von einem Traktor überfahren wurde: „Ein

Berliner Freund, der Kinderchirurgie-Professor Kurt Gdanietz, erzählte uns eines Tages von der unglücklichen Kleinen. Ihr Leben war gerettet, doch ihr Unterleib zerstört. Nur mit sehr teuren Operationen könne sie vollständig hergestellt werden. Da haben wir keine Sekunde gezögert und die Kosten übernommen. Meine Frau lud das neunjährige Kind nach ihrer Genesung noch einmal nach Deutschland ein. Auf der Berliner Friedrichstraße wollte sie mit ihr shoppen gehen. Doch die Kleine begehrte überhaupt nichts von all den schönen Dingen, blickte Renerle nur immer dankbar mit ihren großen Augen an. Kann es ein größeres Glück geben, als einem Mädchen zu helfen und von ihr so viel Liebe zurückzubekommen?"

# 2005 – der Evangelist sagt Lebewohl

Peter Schreiers 70. Geburtstag 2005 fiel zusammen mit dem Jahr seiner Abschiedsreise von der Sängerlaufbahn. „Der Seelentonmeister" (Süddeutsche Zeitung), der „Stimmgewaltige Grenzgänger" (Schweriner Volkszeitung), der „Verkünder des Musikglaubens" (Berliner Morgenpost), der „Begnadete Sohn der Musen" (Wiener Zeitung), der „Intellektuelle unter den Tenören" (Die Rheinpfalz) oder „Der Kantor der Passion", wie ihn eine französische Zeitung nannte, nahm sich viele Monate Zeit, ein letztes Mal an wichtigen Stationen seines Lebens Lieder zu interpretieren, seine charismatisch bezaubernde Stimme in den Evangelisten-Partien großer Passionen zu erheben.

Bereits fünf Jahre früher war er am Berliner Stammhaus aus dem Opernkostüm geschlüpft. Mit Generalmusikdirektor Daniel Barenboim, der ihn auch mehrfach am Flügel begleitete, hatte Schreier zuvor hier noch eine sehr harmonische Zeit. Als 1999 Thomas Langhoff „Die Hochzeit des Figaro" inszenierte, besetzte man Schreier mit der Partie des Basilio. Nach Meinung der Kritik verlieh er der Figur „vergnügliche Weisheit, welterfahrenen Witz und überlegene Ironie". Zwei Jahre vorher muss sich jene Anekdote zugetragen haben, die der Tenor immer wieder gern als einen Anstoß zur Beendigung der Opernlaufbahn kolportierte: „Meine Frau saß damals bei einer ‚Zauberflöten'-Vorstellung und neben ihr fragte ein Kind: ‚Mami, muss der Tamino so alt sein?' Mir war schon lange klar, dass ich mit über 60 nicht mehr das Ideal des jugendlichen Liebhabers war, manche Pamina hätte meine Tochter sein können." Doch das mit dem Sänger gereifte Publikum wollte ihn gerade in dieser Rolle nie missen, die von ihm so verführerisch schön gesungene „Bildnis-Arie" aus Schreiers Munde hören.

Jene seine Fangemeinde schockierende offizielle Nachricht, dass der Sänger am 8. Juni 2000 von der Opernbühne abtrete, verbreitete im Mai die Agentur DPA. Dem Prager Korrespondenten hatte es der Maestro am Rande der „Hohen Messe" von Johann Sebastian Bach mitgeteilt, die er während des Festivals „Prager Früh-

ling" im Veitsdom dirigierte. Dann beim Bühnenabschied in der Staatsoper Unter den Linden währten die Ovationen 20 Minuten. Neben ihm begeisterten an diesem Abend Camelia Stefanescu als Königin der Nacht, der neue Star aus Dresden, René Pape, als Sprecher, Philipp Ens als Sarastro und Roman Trekel als Papageno. Am gleichen Abend ernannte Intendant Georg Quander den Kammersänger zum Ehrenmitglied des Hauses. Eigentlich ein kurzes, schmerzloses Adieu. Dominierten doch längst neue Generationen von Tenören die Bühne …

Weitaus schwerer fiel der Abschied 2005, als Peter Schreier nun endgültig als Sänger Lebewohl sagte. Manch einer wollte es nicht glauben, dass der Grandseigneur des Liedgesangs, der Meister der Textinterpretation, wirklich abtreten kann. Schien doch der Dresdner zu Beginn seines achten Lebensjahrzehnts ein besonders sensibler, künstlerischer Seismograph feiner Nuancen zu sein. In der unruhig-zerrissenen Seele des Wanderers durch Schuberts „Winter" zeigte sich das vielleicht am eindrucksvollsten. Die vielen Chiffren des Leids, den Schmerz des Unglücklichen, Enttäuschten – wer konnte es wohl glaubhafter vermitteln als der Altersweise aus dem Elbtal in der Reife

*Tamino verabschiedet sich mit großer Geste beim treuen Berliner Publikum Unter den Linden. Am 8. Juni 2000 war der Mozartsänger der Sonderklasse letztmalig als Opernheld zu erleben.*

des menschlichen Herbstes? Insbesondere in den hohen Lagen beeindruckte er noch immer mit seinem großen stimmlichen Volumen und dem Glanz wunderschöner dynamischer Abstufungen. Muss dieser einmalige Sänger schon aufhören? Diese Frage stellte man sich beispielsweise auch im Epizentrum der Schreier-Begeisterung, als er am 22. und 25. September seine letzten Liederabende vor Wiener Publikum gab: „Ich nehme das Wort Abschied gar nicht so traurig oder tragisch", meinte er damals. „Wir sind eben nur eine gewisse Zeit auf der Erde – Sie, ich, wir alle. Irgendwann kommt der Punkt, wo wir nicht mehr da sein werden. Und so verstehe ich das auch, übertragen auf meinen Beruf. Abschiednehmen ist immer

*Ab jetzt nur noch Dirigent: Im berühmten Prager Rudolphinum endete die atemberaubende Sängerkarriere, die für den 10-Jährigen einst im Dresdner Kreuzchor begann.*

mit dem Tod verbunden. Aber ein Abtreten vom Podium ist nicht gleichbedeutend damit – diese Art des Abschiednehmens sollte einem nicht so schwerfallen." Am liebsten hätte er nur leise „Servus" gesagt – doch so wurde es durch alle Zeitungen und auf TV-Kanälen ein „Ade, du muntere, du fröhliche Stadt".
Ob Budapest, Graz, Essen, London, München, Osaka, Tokio, Zürich, die Andernacher Musiktage, die Darmstädter Residenzfestspiele oder die Dresdner Musikfestspiele – seine Auftritte waren noch einmal wahre Musenfeste. Besonders der 75. und nun letzte Liederabend in Hohenems im Dezember 2005 ging den Zuhörern zu Herzen. Als Zugabe sang der Schubertiade-Liebling dann auch „Abschied".

*Tränen der Rührung: Seine Sängerlaufbahn beendete der musikalische Spitzenstürmer am 22. Dezember 2005 in Prag.*

Am 22. Dezember dann der endgültig letzte Auftritt in Johann Sebastian Bachs „Weihnachtsoratorium". Den Schauplatz des sängerischen Finales hatte der Terminkalender bestimmt: das tschechische Prag, der Dvořák-Saal im Rudolphinum. Mit dem Prager Kammerchor und der Tschechischen Philharmonie zeigte Peter Schreier noch einmal die seit Jahren von ihm – vor allem in den Evangelistenpartien der „Johannes-Passion" und der „Matthäus-Passion" – praktizierte Kombination, gleichzeitig als Tenor und Dirigent zu agieren. Dafür gruppierte er die Musiker um sich, sodass sie halb mit dem Rücken zum Publikum spielten: „Dirigenten, die gleichzeitig am Cembalo sitzen, gibt es ja häufig. Dass der Sprecher oder Evangelist nicht nur die Geburts- oder Leidensgeschichte erzählt, sondern auch Chor und Orchester leitet, ist jedoch ungewöhnlich. Mir wurde diese Doppelrolle erstmals bei einer Schallplatten-Einspielung angetragen und ich habe sie dann immer wieder gern ausgeübt." Schrei-

ers sensationelle Aufführungspraxis fand sogar das Interesse von Musikwissenschaft und Medizin. Auf der „Berliner gesangswissenschaftlichen Tagung" in der Charité hielt er darüber den Vortrag „Dirigieren und Singen – Ansätze zu neuen Interpretationsmöglichkeiten": „Durch das Verbinden von Dirigat und Gesang ist z. B. der Evangelist tatsächlich der Spiritus Rector der Passion. Er gibt das Tempo vor, die Dynamik und Deklamation, hat so im wahrsten Sinne des Wortes die Aufführung in seiner Hand."

Zwei Tage vor Heiligabend verstummte in Prag die goldene Kehle für die Öffentlichkeit.

Eines gab der weltweiten Fangemeinde Hoffnung: Der Künstler, welcher längst seinen Platz im Tenor-Olymp sicher hat, verließ zwar die Sängerbühne, doch niemand musste sich „verlassen" fühlen. Die Stimme ist auf einem wahrlich enzyklopädischen Schallplatten-Vermächtnis für immer festgehalten. Und als Dirigent macht Peter Schreier weiter!

# Schumanniade – ein eigenes Festival

*Dieses Robert-Schumann-Denkmal steht in Zwickau, der Geburtsstadt des Komponisten.*

Ganz abseits des kommerziellen, hektischen Treibens im Musikbetrieb unserer Tage etablierte sich nahe Dresden, in Reinhardtsgrimma bei Kreischa, mit der Schumanniade ein kleines, intimes Festival, das untrennbar mit dem Namen Peter Schreier verbunden ist. Auch wenn es ein wenig an die berühmte Schubertiade erinnert, sind die Dimensionen andere. Es gibt zwar das erlesene, kundige und internationale Publikum, Sponsoren wie die Ostsächsische Sparkasse Dresden oder die Kohn Foundation London, aber kein großes Management mit extra Personal. Veranstalter und Violinist Martin Schneider-Marfels mit seinem 1994 gegründeten „Kunst- und Kulturverein Robert Schumann Kreischa e.V." sowie der Ehrenvorsitzende Schreier laden seit 1999 alle zwei Jahre befreundete Künstler in die idyllische Gegend ein. Im Gründungsjahr verstand man sich noch als Außenstelle der Dresdner Musikfestspiele, seit 2001 steht das Festival auf eigenen Füßen. Für kleine Gagen oder gar gratis wird dann drei Tage lang im 150 Plätze fassenden Saal des alten Wasserschlosses musiziert. Ob der mit eigenem Bösendorfer und Pleyelflügel umherreisende Meisterpianist András Schiff, seine Frau, die japanische Geigerin Yuko Shiokawa, der ungarische Cellist Miklós Perényi, die Liedbegleiter Norman Shetler, Wolfram Rieger oder Ewa Kupiec, das Petersen-Quartett, die Baritone Olaf Bär und Andreas Jäpel, Tenor Marcus Ullmann, Rezitator Gert Westphal – viele weltberühmte und auch junge Künstler gastierten bereits bei der Schumanniade.

*Mit Martin Schneider-Marfels organisiert Schreier seit 1999 das kleine Musikfestival, bei dem weltbekannte Künstler auftreten.*

Natürlich war bis 2005 Peter Schreiers verführerisch magische Stimme zu hören.

„Unser Vorteil gegenüber dem Festival in Vorarlberg, wo Schubert nie war", schmunzelt der exzellente Kenner des Schumann'schen Lied-Œuvres Schreier, „ist der glückliche Umstand, dass Robert Schumann diese zauberhafte Gegend wirklich besuchte und hier sogar intensiv arbeitete." Der in Zwickau geborene Komponist kam 1844 mit seiner Frau Clara und den Kindern nach Dresden, wo auch Schwiegervater Friedrich Wieck und Schwägerin Marie lebten. Rund ein Drittel des Gesamtwerkes von Schumann entstand im Florenz an der Elbe, und 1848 gründete er hier den „Verein für Chorgesang". Den Revolutionswirren des Sommers 1849 entfloh das Genie, bereits unter seiner Nervenkrankheit leidend, zuerst nach Maxen und dann nach Kreischa. Die Romantik dieser dörflichen Abgeschiedenheit inspirierte Schumann zu zwei- und vierhändigen Klavierwerken, Kammermusiken, Konzertstücken, Chorgesängen und Liederspielen. Erstaunlich, wie kompositorisch fruchtbar die Wochen in Kreischa waren, in denen das „Liederalbum für die Jugend" (op. 79), die „Jagdlieder" (op. 137), das „Minnespiel" (op. 101), die Motette „Verzweifle nicht im Schmerzenstal" (op. 93) oder die Revolutionsmärsche „IV Märsche für das Pianoforte" (op. 76) entstanden. Mit Familie und Freunden durchwanderte er die Täler und Wälder rund um die 476 Meter hohe Basalterhebung des Wilisch im Osterzgebirge und muss dabei auch an jenem Fleckchen Erde vorbeigekommen sein, auf dem Peter Schreier sein Landhaus baute.

1997 stiftete der Kammersänger für die Gemeinde Kreischa ein Robert-Schumann-Denkmal im Kurpark, das Bildhauer Hans Kazzer schuf. In den letzten Jahren unterstützte er besonders das Markieren eines Wanderweges auf den Spuren des großen Komponisten: „Weil ich dieses Stückchen Heimat mit den zirpenden Grillen der Gebirgswiesen, den murmelnden Bächen, den rauschenden Wipfeln der Wälder einfach himmlisch finde und auch die Nachwelt davon zehren soll."

154

*Peter Schreier vor dem
20 Kilometer von Dresden
entfernten Schloss Reinhardtsgrimma, wo alle zwei Jahre die
Schumanniade stattfindet.*

# Das Paradies auf den Kapverden

*Dieser Katamaran ist das schnellste Taxi der Republik Cabo Verde, bringt den Dresdner zur 50 Kilometer entfernten Nachbarinsel Boa Vista.*

In Sachsen ist Winter, und 5000 Kilometer von Deutschland entfernt spaziert Peter Schreier mit Hündin Penny in luftiger Kleidung am einsamen Strand entlang, genießt die Sonne im Januar und den strahlend blauen Himmel, atmet in vollen Zügen die reine Seeluft ein, lässt den Blick über die unendlichen Weiten des azurfarbenen Meeres schweifen: „Ich war eigentlich des ständigen Reisens müde, kann in Loschwitz und Lungkwitz prächtig entspannen, mich erholen. Doch dann entdeckte Schwager Dieter 1998 in einer Ärztezeitschrift die Anzeige ‚Ferienhaus in der Republik Cabo Verde' und ‚infizierte' meine Frau mit der Idee vom Inselparadies mit 350 Sonnentagen." Renate Schreier und ihr Bruder flogen von München aus sechs Stunden auf die nur 30 mal 12 Kilometer kleine Insel Sal. Und waren vom Klima, der Ruhe und dem Haus am Meer in der von Palmen und Agaven gesäumten Ferienanlage Murdeira, die nur sieben Kilometer vom internationalen Flughafen entfernt liegt, restlos begeistert. Hier gibt es sogar eine kleine Bucht, in der man völlig ungestört schwimmen kann. Die heute etwa 200 Grundstücke umfassende Anlage besitzt eigene Süßwasseraufbereitungs- und Stromversorgungsanlagen, seit Kurzem auch eine von deutschen Ärzten geführte Klinik. Sal ist Teil der dem afrikanischen Senegal vorgelagerten Inselgruppe vulkanischen Ursprungs mit neun bewohnten und mehreren unbewohnten Inseln. 1460 entdeckt und jahrhundertelang eine portugiesische Kolonie, erlangte der kleine Staat erst 1975 seine Unabhängigkeit. Auf der Kapverden-Insel Fogo, die man nur per Flieger erreicht, reckt sich als höchste Erhebung des Landes der 2829 Meter hohe und letztmalig 1995 ausgebrochene Vulkan Pico de Fogo in die Höhe.

Schreier hatte von dem touristisch noch nicht so erschlossenen und deshalb wenig bekannten Archipel durch Zufall von Sängerkollegin Ileana Cotrubas gehört: „Irgendwie kamen wir auf Gagen-Erlebnisse zu sprechen. Mir war es nur ein einziges Mal in all den Jahrzehnten passiert, dass mich ein Konzertveranstal-

*Im Krater des erloschenen Vulkans Pedra de Lume, der unterhalb des Meeresspiegels liegt, wird seit über 100 Jahren Meersalz gewonnen. Schreiers baden hier im heilenden Salzsee.*

*Sein 28 Jahre alter Jeep leistet Peter Schreier auf den Holperpisten von Sal noch beste Dienste.*

ter prellte. Nach einem Liederabend in Frankreich wollte er mir noch eine Tasche mit alten Franc-Scheinen in die Hand drücken, was ich ablehnte. Am nächsten Tag merkte ich jedoch, dass dies ein Fehler war. Denn er hatte über Nacht Konkurs angemeldet, war Pleite. Als ich das der Cotrubas erzählte, lachte sie nur und berichtete von ihrem Auftritt in der kapverdischen Hauptstadt Praia. Die Republik war damals so arm, dass man sie in Naturalien bezahlte. Für ihren Abend bekam sie einen Zentner frische Langusten. Nach der Vorstellung flog die Cotrubas dann samt der Köstlichkeit nach Hause und veranstaltete mit der ‚Gage‘ eine große Party."

Als Schreier Ende 2000 seine Berliner Wohnung am Gendarmenmarkt auflöste, kamen einige Möbel im Container direkt nach Sal. Auch ein mittlerweile 28 Jahre alter Jeep aus dem Landhaus ging damals mit auf Reisen: „Der leistet hier bei den holprigen Straßen und steinigen Wegen beste Dienste."

Weltweite Verpflichtungen Schreiers ließen es lange Zeit nicht zu, seine Frau in die traumhafte Abgeschie-

*Kehrt Peter Schreier ohne Fang vom Hochseeangeln zurück, kauft er an der Mole einen frischen Thunfisch.*

denheit des Atlantiks zu begleiten. Doch im Winter 2006 lernte er Sal erstmals lieben. Sicher musste er sich zunächst an die flache, braune und weitgehend vegetationslose Landschaft, die vor allem Windsurfer, Taucher und Sonnenhungrige anzieht, gewöhnen. Aber er lernte schnell auch die reizvollen Seiten und die Freundlichkeit der 25 000 Einwohner, von denen viele von Sklaven und Piraten abstammen, kennen: „Ich verstehe zwar kein Wort Kreolisch oder Portugiesisch, kann mich aber trotzdem mit der Putzfrau, dem Gärtner oder auf dem Markt verständigen. Unglaublich, wie ungestört hier der Urlaub ohne ständiges Klingeln des Telefons verläuft. Denn Gott sei Dank weiß kaum jemand, wie wir zu erreichen sind. Via Satellit empfange ich die deutschen Fernsehprogramme und bin einschließlich der Fußballergebnisse über alles in der Heimat informiert. Zudem bekommt mir das Reizklima ausgezeichnet. Die Temperaturen liegen das ganze Jahr über zwischen 24 und 30 Grad. Es ist aber nie zu heiß, da der Seewind einem Luft zufächelt. Problematisch ist nur der feine rote Staub, den der Wind ständig 500 Kilometer weit über den Atlantik aus der Sahara anweht. Und je länger ich hier verweile, umso größer wird meine Sehnsucht nach Sachsen, nach deutschen Zeitungen, deutschem Brot oder einem richtigen Sauerbraten mit Klößen und Rotkraut."

Manchmal fährt Schreier mit seiner Frau zu den Salinen im erloschenen Vulkankrater Pedra de Lume mit den heilenden Salzseen, besucht mit dem schnellen Katamaran die 50 Kilometer entfernte Nachbarinsel Boa Vista oder begibt sich mit der Yacht zum Hochseeangeln: „Thunfische habe ich schon gefangen. Aber hier gibt's natürlich auch prächtige Langusten und Lobster, sieht man Delfine, Wale, fliegende Fische und sogar Haie."

Abends trifft man sich beim italienischen Nudelwirt nahe am Hafen von Palmeira, fährt zum Restaurant „Fischermann" nach Santa Maria, welches 2001 ein Auswanderer-Ehepaar aus Berlin-Tempelhof eröffnete, oder trifft sich in der Nachbarvilla von Exportkaufmann Mauro Lamberts und seiner Frau Hannelore, die zu den Gründern der Anlage gehören. Dort redet man bei Fogo-Wein, Barsch und frischem Thunfisch-Tatar über die letzte Wanderheuschrecken-Plage, das durch die jahrelange Dürre verursachte Palmensterben, die ersten auf der Insel ent-

stehenden Hotelbauten und die Kriminalität außerhalb der von Wachleuten beschützten Ferienanlage: „Waffen sind glücklicherweise auf der Insel verboten. 2007 gab es ein erschütterndes Beziehungsdrama. Da wurden bei Santa Maria am Strand zwei Frauen zu Tode gesteinigt."

Es sind die kleinen Dinge, mit denen Ausländer der armen Bevölkerung viel Freude schenken: Kindern Schuhe oder Schulutensilien zu kaufen, gehört einfach dazu. Anfang Februar 2008 entdeckte Renate Schreier einen jungen Straßenhund, dem vermutlich ein Auto das rechte Hinterbein abgefahren hatte. Seitdem kümmert sie sich rührend auch um ihn: „Das arme Wesen tat mir leid. Ich habe dann eine einheimische Polizistin begeistert, sich um den Hund zu kümmern, überweise ihr Geld für Futter."

Außer den aus Deutschland, Österreich und der Schweiz stammenden Nachbarn weiß kaum jemand, wer der nette, mittlerweile grauhaarige Herr Schreier ist, der mit dem Jeep im nächsten Dorf Ziegenmist für die Gartendüngung holt, morgens die vom Saharastaub geröteten Steinplatten vor dem Haus und die Terrasse mit dem Wasserschlauch abspült. Vielleicht

ändert sich das bald. Denn am Rande der Wohnanlage baut gerade die als „Barfuß-Diva" oder „Schwarze Madonna" bekannte kapverdische Sängerin und „Grammy"-Preisträgerin von 2004, Cesária Évora, ein Konzerthaus. Dort wird sich Peter Schreier sicher bald für klassische Musik engagieren …

# Alters-Privileg: Jetzt sage ich auch mal ab!

Im Gewächshaus warten die Tomaten, auf dem Hochbeet die Gurken, der Rasen muss wieder gemäht werden – Peter Schreier genießt heute das Leben in der Natur: „Nachdem ich immer auf Achse war, liebe ich die Ruhe und meinen Garten. Hecke verschneiden, Hof kehren, Laub beseitigen oder Ka-

minholz hacken – ständig gibt es etwas zu tun." Von seinen gärtnerischen Qualitäten hatte bereits 2004 die Deutsche Orchideengesellschaft erfahren und verlieh einer zartrosa blühenden neuen Orchideen-Kreuzung aus der Gattung Phalaenopsis seinen Namen. Sehr gern betätigt er sich auch in der Küche,

*Gern steht der Maestro in der Küche, kocht Konfitüren oder bereitet wie hier mit Ehefrau Renate eine Pute zum Braten vor.*

*Der begeisterte Hobby-Gärtner bei der Tomatenpflege im eigenen Gewächshaus.*

kocht Himbeerkonfitüre oder Pflaumenmus, bereitet die raffiniertesten Braten zu: „Alles Dinge, für die früher fast nie Zeit war. Das wahre Leben hat nun begonnen."

Auf seiner Koppel am Landhaus hält Schreier die beiden Haflinger Linda und Bianka. Und weil er sich schon lange nicht mehr selbst in den Sattel schwingt, dürfen Kinder der benachbarten Kurklinik Kreischa die Pferde im Rahmen einer Therapie reiten. Seit Frühjahr 2006 zählt sogar wieder ein Hund zur Familie: Berner Sennenhündin Penny. Kaum sieben Monate alt, brachte sie ihr Herrchen in die Medien: „Ich hatte bei einer Zahnbehandlung für die Übergangzeit vom Kieferchirurgen eine Prothese aus Plastik bekommen. Eines Tages entdeckten wir die zerkauten Reste des abgelegten Zahnersatzes unterm Stubentisch, daneben Penny mit eingezogenem Schwanz. Penny war halt

*„Du musst aber noch viel lernen!" Unschuldig blickt die junge Hündin Penny auf ihr Herrchen.*

sehr jung, musste noch viel lernen." Die Anekdote fand ihren Weg in die Medien, sogar der renommierten Frankfurter Allgemeinen Zeitung war sie einige Zeilen wert. Glücklicherweise fertigte der Zahnarzt in kürzester Zeit Ersatz. Denn schon einige Tage später hatte Schreier Verpflichtungen in der Jury des ARD-Gesangswettbewerbs: „Häufig gibt es solche Einladungen und oft trifft man dort auch auf nette Kollegen. Kürzlich begegnete ich beim Robert-Schumann-Wettbewerb in Zwickau Edith Mathis, meiner langjährigen Partnerin bei Liederabenden. Zwar versuche ich, meine Juroren-Tätigkeit möglichst einzuschränken. Eine Woche lang konzentriert jungen Sängerinnen und Sängern zuzuhören, ist nicht immer so erbaulich, wie es scheinen mag. Für 2009 habe ich aber Thomas Quasthoff zugesagt, der gerade einen neuen internationalen Liederwettbewerb in Berlin auf die Beine stellt."

*Auf der Koppel vor dem Haus in Lungkwitz haben es die Haflinger Linda und Bianka gut.*

Grammophon-Gesellschaft, dann 18 Jahre lang für eine Konzertdirektion in Hannover den Tenor und Dirigenten betreut. 2003 nahm sie sogar ihren Wohnsitz in Dresden. Schreier möchte sie nicht missen, aber anders als noch vor einigen Jahren muss sie heute auch öfters verlockende Angebote für ihren begehrten Künstler ablehnen. „Diese Verpflichtungen", lacht Peter Schreier, „sollen für mich ja nur noch Genuss und Abwechslung sein. Vor allem weite Strecken im Flugzeug bis Japan oder Korea versuche ich deshalb auf ein Minimum zu begrenzen. Es ist das Privileg meines Alters – heute sage ich auch mal ab!" Trotzdem stehen schon wieder viele interessante Einladungen bis nach Südamerika, Israel und in die Schweiz im Terminkalender ...

*Edith Mathis und Peter Schreier – zwei Professoren auf den Juroren-Plätzen des XV. Internationalen Robert-Schumann-Wettbewerbs für Klavier und Gesang 2008 in Zwickau.*

*Mit Professor Ulrich Vogel als Pianist und einem italienischen Sänger beim 49. Weimarer Meisterkurs 2008 an der Musikhochschule Franz Liszt.*

Natürlich gibt Bachs wohl bester Evangelist, den die Musikakademie Budapest 2007 zum Ehrenprofessor ernannte, seine Erfahrungen auch weltweit bei Meisterkursen weiter: „An der Cornell-Universität in Ithaca/New York (USA) habe ich beispielsweise fünf Wochen lang mit außerordentlich begabten Sängern gearbeitet. Die jungen Leute kamen zwar mit Baseballmützen in die Proben, doch jeder Einzelne hatte sich so intensiv mit Bach beschäftigt, dass der Kurs eine reine Freude war. Textgenauigkeit und Schönsingen sind nur ein Teil unserer Kunst. Es gehört auch eine sängerische Intelligenz, ein Gespür dazu, die Texte zu gestalten, die Geschichte zu erzählen. Dies versuche ich zu wecken. Bei talentierten Sängern, die die Voraussetzungen mitbringen, kann man noch so viel verfeinern, herausholen. Manch einer will am Anfang gar nicht glauben, wie mannigfaltig unsere sprachlichen Mittel sind, wie man ein Wort benutzen kann, eine Stimmung auszudrücken. Selbst einfachste Texte bieten ganz viele Interpretationsmöglichkeiten."

Durch seine einstigen Glanzpartien begleitet er heute zwischen Hamburg und Zürich, São Paulo und Tokio andere Sänger als Dirigent. Verträge dafür aushandeln, Korrespondenzen führen, Flüge buchen, Visa beantragen – darum muss sich Peter Schreier nicht kümmern. Seit vielen Jahren erledigt dies Marion Möhle mit ihrem Künstlerbetreuungs-Sekretariat, welche Schreier seit seinem Salzburg-Debüt 1967 kennt. Die Konzertagentin hatte, bevor sie sich selbstständig machte, zuerst bei der Deutschen

# Stammbaum Peter Schreier

## vereinfacht

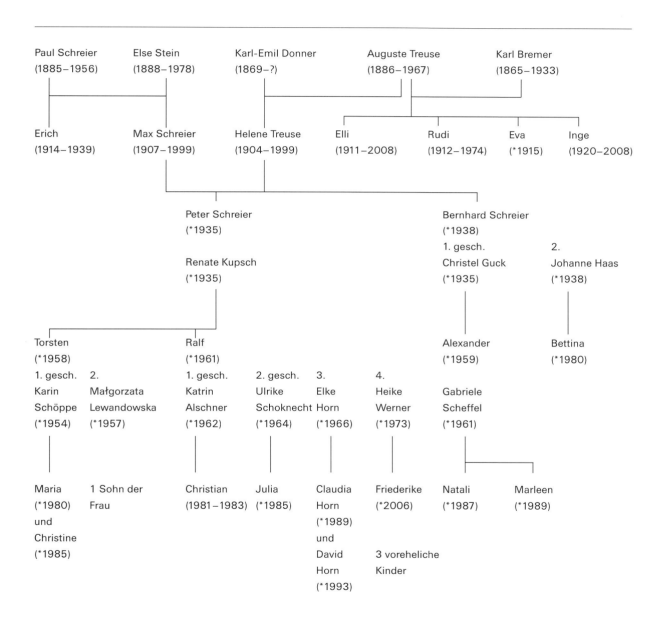

Paul Schreier (1885–1956) — Else Stein (1888–1978)

Karl-Emil Donner (1869–?) — Auguste Treuse (1886–1967) — Karl Bremer (1865–1933)

Erich (1914–1939)

Max Schreier (1907–1999) — Helene Treuse (1904–1999)

Elli (1911–2008)

Rudi (1912–1974)

Eva (*1915)

Inge (1920–2008)

Peter Schreier (*1935)

Renate Kupsch (*1935)

Bernhard Schreier (*1938)
1. gesch. Christel Guck (*1935)
2. Johanne Haas (*1938)

Torsten (*1958)
1. gesch. Karin Schöppe (*1954)
2. Małgorzata Lewandowska (*1957)

Ralf (*1961)
1. gesch. Katrin Alschner (*1962)
2. gesch. Ulrike Schoknecht (*1964)
3. Elke Horn (*1966)
4. Heike Werner (*1973)

Alexander (*1959)
Gabriele Scheffel (*1961)

Bettina (*1980)

Maria (*1980) und Christine (*1985)

1 Sohn der Frau

Christian (1981–1983)

Julia (*1985)

Claudia Horn (*1989) und David Horn (*1993)

Friederike (*2006)

3 voreheliche Kinder

Natali (*1987)

Marleen (*1989)

# Kammersänger Professor Peter Schreiers Repertoire als Sänger

## Opernpartien (Auswahl)

**Ludwig van Beethoven**
*Fidelio*
Erster Gefangener
Jaquino

**Georges Bizet**
*Carmen*
Don José (Schallplatte)

**François Adrien Boieldieu**
*Die weiße Dame*
Georg Brown (Schallplatte)

**Domenico Cimarosa**
*Die heimliche Ehe*
Paolino

**Paul Dessau**
*Die Verurteilung des Lukullus*
Lasus
Erster Offizier

*Einstein*
Erster Physiker

**Fidelio F. Finke**
*Zauberfisch*
Fischer Hein

**Jean Kurt Forest**
*Tai Yang erwacht*
Bauer Sen

*Wie die Tiere des Waldes*
Kurt (Rundfunkaufnahme)

**John Gay / Benjamin Britten**
*Die Bettleroper*
Jimmy Twitcher

**Charles François Gounod**
*Margarethe*
Faust (Rundfunkaufnahme)

**Georg Friedrich Händel**
*Ariodante*
Titelpartie (Schallplatte)

*Julius Caesar in Ägypten*
Sextus Pompeius

**Joseph Haydn**
*List und Liebe*
Erminio

**Engelbert Humperdinck**
*Hänsel und Gretel*
Knusperhexe (Schallplatte)

**Leo Janáček**
*Aus einem Totenhause*
Junger Sträfling

**Ernst Krenek**
*Karl V.*
Franz I. (Schallplatte)

**Albert Lortzing**
*Der Wildschütz*
Baron Kronthal (Schallplatte)

*Undine*
Veit (Schallplatte)

*Zar und Zimmermann*
Marquis v. Chateauneuf
Peter Iwanow

**Jules Massenet**
*Manon*
Chevalier des Grieux

**Felix Mendelssohn-Bartholdy**
*Die Heimkehr aus der Fremde*
Hermann (Schallplatte)

**Claudio Monteverdi**
*L'Orfeo*
Titelpartie

**Wolfgang Amadeus Mozart**
*Ascanio in Alba*
Acestes

*Bastien und Bastienne*
Bastien

*Betulia liberata*
Ozia (Schallplatte)

*Cosi van tutte*
Ferrando

*Der Schauspieldirektor*
Monsieur Vogelsang

*Die Entführung aus dem Serail*
Belmonte

*Die Gärtnerin aus Liebe*
Conte Belfiore

*Die Hochzeit des Figaro*
Basilio

*Die Zauberflöte*
Tamino

*Don Giovanni*
Don Ottavio

*Idomeneo*
Idamantes
Arbaces

*Il Sogno di Scipione*
Titelpartie

*Il Rè pastore*
Titelpartie

*La Clemenza di Tito*
Titelpartie

*Lucio Silla*
Titelpartie

*Mitridate*
Titelpartie

*Zaide*
Gomatz

**Modest Mussorgski**
*Boris Godunow*
Ein Einfältiger

**Otto Nicolai**
*Die lustigen Weiber von Windsor*
Fenton

**Carl Orff**
*De temporum fine comoedia*
Stimmen

**Hans Pfitzner**
*Palestrina*
Titelpartie

**Sergej Prokofjew**
*Semjon Kotko*
Mikula

**Gioachino Rossini**
*Der Barbier von Sevilla*
Almaviva

**Robert Schumann**
*Genoveva (konzertant)*
Golo

**Johann Strauß**
*Die Fledermaus*
Alfred

**Richard Strauss**
*Ariadne auf Naxos*
Scaramuccio
Tanzmeister

*Capriccio*
Flamand

*Daphne*
Leukippos

*Der Rosenkavalier*
Sänger

*Die ägyptische Helena*
Da-Ud

*Elektra (konzertant)*
Junger Diener

*Salome*
Narraboth

**Pjotr Tschaikowski**
*Eugen Onegin*
Lenski

**Giuseppe Verdi**
*La Traviata*
Alfredo Germont (Schallplatte)
Gastone von Létorières

*Macbeth*
Macduff (Rundfunkaufnahme)

**Richard Wagner**
*Der fliegende Holländer*
Der Steuermann Daland

*Die Meistersinger von Nürnberg*
David

*Lohengrin*
Erster Edler

*Rheingold*
Loge

*Rienzi, der Letzte der Tribunen*
Baroncelli (Schallplatte)

*Siegfried*
Mime

*Tristan und Isolde*
Ein junger Seemann

**Carl Maria von Weber**
*Abu Hassan*
Titelpartie (Schallplatte)

*Der Freischütz*
Max (Schallplatte)

**Kurt Weill**
*Aufstieg und Fall der Stadt Mahagonny*
Jim Mahoney

*Die sieben Todsünden der Kleinbürger*
Familienquartett

# Kantaten, Messen, Oratorien, Passionen u. a. (Auswahl)

**Carl Philipp Emanuel Bach**
*Markus-Passion*

**Johann Sebastian Bach**
*Messe h-Moll BWV 232*
*Johannes-Passion BWV 245*
*Magnificat Es-Dur BWV 243a*
*Markuspassion (Fragment)*
*Matthäus-Passion BWV 244*
*Weihnachtsoratorium BWV 248*
*Kantaten (weltliche u. geistliche)*

**Ludwig van Beethoven**
*Sinfonie Nr. 9 d-Moll op. 125*
*Messe C-Dur op. 86*
*Missa solemnis D-Dur op. 123*

**Hector Berlioz**
*Requiem*

**Benjamin Britten**
*Les Illuminations*

*Serenade für Tenor, Horn
und Streicher*
*War Requiem*

**Anton Bruckner**
*Te Deum C-Dur*

**Giacomo Carissimi**
*Historia di Jephte*

**Antonín Dvořák**
*Requiem op. 89*
*Stabat mater op. 58*

**Fritz Geißler**
*Schöpfer Mensch*

**Georg Friedrich Händel**
*Belshazzar HWV 61*
*Jephta HWV 70*
*Judas Maccabaeus HWV 63*

*L' Allegro, il Penseroso ed il Mode-
rato HWV 55*
*Messias (original) HWV 56*
*Messias (in Mozarts Bearbeitung)*
*Samson HWV 57*

**Joseph Haydn**
*Die Jahreszeiten*
*Die Schöpfung*

**Zoltán Kodály**
*Psalmus hungaricus op. 13*

**Siegfried Köhler**
*Reich des Menschen*

**Rainer Kunad**
*Metai*

**Frank Martin**
*Golgotha*

**Felix Mendelssohn-Bartholdy**
*Elias, Oratorium op. 70*

**Ernst Hermann Meyer**
*Gesänge mit Orchester*

**Wolfgang Amadeus Mozart**
*Acis und Galathea*
*Ave verum KV 618*
*Missa solemnis c-Moll KV 129*
*Davidde penitente KV 469*
*Messe C-Dur KV 317
(„Krönungsmesse")*
*Messias (Mozart-Fassung)*
*Requiem d-Moll KV 626*
*Vesperae solennes de Dominica
KV 321*

**Gioachino Rossini**
*Petite Messe solennelle*

**Franz Schmidt**
*Das Buch mit sieben Siegeln*

**Dmitri Schostakowitsch**
*Aus jüdischer Volkspoesie*

**Franz Schubert**
*Messe Nr. 5 As-Dur*
*Messe Nr. 6 Es-Dur*

**Giuseppe Verdi**
*Requiem*

*Peter Schreier als Mitridate
in der gleichnamigen Mozart-
Oper bei den Salzburger Festspielen 1971 mit Pilar Lorengar
(Ismene).*

# Kammersänger Professor
# Peter Schreiers Repertoire als Dirigent

## Oper (Auswahl)

**Georg Friedrich Händel**
*Alcina*
*Julius Caesar in Ägypten*

**Wolfgang Amadeus Mozart**
*Ascanio in Alba*
*Die Hochzeit des Figaro*
*Die Zauberflöte*
*Don Giovanni*
*Idomeneo*
*Il Sogno di Scipione*
*La finta semplice*
*Lucio Silla*
*Mitridate*
*Zaide*

**Franz Schubert**
*Alfonso und Estrella*
*Der vierjährige Posten*

*Sitzt die Fliege richtig? Der Dirigent vor dem Konzert.*

## Konzert (Auswahl)

**Carl Philipp Emanuel Bach**
*Sinfonie Nr. 2*

**Johann Sebastian Bach**
*6 Motetten*
*Brandenburgische Konzerte*
*Der Streit zwischen Phoebus und Pan BWV 201*
*Doppelkonzert für Oboe und Violine BWV 1059*
*Hohe Messe h-Moll BWV 232*
*Johannes-Passion BWV 245*
*Magnificat Es-Dur BWV 243a*
*Markuspassion BWV 247*
*Matthäus-Passion BWV 244*
*Orchestersuiten*
*Violinkonzert BWV 1053*
*Weichet nur, betrübte Schatten (BWV 202)*
*Weihnachtsoratorium BWV 248*
*Kantaten (alle weltlichen u. diverse geistliche)*

**Ludwig van Beethoven**
*Missa solemnis D-Dur op. 123*

**Georg Friedrich Händel**
*Acis und Galatea HWV 49*
*Alexanderfest HWV 75*
*Feuerwerksmusik HWV 351*
*Israel in Ägypten HWV 54*
*Judas Maccabaeus HWV 63*
*Julius Caesar in Ägypten HWV 54*
*Messias (original) HWV 56*
*Messias (in Mozarts Bearbeitung) KV 572*
*Orgelkonzert Nr. 16 HWV 305*

**Joseph Haydn**
*Die Jahreszeiten*
*Die Schöpfung*
*Sinfonien (diverse)*

**Felix Mendelssohn-Bartholdy**
*2. Sinfonie B-Dur op. 52 (Lobgesang)*
*3. Sinfonie a-Moll op. 56 (Schottische)*
*Elias, Oratorium op. 70*
*Sonate f-Moll für Orgel*

**Wolfgang Amadeus Mozart**
*Ave verum KV 618*
*Große Messe c-Moll KV 427*
*Davidde penitente KV 469*
*Messe C-Dur KV 317 („Krönungsmesse")*
*Messias (Mozart-Fassung) KV 572*
*Requiem d-Moll KV 626*
*Sinfonie Nr. 35 D-Dur KV 385 („Haffner-Sinfonie")*
*Sinfonie Nr. 29 A-Dur KV 201*
*Sinfonie Nr. 40 g-Moll KV 550*
*Vesperae solennes de confessore KV 339*
*Violinkonzert G-Dur Nr. 3 KV 216*
*Violinkonzert D-Dur Nr. 4 KV 218*
*Missa solemnis c-Moll KV 139 („Waisenhaus-Messe")*

**Gioachino Rossini**
*Petite Messe solennelle*

**Franz Schubert**
*Deutsche Messe F-Dur D 872*
*Messe Nr. 5 As-Dur D 678*
*Sinfonie Nr. 3 in D D 200*
*Sinfonie Nr. 5 in B D 485*
*Sinfonie Nr. 7 in h („Die Unvollendete") D759*
*Sinfonie Nr. 8 in C („Große C-Dur-Sinfonie") D 944*
*Stabat Mater g-Moll D 175*

**Robert Schumann**
*Das Paradies und die Peri op. 50*
*Der Rose Pilgerfahrt op. 112*

# Dirigenten, Pianisten und Regisseure

## Dirigenten, mit denen Peter Schreier zusammengearbeitet hat (Auswahl)

Abbado, Claudio
Albrecht, George Alexander
Albrecht, Gerd
Ančerl, Karel
Ansermet, Ernest
Apelt, Arthur
Bahner, Gert
Barenboim, Daniel
Baumgartner, Rudolf
Bender, Heinrich
Bernstein, Leonard
Blomstedt, Herbert
Böhm, Karl
Carste, Hans
Celibidache, Sergiu
Collum, Herbert
Davis, Andrew Sir
Davis, Colin Sir
Dohnányi, Christoph von
Egk, Werner
Eschenburg, Hartwig
Ferencsik, János
Flämig, Martin
Fortner, Wolfgang
Fricke, Heinz
Froschauer, Helmuth
Füri, Thomas
Garaguly, Carl von
Giulini, Carlo Maria
Gönnenwein, Wolfgang
Gruber, Josef Leo
Grüß, Hans
Guschlbauer, Theodor
Güttler, Ludwig
Hagen-Groll, Walter
Hager, Leopold
Haitink, Bernard
Hanell, Robert
Harnoncourt, Nikolaus
Harrer, Uwe Christian
Hauschild, Christian
Hauschild, Wolf-Dieter
Heger, Robert
Hellmann, Diethard

Herbig, Günther
Hermann, Jürgen
Hoff, Günther
Hollreiser, Heinrich
Honeck, Manfred
Inbal, Eliahu
Janowski, Marek
Jena, Günter
Jochum, Eugen
Karajan, Herbert von
Kegel, Herbert
Keller, Erich
Kempe, Rudolf
Klee, Bernhard
Kleiber, Carlos
Knothe, Dietrich
Koch, Helmut
Konwitschny, Franz
Kreile, Roderich
Krips, Josef
Kubelik, Rafael
Kuhn, Gustav
Kulka, János
Kurz, Siegfried
Leinsdorf, Erich
Levine, James
Liesche, Richard
Loughran, James
Ludwig, Leopold
Luisi, Fabio
Maazel, Lorin
Mackerras, Charles Sir
Marinov, Iwan
Masur, Kurt
Matačić, Lovro von
Mauersberger, Erhard
Mauersberger, Rudolf
Mayer, Xaver
Mehta, Zubin
Mermoud, Robert
Münch, Charles
Mund, Uwe
Neuhaus, Rudolf
Neumann, Horst

Neumann, Václav
Ortner, Erwin
Ozawa, Seiji
Paumgartner, Bernhard
Pitz, Wilhelm
Pommer, Max
Rapf, Kurt
Rennert, Wolfgang
Richter, Karl
Rieu, André sen.
Rilling, Helmuth
Rögner, Heinz
Rotzsch, Hans-Joachim
Sanderling, Kurt
Sawallisch, Wolfgang
Schmidt-Isserstedt, Hans
Schmitz, Paul
Schneidt, Hanns-Martin
Schwarz, Reinhard
Seibel, Klauspeter
Smola, Emmerich
Soltesz, Stefan
Stein, Horst
Stolze, Werner
Suitner, Otmar
Thamm, Hans
Theurig, Günther
Varviso, Silvio
Wallat, Hans
Wallberg, Heinz
Wand, Günter
Warchal, Bogdan
Weigle, Jörg-Peter
Weikert, Ralf
Winkler, Johannes
Zagrosek, Lothar
Zallinger, Meinhard von

## Pianisten, Cembalisten, Organisten, Gitarristen, Lautenisten als Liedbegleiter von Peter Schreier (Auswahl)

Adam, Karl-Dietfried
Barenboim, Daniel
Bernstein, Walter Heinz
Böck, Josef
Brähmer, Ilse
Brendel, Alfred
Dalitz, Hans-Joachim
Demus, Jörg
Deutsch, Helmut
Dunckel, Rudolf
Engel, Karl
Eschenbach, Christoph
Eyron, Jan
Frank, Hans-Peter
Gage, Irvin
Geißler, Gertraud
Haebler, Ingrid
Haselböck, Martin
Jaroslawski, Werner

Johnson, Graham
Klien, Walter
Köbler, Robert
Kupfernagel, Gabriele
Lapsanský, Marián
Levine, David
Mauersberger, Rudolf
Medjimorec, Heinz
Melber, Klaus
Moore, Gerald
Olbertz, Walter
Pank, Siegfried
Parsons, Geoffrey
Pischner, Hans
Radicke, Camillo
Ragossnig, Konrad
Ránki, Dezsö
Richter, Karl
Richter, Konrad

Richter, Swjatoslaw
Rösel, Peter
Ruzicková, Zuzana
Sawallisch, Wolfgang
Schiff, András
Schilhawsky, Paul
Shetler, Norman
Skigin, Semjon
Sokolow, Wladimir
Spencer, Charles
Spiri, Anthony
Stolze, Werner
Vogel, Ulrich
Voppel, Konrad
Weißenborn, Günther
Werba, Erik
Zechlin, Dieter
Zehr, Steven

## Regisseure, mit denen Peter Schreier zusammengearbeitet hat (Auswahl)

Adam, Theo
Arnold, Heinz
Bennewitz, Fritz
Berghaus, Ruth
Bonnet, Horst
de Kowa, Viktor
Everding, August
Fischer, Erhard
Friedrich, Götz
Geiger, Erich
Hampe, Michael

Karajan, Herbert von
Krätke, Grita
Kupfer, Harry
Menotti, Gian Carlo
Ponnelle, Jean-Pierre
Pöppelreiter, Christian
Rennert, Günther
Rückert, Heinz
Sanjust, Filippo
Schaaf, Johannes
Schenk, Otto

Schuh, Oscar Fritz
Sellner, Gustav Rudolf
Wagner, Wieland
Wagner, Wolfgang
Weber, Wolfgang
Weindich, Josef-Adolf
Winds, Erich-Alexander
Witte, Erich
Zeffirelli, Franco

# Personenregister

(mit Lebensdaten, soweit ermittelbar)

# Literaturverzeichnis und Quellen

Dehio, Georg: Handbuch der Deutschen Kunstdenkmäler. Sachsen I. Regierungsbezirk Dresden. – Deutscher Kunstverlag 1996

Ernst von Siemens Musikpreis 1988. Peter Schreier (Sonderdruck). – Ernst von Siemens-Stiftung Zug 1988

Fischer-Dieskau, Dietrich: Zeit eines Lebens. Auf Fährtensuche. – Deutsche Verlags-Anstalt München Stuttgart 2. Auflage 2000

Gallup, Stephen: Die Geschichte der Salzburger Festspiele. – Orac Wien 1989

Harder-Merkelbach, Marion; Hirte, Thomas: Herbert von Karajan – Siegfried Lauterwasser. Der Dirigent und sein Fotograf. – Städtisches Kulturamt Überlingen 2008

Harenberg Chormusikführer. – Harenberg Kommunikation Dortmund 2. Auflage 2001

Harenberg Konzertführer. – Harenberg Kommunikation Dortmund 2. Auflage 1996

Harenberg Opernführer. – Harenberg Kommunikation Dortmund 1995

Härtwig, Dieter; Herrmann, Matthias (Hrsg.): Der Dresdner Kreuzchor. – Evangelische Verlagsanstalt Leipzig 2006

Helfricht, Jürgen: Die Dresdner Frauenkirche. Eine Chronik von 1000 bis heute. – Husum Husum 6. aktualisierte Auflage 2006

Helfricht, Jürgen: Dresden und seine Kirchen. – Evangelische Verlagsanstalt Leipzig 2005

Helfricht, Jürgen: Dresdner Kreuzchor und Kreuzkirche. Eine Chronik von 1206 bis heute. – Husum Husum 2004

Helfricht, Jürgen: Kleines ABC der Boddenlandschaft Fischland Darß Zingst. – Husum Husum 2006

Helfricht, Jürgen: Sehnsucht nach dem alten Dresden. Zeitzeugen erinnern sich der unzerstörten Stadt. – Verlags- und Publizistikhaus Dresden 2005

Helfricht, Jürgen: Traumwege durch das alte Dresden. – Husum Husum 2007

Hofmann, Erna Hedwig; Zimmermann, Ingo (Hrsg.): Begegnungen mit Rudolf Mauersberger. – Evangelische Verlagsanstalt Leipzig 6. Auflage 1977

Holtz, Corinne: Ruth Berghaus. – Europäische Verlagsanstalt Hamburg 2005

Künstler am Dresdner Elbhang. Band 1. – Elbhang-Kurier-Verlag Dresden 1999

Künstler am Dresdner Elbhang. Band 2. – Elbhang-Kurier-Verlag Dresden 2007

Laux, Karl: Nachklang. Autobiographie. – Verlag der Nationen Berlin 1977

Lehmann, Edgar u. a. (Hrsg.): Werte unserer Heimat. Lössnitz und Moritzburger Teichlandschaft. – Akademie Berlin 1973

Lewinski, Wolf-Eberhard von: Peter Schreier. Interviews, Tatsachen, Meinungen. – Schott Piper Mainz München 1992

Luisi, Fabio: Erst der halbe Weg. – Böhlau Wien Köln Weimar 2008

Müller, Hans-Peter (Hrsg.): Schaut her, ich bin's. Erinnerungen berühmter Sänger. – Henschelverlag Berlin 1989

Pfister, Werner: Fritz Wunderlich. – Schweizer Verlagshaus Zürich 1990

Pischner, Hans: Premieren eines Lebens. Verlag der Nation Berlin 1980

Pischner, Hans: Tasten, Taten, Träume – Musik und Politik zwischen Utopie und Realität (Autobiographie). – Henschel 2006

Quander, Georg (Hrsg.): 250 Jahre Opernhaus Unter den Linden. – Propyläen Berlin 1992

Rangliste der Königlich Preußischen Armee. – Ernst Siegfried Mittler und Sohn Berlin 1892–1908

Reitmaier, Pitt; Fortes, Lucrete: Cabo Verde. – Know-How Peter Rump Bielefeld 4. Auflage 2007

Rösler, Walter; Haedler, Manfred; Marcard, Micaela von: Das „Zauberschloß" unter den Linden. Die Berliner Staatsoper. Geschichte und Geschichten von den Anfängen bis heute. – edition q Berlin 1997

Sauter, Engelbert (Hrsg.): Da capo. Der Fragebogen des August Everding. Internationale Opernstars im Gespräch. – Parthas Berlin 2000

Sawallisch, Wolfgang: Stationen eines Dirigenten. – Bruckmann München 1983

Schmiedel, Gottfried: Peter Schreier. – Henschelverlag Berlin 5. Auflage 1990

Schmiedel, Gottfried: Peter Schreier für Sie porträtiert. – VEB Deutscher Verlag für Musik Leipzig 1976

Schreier, Peter: Aus meiner Sicht. Gedanken und Erinnerungen (Aufgezeichnet und herausgegeben von Manfred Meier). – Union Berlin 2. Auflage 1983

Schreier, Peter: Im Rückspiegel. Erinnerungen und Ansichten (Aufgezeichnet von Manfred Meier). – Edition Steinbauer Wien 2005

Uehling, Peter: Karajan. Eine Biographie. – Rowohlt Reinbek 2006

Wagner, Heinz: Das große Handbuch der Oper. – Florian Noetzel Hamburg 2. Auflage 1991

Werner, Alexander: Carlos Kleiber. Eine Biografie. – Schott Mainz 2008

Wilde, Manfred: Die Ritter- und Freigüter in Nordsachsen. Ihre verfassungsrechtliche Stellung, ihre Siedlungsgeschichte und ihre Inhaber. – C. A. Starke Limburg 1997

## Archive/Bibliotheken

**Berlin:** Bibliothek Staatsoper Unter den Linden; Bundesarchiv Berlin; Bundesbeauftragter für die Unterlagen des Staatssicherheitsdienstes der ehemaligen Deutschen Demokratischen Republik; Deutsche Dienststelle (WASt); Landesarchiv Berlin
**Bremen:** Archiv Dom St. Petri
**Dresden:** Archiv der TU Dresden; Privatarchiv Prof. Peter Schreier; Stadtarchiv Dresden, Archiv Kreuzschule, Kreuzchor, Bestand Dresdner Kreuzchor nach 1945
**Salzburg:** Archiv der Salzburger Festspiele

## Internet-Recherche
www.operone.de

# Fotos/Repros

Mathias Adam: 142; Oskar Anrather: 113; Archiv der Salzburger Festspiele: 88, Anrather: 84, 124, 145, Ellinger: 79, 81, 83, 84, 87 (2), 167, Schaffler: 81, 82, 85, 146; Ronald Bonss: 152, 153; Gesellschaft der Musikfreunde in Wien: 101; Fritz Haseke: 80; Stefan Häßler: 130, 131, 155; Ulrich Häßler: 131, 148, 149; Elisabeth Hausmann: 100, 104, 105 (2); Jürgen Helfricht: 13, 15, 18, 26 (2), 29 (2), 35, 36, 45, 50, 69, 73 (2), 75, 76, 99 (2), 102, 106, 129, 130, 143, 154, 156, 157, 158 (2), 159 (2), 162, 163 (2), 165 (2), 166 (2), 168; Henry H. Herrmann: 151; Johanna Hulla: 104, 106, 125; Jürgen Hunger: 32; Egbert Kamprath: 154; Margit Kemter: 43; Barbara Köppe: 51, 55; Kurt Kreutzinger: 51 (2); Siegfried Lauterwasser: 78, 86, 89, 90, 91, 92, 93, 94, 115; Hans-Joachim Mierschel: 47, 53, 71, 95, 97, 98, 107, 117, 123, 164, 169; Tanja Niemann: 116, 141; E. Piccagliani: 65; Hans Pölkow: 68, 70, 72, 74, 113, 114; Klaus Prezewowsky: 24; Holm Röhner: 40 (2), 111, 133, 160, 161 (2); Sächsische Staatsoper Dresden, Dramaturgie/Historisches Archiv: 42, 48, 49, 140, Erwin Döring: 138, 139, 140, Gröllmann: 49; Marion Schöne: 52, 57; Peter Schreier: 6, 7 (2), 8, 10 (2), 11, 12 (3), 17, 18, 19, 21, 22, 23, 25, 27, 28, 30, 31, 33 (2), 37, 38, 42, 44, 46 (2), 56, 59, 60, 61, 62, 63, 64, 66, 77, 83, 93, 96, 103, 108, 109 (2), 110 (2), 112, 116, 117, 118 (2), 119, 120, 121 (2), 122 (2), 125, 126 (2), 127 (2), 128, 134, 135 (2), 136, 144, 147; Schubertiade GmbH: 119; Stadtarchiv Dresden/Archiv des Dresdner Kreuzchores: 14, 20, 21, 24, 39, 132; Dirk Sukow: 137, 149, 150, 162; Helmut Wetzel: 9.

Der Verlag war sehr bemüht, sämtliche Rechteinhaber der Abbildungen ausfindig zu machen. Sollten darüber hinaus Ansprüche bestehen, bitten wir um freundliche Mitteilung.

# Danksagung

Bei den Recherchen zu diesem Buch sowie in der Phase der Fertigstellung des Manuskripts haben viele Persönlichkeiten aus Deutschland, Österreich, der Schweiz, der Republik Capo Verde und den USA ihre freundliche Unterstützung, Gespräche, ja, sogar Gastfreundschaft gewährt. Auch mehrere Institutionen leisteten unkompliziert Hilfe.

Zu größtem Dank bin ich Renate und Kammersänger Professor Peter Schreier verpflichtet. Sie öffneten ihr Privatarchiv und ihre Türen, opferten in Dresden, Lungkwitz, Weimar, Zwickau und auf der Insel Sal unzählige Stunden. Schließlich autorisierte Prof. Schreier die Biografie.

Herzlich danken möchte ich auch Christian Angermann, Sylvia Anrather, Dr. Wolfgang Bitterlich, Ilse Brähmer, Detlev Burghardt, dem Leiter der Bibliothek der Staatsoper Unter den Linden Berlin Lutz Colberg, Prof. Annemarie Dietze, Brigitte Euler, Elli Freund †, Edelgard Geiger, Christian Gliemann, Prof. Dr. med. Holm Haentzschel, Prof. Dr. Michael Hampe, Christa Hegewald, Thomas Hinterauer von der Schubertiade GmbH, Johanna Hulla, Prof. Dr. Jürgen Hunger, Carola und Peter Kanis, Margit Kemter, Dr. Erika und Franz Komornyik, Sigrid Kynaß, dem Direktor des Dresdner Stadtarchivs Thomas Kübler, Hannelore und Mauro Lamberts, Alexander Lauterwasser, Archiv-Leiterin Mag. Franziska-M. Lettowsky von den Salzburger Festspielen, Dr. med. Axel und Marianne Lundwall, Thomas Mittermayer von der Gesellschaft der Musikfreunde in Wien, Marion Möhle, Eberhard Münzner, Tanja Niemann, Jana Oehmichen, Prof. Hermann-Christian Polster, Dr. Klaus Prezewowsky, Brigitte Rühle, Annett Schmerler vom Archiv des Dresdner Kreuzchores und des Evangelischen Kreuzgymnasiums Dresden, Regine Schön, Bernhard Schreier, Torsten Schreier, Archivar Axel Schröder vom Landesarchiv Berlin, Elisabeth Schurig, Reinhold Stövesand, Josef Teuschler, Dora Theile, Prof. Ulrich Vogel, Kirchenmusikdirektor i. R. Konrad Voppel, Hans Jürgen Wächtler, Helmut Wetzel und Dr. med. Klaus Zimmermann.

Meiner lieben Frau Karina, die seit fast zwei Jahrzehnten geduldig und aufopferungsvoll alle Recherchen kreativ-kritisch begleitet und auch diese Lektüre ungemein bereicherte, möchte ich besonders danken. Ebenso stehe ich bei meinem musikbegeisterten Sohn Hermes, der in all den Monaten wenig von seinem Vater hatte und als Kruzianer manch wertvollen Hinweis gab, in tiefer Schuld.

# Inhalt